理解了要执行，

不理解也要执行，

在执行中去理解；

归根结蒂，

正确理解才有正确执行，

不要等错过才追悔莫及。

知识复合积累 财富复利增长
《林园炒股秘籍》书友分享会

阅读·分享·财富

读书是每个人用最低的成本，提高自己的知识、眼界和智慧的最佳途径。

教学相长，通过分享或"教别人"的学习方式，才能记住并用好90%的学习内容。

复利是世界第八大奇迹，理解并使用它的人将最终获得巨大的财富。

林园炒股秘籍2

Compound Growth
Investment Secrets Of Lin Yuan

林园的投资逻辑与策略

复合增长

王洪 著

山西出版传媒集团
山西人民出版社

图书在版编目（CIP）数据

复合增长：林园的投资逻辑与策略 / 王洪著. —
太原：山西人民出版社，2021.6

ISBN 978-7-203-11729-2

Ⅰ.①复…　Ⅱ.①王…　Ⅲ.①股票投资—基本知识
Ⅳ.① F830.91

中国版本图书馆 CIP 数据核字（2021）第 033952 号

复合增长：林园的投资逻辑与策略

著　　者：王　洪
责任编辑：吴春华
复　　审：吕绘元
终　　审：贺　权
装帧设计：王　峥

出 版 者：山西出版传媒集团·山西人民出版社
地　　址：太原市建设南路 21 号
邮　　编：030012
发行营销：0351-4922220　4955996　4956039　4922127（传真）
天猫官网：https://sxrmcbs.tmall.com　电话：0351-4922159
E－mail：sxskcb@163.com　发行部
　　　　　sxskcb@126.com　总编室
网　　址：www.sxskcb.com

经 销 者：山西出版传媒集团·山西人民出版社
承 印 厂：廊坊市祥丰印刷有限公司

开　　本：710mm×1000mm　1/16
印　　张：18.5
字　　数：330 千字
印　　数：10001—20000 册
版　　次：2021 年 6 月　第 1 版
印　　次：2021 年 7 月　第 2 次印刷
书　　号：ISBN 978-7-203-11729-2
定　　价：188.00 元

开篇序

≈ Foreword ≈

在几十年的投资修行路上，我们曾经比肩同行，也曾独来独往；曾经披荆斩棘，也曾伤痕累累。32 年来，林园的投资理念也逐渐这被大众接受。在林园的带领下，我们欣慰地看到亲朋好友、同事员工都踏上了复合增长的坦途，我们也惊喜地看到林园的财富神话正在被成功地复制。

初心不改，绿水长流。这一路走来，林园还是曾经那个质朴的少年，后来少年长成，风马却已长驻心中，然而林园的投资原则自始至终从未改变。在追求复合增长的征途中，他坚守着价值投资的大道，缔造了一个又一个的财富传奇。

考验如火，淬炼真金

多少人曾怀抱一夜暴富的贪念踏入股市，多少人的结局只能是创业未半而中道崩殂。股市从不给人以悲悯，只有经受住万千考验的英雄良才方能脱颖而出。林园行走股市多年，遇到的风雨挫折不可计数，但也正是这样日复一日的锻造与磨炼，这把宝剑才能削铁如泥，寒光凛冽。考验如火，正在淬炼真金。在熊牛交替的跌宕起伏中，林园的价值理念越发被视为经典。修行32 载，林园从扫地僧走来，成长为一派宗师，又将走进传道授业解惑的漫漫征途中。当你的命运被扼住咽喉时，当你的鲜血和热泪滚烫时，请抬头仰望，林园留给股民朋友的投资真经一直闪烁着真诚的光芒。

伯乐相马，能者识之

林园擅长行业投资，被誉为行业宏观投资第一人，32 年来，他的成就证明了一切。优秀的行业是枝繁叶茂的大树，孕育伟大的企业，结成优质的果实。当规模巨大的行业处于高速增长期时，优质公司能够迅速获得高额利润，从而推动股价快速上涨，就像坐上了高速电梯一样。可以肯定的是，林园的每一步都找到了优秀行业的落脚点——从最早的深发展 A 到四川长虹，再到从港股等周边市场寻找价值洼地；回归 A 股市场重仓白酒，再到如今笃定看好医药行业。在行业的风口之中，林园精准地把握中国经济的脉搏。时间不会停止，脚步也不会停滞，面对时代大潮新的喧嚣，每个行业也走到了百年未有的大变局中，孰优孰劣、孰胜孰负，能者识之。

林园更擅长择优个股，"买股票就是买入优质企业"。他投资于那些盈利模式简单的垄断型企业，看重公司的盈利能力，指出持续盈利能够源源不断地为企业带来利润，最终成为股价长期上涨的原动力。

复合增长，基业长青

过去的岁月，市场向我们展示了真相。疯狂的投机泡沫使人短期暴富，猛烈的市场暴跌也给很多人带来了长久的痛苦。买进怕长期套牢，卖出又怕错失利润，拿着整日担心，观望又心烦意乱，这，就是投机者的哀叹。

在投资修行的道路上，价值投资者以时间为友，与伟大的企业同行。他们经受时间的考验，迎接质疑的挑战，也保持理性与诚实。他们发现价值，创造价值，也终将收获价值。他们擅长在市场的惊涛骇浪中寻找那些被低估的投资品种。这些股票和债券的价格由于市场情绪的原因遭遇了短时的下跌，但是标的公司拥有雄厚的赚钱能力。随着时间的推移，市场情绪回归正常甚至泛起泡沫，这些优质公司的股票和债券一定会重攀高峰，书写价值的真谛与投资的传奇。

林园精心选择优质公司的股票，遵行复合增长的道路，骑白马，行正道。纯正的投资思想经历了时间的考验，得以薪火相传。价值投资是能使财富复合增长的"永动机"，与优质企业同行的过程中，你的投资有了值得欣慰的成果，而企业也因为你投入的资金获得了长久的发展。投资者与企业双赢，携手走向更光明的未来。

股票、债券、实业、地产，数不胜数的价值洼地中蕴含着无限的机会。在财富增值的目标上，林园还重视赚钱的确定性。林园在证券市场上找到了合适的雪坡，通过债券、股票等金融工具，让财富的雪球越滚越大，从而在复合增长的道路上越走越远。林园重视资金的安全性，只要坚守正确的道路，就能获得持续合理的回报，财富的增长也会与日俱增。一如大西洋彼岸的巴菲特，他50岁之前积攒了1%的财富，50岁之后其财富以指数爆炸的形式增长，这就是复合增长的魅力。

林园被誉为投资界的常青树，他的"行业＋垄断＋成瘾"投资真言广为人知。林园注重思考，强调利用生活的常识。只有用心感受、长远思考、全力守护，投资者才可能步入正道、复合增长、日"薪"月"亿"。对于诚心修行的你来说，用单纯又明锐的眼光，去观察和理解投资世界，并且与投资的实践相结合，这才是真正的开卷有益。

修行路漫漫，上下而求索。祝愿修行者投资顺利，财富复合增长。

推荐序

≋ Preface ≋

在国内的资本市场，会挣钱的人不少，但既能挣钱又幽默风趣的人着实不多，林园算一个。

林园有很多炒股的"名言警句"，比如，"炒股需要平常心""赚确定性的钱""投资没有诀窍，就是投资垄断""下跌的时候你不在，上涨的时候就没有你""总想着卖股票是穷人思维"……

这些话都以"语录体"呈现，言简意赅，通俗易懂，但如果深刻体会却是韵味无穷。因为这些话看似简单，却直达投资本质，甚至直指人性。

林园在公开的场合自称"老林"，熟悉他的人也的确喜欢叫他"老林"。"实在人、实在话"，这是和林园深入接触后，人们的共同感受。在林园这里，优秀的职业投资人并不是高冷的，而是有温度的。

14 年前和读者见面的《林园炒股秘籍》，头一次阐述了林园投资确定性理论，尤其是他买入 20 只牛股的投资逻辑，让很多"抄作业"的人挣得盆满钵满，甚至改变了人生命运。

这些年来，不管资本市场如何起起伏伏，林园的投资大原则却从未改变。随着时间的推移，其投资理念和投资感悟也在不断升华。靓丽的业绩回报，更是验证了林园投资确定性理论的可操作性。这些对投资人而言，具有现实指导意义和学习价值。可以说，《复合增长：林园的投资逻辑与策略》这本书的问世属于顺应时代潮流、顺应投资大势之作了。

说到投资的复合增长，就不得不谈复利了。复利堪称世界第八大奇迹，巴菲特和林园的成功，都是复利奇迹的最好证明。

在《证券市场红周刊》2019年投资峰会上，林园曾说："虽然我没和巴菲特交流过，但我和巴菲特挣钱的感受是一样的。"林园提到的最重要的感受之一，就是复利。在林园看来，和复利比起来，其他因素都是次要的。复利很神奇，是靠时间来完成的。而那些把股市赚来的钱直接花掉的人，是不会有财富积累的。所以林园常说，股市挣来的钱是用来看的，而不是用来花的。但是很多人并不能理解这段话的内涵实质。

要想获得复利，投资者每一次投资都不能犯错，必须坚持"长期主义"。那么，什么样的公司值得人们去坚持"长期主义"呢？

林园给的答案就是垄断型公司。他根据自己的能力圈在三个行业中寻找这样的公司。林园说，它们当中未来会有"超级公司"诞生，这些都是长期复利的"赚钱机器"。

林园30年来在投资方面取得的成功经验，非常值得投资人研究和学习。

而且，"骑白马、行正道"这样的投资理念，投资人是完全可以"抄作业"的。

国内一位知名的投资人曾经这样评价，在中国如果要想更好地理解巴菲特的投资理念，建议先读林园的书，然后再去读巴菲特的书，这样才能更好地理解价值投资。

但是，投资人也不能完全机械地照搬照抄林园的投资策略。比如，林园"买入"和"持有"策略是分开的两个系统，他还会做一些弯腰捡钱的投资机会，像可转换债券、线下配售打新等投资。这些都是和投资者本人的投资经验、悟性及财务能力挂钩的。

投资修行路漫漫，需投资者上下求索，化难为易，用心方达。

《证券市场红周刊》传媒中心内容总监

谢长艳

目　录

第一章

复合增长：
打破股市赚钱难的魔咒

华尔街的犹太基金经理说我是行业宏观投资领军人物。

——林园

林园被业内称为"行业宏观投资领军人物",自然有他的过人之处。林园拿着 8000 元进入中国证券市场,开始只是微不足道的小散户,后来发展为中国顶级的私募基金经理,成为百亿级的操盘手。他摸着石头过河,用了 30 余年的时间,在中国股市的急流险滩中,蹚出了一条成功之路,其摸索出的"行业+垄断+成瘾"的确定性赚钱思路也成为许多投资者的导航路线图,打破了中国股市赚钱难的魔咒。

图 1.1　林园接受媒体采访

2020 年新冠肺炎疫情袭扰全球。在新浪、京东、舵手证券图书自媒体等多家直播节目中,一位面相敦厚的中年人正在点评医疗行业。他有一个略显夸张的大鼻子,讲起话来滔滔不绝。

"对于熊末牛初的中国股市,风险已经很低了。不过,因为 95% 以上的个股都没有价值,所以咱们要精挑细选。我看好中国的医疗股,认为好的医疗股起码要涨百倍以上。我的余生投资将放在医疗股了……"配合着抑扬顿挫的语气,他流露出十足的自信。

◎ 复利神话：中国第一高价股

2020 年 9 月，观看林园直播的粉丝们一直醉心于中国第一高价股——贵州茅台的表现。

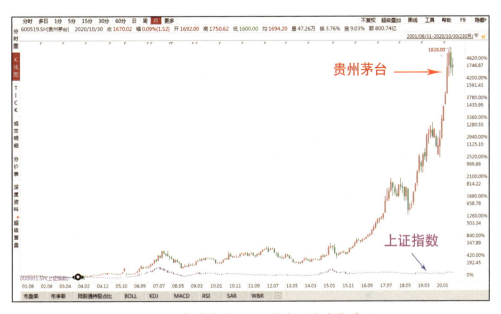

图 1.2　贵州茅台、上证指数同期走势对比

有粉丝问："林总，我持有贵州茅台，现在要卖掉吗？涨这么高了，我心里好慌！"

有粉丝抢着回答："贵州茅台已经成了林总说的观赏股，应当继续持有。这茅台酒好喝不上头，容易上瘾，用茅台酒请客有面子，正是茅台酒厂的赚钱法宝。既然公司在源源不断地赚钱，茅台的股价就有了上涨的元气，凭啥要卖掉？林总持有茅台股票，都快 20 年了。"一个粉丝随声附和："林总在前面的直播里说了，他是持有茅台的。在这个持有阶段，他既不会买也不会卖。因为他觉得股价涨得高，就不买了。贵州茅台不怕经济萧条，什么时候都有人喝，赚钱很厉害，所以林总也不会卖，会继续持有。"

被粉丝们狂热追捧的这位中年人，就是林园。

作为林园基金的掌舵人，林园正打理着旗下的数百亿资产。在中国证券投资基金业协会的官网，林园的名字就在私募基金管理人的行列中。

中国证券投资基金业协会 | 信息公示
Asset Management Association of China | information announcement
私募基金管理人公示信息

基金管理人全称	登记编号	法定代表人	成立日期
深圳市林园投资管理有限责任公司	P1002894	林园	2006-12-21
汉中林园投资基金管理合伙企业	P1069402	林园	2018-08-02

图 1.3　林园基金从业资格信息公示

作为私募行业的明星人士，2018 年 7 月，林园应汉中市政府的多次邀请和支持，在各方的帮助下，成立了以他名字命名的汉中林园投资公司。以后几十年，林园拟将自己的股票分红和社会募集的资金，全部投入汉中林园基金，把税费留在汉中，支援家乡建设。林园说："我是吃汉中的米长大的，在汉中注册了林园公司，税费都交给汉中，支持家乡的扶贫项目。"

近年来，陕西商会在深圳举行义卖捐赠活动，林园每场必到，踊跃捐款，奉献爱心。有人用 19 万元的价格，拍下了林园的慈善晚宴，林园立即把这笔钱捐给了贫困学子。

◎ 童年生意经：摆摊培育的经济头脑

现在，我们把镜头拉回到 1963 年，从林园的成长经历和家庭背景中，来寻找他实现财富自由的秘密。

1963 年，林园出身于一个普通的医生家庭。母亲来自浙江，是一名妇产科医生；父亲来自广东，是个外科医生。两人同在汉中市南郑区人民医院工作，都是踏实做事的敬业人。

林园小的时候，母亲为了改进煤气炉的使用效率，一次又一次地试验，经过多次努力，目标终于达成。有次，家里的鸡生病了，林园母亲就为病鸡做手术，取出毒物，又重新缝合，把鸡救活了。她是妇产科医生，竟然用妇产科的技术来救治小动物，这种爱琢磨勤动手的习惯，也传给了林园。林园说："我不光是投资股票获得成功，做房地产及其他生意也是成功的。我爱琢磨，爱钻研，爱动手，连家里马桶坏了都是自己修。我还爱做菜，生活中的事基本上难不住我。"

林园在很小的时候，就到父母医院门口摆摊卖茶水。家里养着鸡，他就把富余的鸡蛋拿到农贸市场去卖。通过小小的买卖活动，林园培育了自己的经济头脑。

林园投资秘诀：商业常识有助于证券投资。

林园后来进入汉中卫校学习。在那里，他系统地学习了医学知识，为后来投资医疗行业打下了基础。林园的班级叫西八一班。在这个班级里，30多个老同学都跟着林园学习证券投资，基本上实现了财富自由。这个西八一班被趣称为"全国最有钱的班级"。

据老同学回忆，林园上学期间，看起来就是个普通的学生。但是，他很喜欢闷头琢磨事情，打小就有经济头脑，在读书期间，就曾倒腾当时一些时兴的商品如磁带、光碟等，在校园里销售。

◎ 股市第一桶金：从 8000 元到 12 万元

1983 年，林园一家搬到了深圳特区。1984 年，学习临床医学的林园从陕西汉中卫校毕业，被分配至深圳市红十字会医院，做了一名全科医生。1986 年，林园调入深圳博物馆工作。

深圳那时已是特区，期望吸引资金、技术、人才，以实现超高速的发展，缩小与香港的经济差距，成为我国改革开放的标杆城市。

改革开放以前的深圳只是一个默默无闻的小渔村，GDP（国内生产总值）

仅相当于香港的 0.2%，在如此贫弱的基础上起步，就需要借助证券市场的力量，让企业能够通过股市筹集资金。这就让改革开放后的深圳特区成为资本市场改革的前沿阵地。1987 年 9 月 27 日，深圳经济特区证券公司成立，这是中国第一家证券公司。正是有了证券市场，大批企业可从股市中筹集到大量的经营资金。经过了多年发展，深圳的 GDP 在 2018 年超越了香港。以招商银行、中国平安、万科为代表的深圳企业跻身于世界 500 强。深圳发生了翻天覆地的变化。

20 世纪 90 年代，随着摩托罗拉手提电话等电子产品在中国的兴起，林园对电子芯片产生了兴趣，他在深圳大学进修了电子工程专业，从而为投资家电股打下了基础。他相信不熟不做，既然有电子方面的专业知识，就应该运用到相应的投资中去。后来，他买了四川长虹的股票，收获颇丰。

林园投资秘诀：投资需要不熟不做。

林园接触股市，其实是一个偶然的契机。

林园说："1989 年以前我在深圳做医生，很偶然地接触到股市。妹妹的财会老师说股票是个好东西，应该去了解了解。我开始做股票的时候，没有多少人知道股票，到营业部的就那么几个人，其中一个就是后来一度呼风唤雨的风云人物朱焕良。"

本来打算子承父业、悬壶济世的林园，却跟股票结下了不解之缘，这一切冥冥之中似有天意。

林园回到家中，跟母亲讲了股票投资的事情。母亲是位决断力很强的女性，在家中说了算。她做主拿出 8000 元，交给了 26 岁的林园。

初入股市的林园，遇到了中国股市第一次高速发展的机遇。在回答一位大学生的提问时，林园回忆说："1989 年底，我就回来筹钱，家里人东挪西凑，把家里的存款拿出来，一共凑了 8000 元给我。当时的情况我也说不清楚，但母亲确实拿出钱来。现在回想起来，那时的确没有风险意识，根本没想赔了怎么办。"

图 1.4　1988 年深发展 A 股票样本

　　林园第一笔交易就以 88.45 元的价格，买入面值 100 元的深发展 A（000001，现改名平安银行），一共买了 5 股。他说："几个月时间，我就从 8000 元赚到了 12 万元，那时候谁都不知道股票是怎么回事。只知道当时股票是一个稀缺资源，你买了它就涨。"就这样单纯地低价买进、高价卖出，投资新手林园开始在股市中赚钱了。

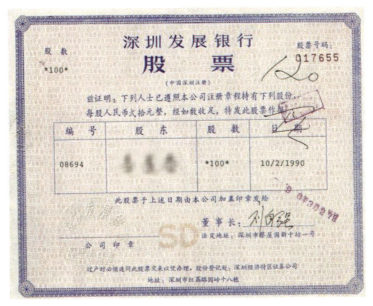

图 1.5　深发展 A 的纸质股票

林园投资秘诀：投资股票，需要低价买进、高价卖出。很多散户高价买进，低价卖出，反复止损，成为市场的俘虏。

细心的林园还注意到了套利的机会。当时市场信息不透明，不同地点的股票存在价差。那时深圳共有四间证券营业部，没有电脑，也没有行情显示屏，成交价由客户口头协商，然后写在黑板上。交割、登记卡号、盖章、过户，所有程序都是手工完成，每天平均交易量只有数十笔。股票交割是标准的一手交钱一手交货，而且每天可以进行多次买卖，不受营业部营业与否的限制。事实上，股票在当时是个新事物，很多人都不了解，所以每间营业部几乎都是空荡荡的。林园去了几次，发现股票里蕴藏着赚大钱的机会。他说："深圳那时就四个网点，委托和交易都不是电脑化。拿深发展 A 来说吧，有的网点价格卖得高，有的网点卖得低。我就整天骑辆自行车来回转，在一个网点低价买了深发展 A，再到另外的网点高价卖出去。那时候，买股票跟菜市场买白菜一样。"就这样，林园低价买进股票，高价卖出股票，几个月下来，赚到了 12 万元，在股市中成功获取第一桶金。

林园投资秘诀：市场中存在着套利机会。

◎ 风口借力：物以稀为贵

1989 年底，林园初入股市。那时的股票是一个稀缺资源，在各路资金的追逐之后，买了它就涨。短短几个月的时间，8000 元就变成了 12 万元，这让林园信心百倍："从股市赚来的钱，就形成了安全垫，会让你心理放松。心理放松了，决定就不容易失误。"

林园的这种归属感，与中国证券市场的时代背景相呼应。1989 年 3 月 15 日，证券交易所研究设计联合办公室成立，国家在设立中国证券交易市场时，就赋予中国股市一项特殊使命——募集民间资金，为中国企业注入资金，摆脱经济不发展的局面。这种设计借鉴了美国证券市场。当时，美国 3/4 人口向股票市场投入资金，通过股市，数以万亿的资金流向了募集资金的上市企业，促进了美国经济的增长。中国股市的应运而生，与当时中国企业纾困和未来成长息息相关。所以，分析中国股市，首先就要看清这个特色市场的成立初衷。

正是在这样的历史大背景下，各路政策推动着中国股市的成长。看似微不足道的个人投资者，虽说渺小如微尘，却搭上了政策的东风，便脱颖而出。

"今天如果单纯投资股票的话，也很难重现当年的成功，为什么呢？它要把各种因素都积累起来，使各种因素都在那个时点发挥正确的作用。我们需要有这个机遇。"林园感慨道。

> 林园投资秘诀：供求关系影响股价，当大量资金追逐数量有限的股票时，股价很容易上涨。

◎ 与政策共舞：投资要听党的话

1990 年，这是林园炒股的第二年，牛市情绪持续发酵，深圳很多人不上班了，全国股民也都涌至深圳。证券公司人山人海，"高价收购股票"的牌子随处可见。上午 9 点开市，有家证券公司只能安排排队等候的前 10 人先进入营业厅。工作人员递来一只塑料桶，里面放着 10 张小纸团。这 10 个人抓阄排队买股票。只要有人卖股票，立即就有一群人围了上来买。社会上出现了对股票的种种议论。有人说，股票市场是资本主义的东西，关得越早越好，早关早主动，深圳现在是资本主义泛滥，党政干部通通烂掉了，社会问题可能很严重，会有很多人跳楼的。

1990 年，《人民日报》发表《深圳股市狂热，潜在问题堪忧》一文，指出股票市场让政府机关人去楼空，特别是深圳市的一些党政机关干部，他们持有股票并通过亲友炒买炒卖，群众对此意见很大。于是，政府调控开始了，并且还打出了组合拳。

1990 年 6 月 26 日，股市交易涨停板调整为每日 1%，而跌停板还是 5%。这意味着股票每天最多只能涨 1%，却能跌 5%。6 月 27 日，深圳又规定卖股者需要缴纳 6‰的印花税。年终的股票分红派息也要缴纳个人收入调节税。11 月 20 日，深圳党政干部响应红头文件的规定，纷纷抛股。这与 3 年前动员干部买股票的情形正好相反。

当时我国的股市还属于政策市，对于调控股市的政策反应非常敏感。政府打压股市，股票上涨就很困难了。牛市终有结束的时候，随着政策的调控和卖家的抛售，买家也曾努力抗争，但在大势压迫之下，很快就败下阵来。

林园十分注重信息的价值，是个消息通。他嗅到了政策将不利于股市维持牛市行情，就顺势退出了。从 1990 年 12 月 8 日起，深圳市场掉头向下，自此开始了 9 个月的持续下跌。在这 9 个月里，深圳股市总市值抹去了七八个亿，只剩 35 亿元，市场气氛一片恐慌。此时的林园，是怎样应对的呢？

> 林园投资秘诀：中国股市属于政策市，政策对于市场涨跌影响较大。

◎ 原始股淘金：市值首次超越千万

暂别深发展 A 后，林园随即把目光投向了获利丰厚的原始股。林园认为，在正确的时间，要做正确的事，既然政策大势在打压股市，就要放弃二级市场的普通股，重新选择合适的金融工具。原始股能够带来数倍以上的高额回报，而这时候的普通股却有着赔钱的风险。

原始股是公司在上市之前发行的股票。原始股是天赐的礼物，因为投资者获得原始股之后，转手在二级市场卖出，就能获取几倍甚至百倍的高额回报。在当时的中国股市，原始股、认股权证等进入流通领域，通常都会出现高溢价发行的情形，从而创造了很多原始股的暴利神话。

于是，在接下来的两三年里，林园奔走海南、上海等地，收购内部职工股，即原始股。如同很多中国早期资本市场的著名人物一样，林园看到了原始股巨大的获利前景。他相继将大批原野、锦兴、琼民源、深华新等公司的原始股收入囊中，这些股票上市后股价均翻了十几倍甚至几十倍。1992年，林园持有的股票市值已超过1000万元。

> 林园投资秘诀：除了二级市场的普通股，也要关注原始股等投资工具。

林园认为第一桶金很重要。他的第一桶金来自深发展A。当时林园以新手的直觉，瞄准深发展A，反复进行波段操作，从而赚到了12万元。有了第一桶金，他在20世纪90年代收购原始股时，就有了底气。

不光是人生的第一桶金很重要，在每一轮股市行情中，熊末牛初能否赚钱也很重要。林园说："赚钱对熊末牛初是非常重要的。你只有在熊末牛初赚到钱以后，在这轮牛市里才能有好的发挥。赚到钱的人，胆子都特别大，信心特别足，而且胆子会越来越大，牛市里不比什么，就是比胆大，谁胆大谁能挣钱，谁胆小就挣不到钱。"熊末牛初赚到钱，也会给牛市里的操作增加足够的安全垫。

林园看重投资的安全。无论是在深圳四家证券营业部寻找差价套利，还是投资于盈利确定的原始股，林园热衷于收益稳定、赚钱确定的投资。他对风险是厌恶的，在其早期的投资中，他就希望自己稳赚不赔。

> 林园投资秘诀：投资要保证赚钱的确定性，优先选择稳赚不赔的金融工具和投资方式。

◎ 卖出原始股：股市供过于求，失去投资价值

1992年底，全国居民的人民币储蓄存款余额达到了11759.4亿元，随时

可能诱发通货膨胀，而中央政府财政却十分拮据，难以向国营企业提供必需的资金支持。中国股市的火爆让决策者们意识到，股市可能是拯救国营企业的最佳场所。对于已经陷入泥潭的那些国营企业，政府难以提供资金，可是通过股票市场融资，却能盘活国营企业。加强中国股市的建设已经成为中央政府的战略选择。

作为股市的试验品，最初"冒险上市"的企业是沪深两地的中小企业，现在，大型骨干企业进入股市募集资金已是必然。新股发行开始加速了，股票供应量大大增加，后续资金跟不上，供需状态发生了逆转，股票出现了下跌的趋势。当时流传着一句顺口溜：1993 年消灭大户，1994 年消灭机构。林园觉得这句顺口溜很形象，决定卖出手中的原始股。通过分析当时市场资金结构，林园发现几乎没有资金看重价值投资，卖掉手中的股票是当时最正确的选择。

林园的离场思路很简单："股市发展初期，股票严重供不应求，上市就涨。到了 1992 年下半年就不同了，国家说要增大发行量。我觉得市场要扩容了，股票的供求关系要发生变化，就决定退出。我觉得价格要下来，所以就不做了，转去做房地产。"

1992 年，林园的资产已达千万。没有了生存压力，林园正式从深圳博物馆辞职，全心投入证券市场。遗憾的是，他的婚姻出现了问题，其离婚案诉讼标的高达 3000 万元，成为当时"深圳最贵离婚案"。

> 林园投资秘诀：股价变化由供求关系决定。新股发行过多，市场供过于求，股价容易下跌。

◎ 房地产淘金：林园的跨行

在当时的股市中看不到机会，林园开始怀念起在陕西的生活，1993 年，故土情结使他把资金投到了西安的房地产市场。暂离股市的林园拿了 800 万元，做了几个房地产项目，然而，房地产市场并没有像股市那样给他带来预期的回报，他从房地产市场仅获利500万元。

林园说："1994年底，有朋友拉我去上海做房地产，我就去看看。看着看着发觉不对劲了，钱好像开始向股市回流。我立马从房地产套现，先拿了1000万元入市。"当林园发现股市再次热起来的时候，投入房地产的资金被项目占用，无法全部取出，直到1999年才全部取出。除了他抽出的1000万元，曾经投资的一只原始股——深华新上市，也给他兑现了300万元，从而让他拿到了投资股票所需的资金。到1996年，来自深华新的300万元资金已给他带来了12倍的利润。他发现当时深发展A的股价只有9元多，而他在1992年是以上百元的价格①卖掉的，现在肯定是可以买。林园就投入全部可以调用的资金，买了深发展A。但买了之后，股价并没有上涨，而是继续跌到了6元多。证券市场机会不等人，他又卖掉房产变现了1000万元，这虽然不是他的全部资金，但对于布局已经够用。此时的上证指数跌到300多点后，开始盘升，林园判断这就是大底，并试探性地建了一些仓，寻找昔日的感觉。虽然大盘几经反复，但牛市的趋势在一点点地确立。1996年初，牛市终于拉开了序幕。

> 林园投资秘诀：一只好股票，会出现重复投资的机遇。

◎ 重回深发展A：新体系成型

林园选择了那只熟悉的深发展A。刚开始，林园少量介入深发展A后，股价并没有上涨，而是不断下跌。很多买了深发展A股票的人都快坚持不住了。

然而，林园认为大盘已出现好转，不应该再出现这种情况，况且深发展A是一只金融股，代表着深圳发展银行，有强大的政府背景及区域经济作为支撑，没有理由这样跌下去，除非有大资金故意压低吸筹。

---

① 上百元的价格是未除权价格，1993年和1994年，深发展A实施了10股送8.5股和10股送5股的方案，股价由于除权而自动降低。

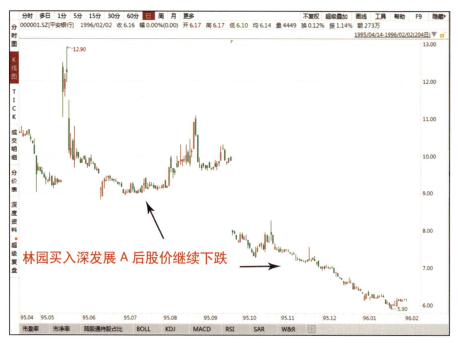

林园买入深发展 A 后股价继续下跌

图1.6　深发展 A 股价日线走势图（1995.4—1996.1）

　　林园这样判断的另一个理由是：深发展 A 每股盈利有 1 元，仅分红就非常可观，足足有 20%。他觉得这时是投资机会，于是下定决心："买，没什么可怕的。"他又陆续买入深发展 A。

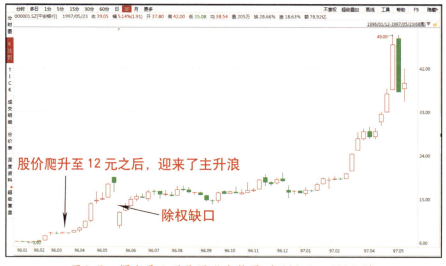

股价爬升至 12 元之后，迎来了主升浪

除权缺口

图1.7　深发展 A 股价周线走势图（1996.1—1997.5）

当深发展 A 爬升至 12 元左右时，上升趋势已经不容置疑，于是林园放心大胆地加仓，最终在 40 元左右套现，因为他又发现了另一个好的投资机会。此次林园赚了 3000 多万元，这是他在深发展 A 这只股票赚到的第二笔钱。

1997 年香港回归，很多新股上市，由于当时资金充沛和价差明显，这些新股流通后涨幅巨大，林园又从它们当中狠赚了一笔。

● 　林园投资秘诀：选择有基本面支撑的好公司。

这期间，林园身边已经聚集了一批名校毕业的朋友，他们经常聚在一起讨论股市。通过朋友间的探讨交流，林园从技术分析逐渐转向了行业宏观分析，开始重视公司的财务报表，研究公司的业绩和质地。

● 　林园投资秘诀：公司业绩才是影响股价高低的关键。

◎ 秘而不宣：林园谈技术分析

林园如何看待技术分析呢？

林园说："我不属于技术分析人士，也不关注技术指标，只在乎我手中股票的基本面，所以很少看股价的走势，对自己的干扰也就少得多，从而有利于保持良好的心态。我的原则就是基本面没有问题的股票，即使股价走势不好，我也坚决持有；如果公司的基本面出了问题，股价即使走得再好，我也会卖出！"

林园并不热衷预测股价的涨跌，因为股价波动难以准确预测。但是，总是有人试图寻找预测未来股价的圣杯。他们皓首穷经，研究股价的波动模式，期望精确地预测未来股价的变动，从而在短期之内以获取暴利。这种预测的常见方式是通过各种技术指标如时间周期、空间预测工具等，作为投资策略的依据。这类技术分析的爱好者并不关注企业的基本面，而是希望技术分析能够解决所有问题。他们号称"一把直尺走天下"，希望使用趋势线等画线工具，预测股价的顶部和底部，或者采用趋势跟踪等方法，用纯粹的技术分析手段赢遍天下，通过历史数据测试，也有部分人通过技术分析策略取得了一些成绩。林园并不否定技术分析，认为它具有辅助作用，但他并不属于技术分析的阵营。

> 林园投资秘诀：精确预测股价顶部和底部的圣杯并不存在，错误的频繁交易只会亏掉本金。

◎ 能力圈逻辑：比房子还贵的电视机

20世纪90年代，电视机这类大家电属于奢侈品。谁家乔迁新房、娶媳妇，必须有一台带遥控的彩色电视机。据贵州黔东南的一个基层干部回忆，在1993年春节前，他家一栋老房子卖了1800元，另外又加了1000元，一共凑了2800元，买了一台南京电视机厂生产的21英寸熊猫牌彩电，而他当时工资一个月仅170元。卖一栋房，还换不来一台彩电，放在今天绝对让人震惊。

那时，林园感觉彩电会成为热门产品，就挑选了家电股中的龙头股——四川长虹。家电股在林园自己的能力圈范围之内。他曾经担任摩托罗拉亚洲区的总代理，也进修了电子工程专业，对家电业非常熟悉的。能力圈是指每个人都有自己最熟悉的领域，要在最擅长的领域进行投资。沃伦·巴菲特在1996年致股东的信中，首次提出了能力圈的概念。林园在投资四川长虹的时候，并不知道巴菲特，他们的投资理念不谋而合。

> 林园投资秘诀：只在自己的能力圈内投资，不要涉足不擅长的领域。

因为家电业在自己的能力圈之内，林园在投资四川长虹时就有了把握。四川长虹是中国本土彩电的旗舰，头顶"彩电大王"的光环，顺利搭上了金融资本的列车。1994 年 3 月 11 日，四川长虹登陆上海证券交易所（简称上交所）。那时上海证券交易所仅有 139 只股票，总市值 3690 亿元，而四川长虹上市首日 39 亿元的市值就占了上交所整个市值的 1.06%。四川长虹的风光，背后是业绩的支撑，1996—1997 年其先后实现 16.75 亿元和 26.12 亿元的归属于母公司股东的净利润（简称归母净利润）。

1997 年初，林园将目光锁定在四川长虹这只家电龙头股上。那几年彩电业的毛利率都很高，作为当时的家电龙头，四川长虹每股收益在 2 元以上，市盈率只有六七倍，派息率在 8% 以上。经过 8 年的实战，林园开始留意公司业绩，以市盈率作为选股标准了。他卖出了深发展 A，并在 25 元附近买入四川长虹。按照他的判断，四川长虹 25 元的价位并不算高。而四川长虹从上市到此后 4 年间，成为超级大牛股，市值较上市时又暴涨了 15 倍。

林园投资秘诀：投资于自己真正懂的企业。

图 1.8　四川长虹股价周线走势图（1996.1—1997.5）

林园后来回忆说："1996—1997 年，我全仓买入了四川长虹，当时是把深发展 A 卖了，换成四川长虹的股票，虽然没有吃尽深发展 A 的利润，但也不觉得遗憾。我当时觉得深发展 A 的股价短期升幅大了，就坚决卖出。那时股市是大牛市，也需要卖出钱来去买别的股票，因为牛市中股票是轮着涨的。"

林园买进四川长虹的股票之后，继续关注着它的经营情况。他发现四川长虹的毛利率在降低，并且彩电一度出现了降价现象，于是果断卖出了四川长虹的股票。卖出之后，四川长虹的股价还在上涨，但林园盯住的是企业本身，既然产品竞争加剧，企业保护自身利润的能力在下降，他就退出了四川长虹的投资。他无意于卖在股价的最高点，去吃尽最后一个波段。

林园说："我买进股票之后，就会继续跟踪这家企业的经营情况。一家企业的基本面变化不是一两天会发生的，我只需跟踪企业每月的财务指标，就可预防企业由盛转衰的风险。如果企业基本面变坏，就坚决卖出，那时也有足够的时间让你跑。"

事实验证了林园的离场是对的。在 2020 年的一次直播活动中，林园回顾起彩电行业。他说："彩电业的萧条大家都能感受到的，现在彩电行业的竞争力有限，大家的注意力已经转向了智能手机。到目前为止，我们也看不到彩电企业的毛利率有稳定或上升的趋势，所以，四川长虹现在的基本面和 1997 年的基本面有着本质上的区别。"

> **林园投资秘诀：**买到优质公司的股票之后，需要持续跟踪财务指标，判断公司基本面的变化。

那一轮牛市，很多投资者几乎是闭着眼睛买股票，当时的流行语称之为"博傻"，意指只有最傻的人，才赚不到钱。从当时的交割单看，林园虽然频繁操作，但从未失手。这看似有很大的运气成分，但其实是那股钻研事物的精神，以及对事物有独特认识的优势，让他能够懂得股票投资的关键。他投资于那些龙头企业股票，几年下来，获得了 9 倍的盈利。

> **林园投资秘诀：**当一个行业处于爆发期的前夜，选中龙头企业，及时进场；当公司由盛转衰时，及时离场。

◎ 懂了才能赚钱：中国股市的秘密

1999 年 5 月，5·19 行情启动。牛市行情还在接续中，掌握巨额资金的庄家们表现得无比凶猛和肆无忌惮。在新兴的中国股市中，庄家成为散户们膜拜的对象，认为只有跟着庄家的节奏才能赚到钱。于是，各种跟庄学说纷纷出炉，与庄共舞之类的操作手法开始盛行。

然而，从世界证券历史的进程来看，由专业人士打理的基金行业已在欧美成为主流。100 多年来，证券基金业从无到有，从小到大。它起源于英国，兴盛于美国，并在全世界开枝散叶，与银行、证券、保险并驾齐驱，成为现代金融体系的四大支柱之一。

图 1.9　1999 年 5·19 行情启动

当基金公司在中国成立时，股民们天真地以为，中国基金公司吸收了西方成熟市场的经验，能够科学、负责、可持续地服务于中国投资者，必将成为资本市场的明星。然而悲凉的是，1999 年，监察部门研究人员对基金管理公司旗下的 22 只证券投资基金进行了调查，发现了基金存在违规、违法操作的大量事实。2000 年 10 月，胡舒立创办的《财经》杂志发表《基金黑幕》一文，矛头直指中国几乎所有的基金管理公司，揭露了许多基金界的腐败现象。胡舒立也因此被《商业周刊》称为中国证券界"最危险的女人"。

2001 年 1 月 12 日，在接受中央电视台《经济半小时》采访时，吴敬琏教授直接将股市比喻成"赌场"。他说："在中国市场上，操纵股价的一类是中介机构；一类是上市公司的某些知情人，他们掌握着内幕消息；还有一类就是资金的供给者，例如银行或其他的资金供给者。他们共同密谋以后，开始低价吸纳，将股价炒到高位。炒作的办法大概有两种：一种是关联机构互相炒作、互相买卖，买卖非常频繁，把价格炒上去；另一种就是由有关的上市公司放出利好消息，然后把股价拉升上去，当有中小投资者或局外的大投资人跟进时，他们就偷偷地跑掉，把后来跟进的人套住，这时股价就会不断地下跌。"

在对庄家和基金进行猛烈的抨击后，吴敬琏教授将矛头直指中国资本市场的定位。他批评道："不要把股市变成寻租场！由于管理层把股票市场定位成国有企业的融资工具，为国有企业融资服务，向国有企业倾斜。这样，获得上市特权的公司就能以高溢价发行，从流通股的持有者手中圈钱。中国股市就变成了一个巨大的寻租场。因此，必须否定'股市为国企融资服务'的方针和'政府托市、企业圈钱'的做法。"

> ● 林园投资秘诀：中国股市的特殊定位，决定了熊市长、牛市短。

◎ 贵出如粪土：在人气沸腾时离场

2000 年，林园发现市场再次陷入疯狂，许多股民奋不顾身地投入炒股的热潮中。2000 年 7 月 19 日，上证综指以 2000.33 点开盘，首次站上 2000 点关口，当日成交量达 149.6 亿元。大盘冲上 2000 点，产生了一段全民炒股、人人皆是股王的泡沫时期，书店里可以随处撞见看炒股书籍的人，酒桌上更不乏高谈股市行情之人。

这种股市泡沫有史为鉴，1929 年的某一天，华尔街传奇人物伯纳德·巴鲁克在大街上等着擦皮鞋，发现鞋童兴致高昂地和众人讨论股票赚钱秘诀，就立马回到办公室抛售股票。因为当鞋童都在推荐股票时，泡沫和风险的积聚就很明显了。不久之后，纽约股市果真崩盘。

> **林园投资秘诀：** 当众人都在议论股票时，要对市场泡沫有所警惕。

的确，面对这种市场泡沫，林园也察觉风险的到来。于是，他策划并实施了胜利大逃亡计划：保存已经取得的利润，逐步变现持有的股票。2001 年初，上证指数一路狂涨到 2100 点，最高冲至 2245 点时，林园悄无声息地全线撤离了 A 股市场，将资金投向了外部资本市场。

边打边撤，这是林园第二次暂离中国股市。林园认定那时中国股市已经

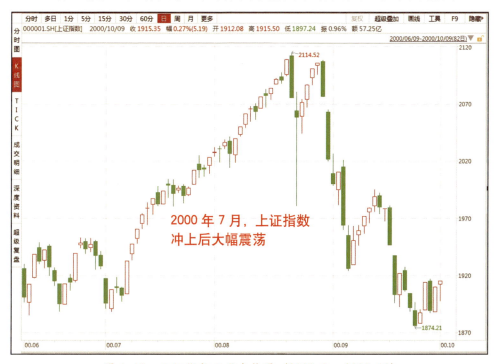

图 1.10　上证指数日线走势图（2000.6—2000.10）

到了牛市末期，能持续多长时间是不可预知的。当时的市场氛围具备了牛市末期的所有特征。特别是公司的估值不便宜，投资者根本不提市盈率，只看股票流通盘的大小，只要是小盘股就倍受欢迎。林园说："2000 年的时候，大家不是以公司好坏来决定股价，而是以股票流通盘的大小为标准，盘子小就狠命炒。快到 2001 年的时候，市场总市盈率偏高，甚至达到了 40 多倍，几乎找不到可以投资的股票。我觉得早晚要出事，就慢慢地退出市场，等待！等机会来临。那时我也不能肯定股市一定会跌，但我觉得那个位置总有一天要套住人的，而且股市下跌是必然的，因为市场中没有可投资的公司，股价太高了。"

在牛市末期，依然有一些股票屡屡创出新高。在牛市末期，大众的投资热情被推到巅峰，人们向股市中注入了大量资金。这些资金虽然无力推动股指创出新高，但在一些题材的推动下，依然能够流向某些热门题材股，推动它们的股价创出新高。林园抵住了诱惑，管住了自己。他说："我撤出资金后，还会有其他人在继续赚钱。这世界上不同思维的人赚不同的钱，我把我这一块搞好就行了。通过认真算账，如果不符合我的财务标准，我就不参与

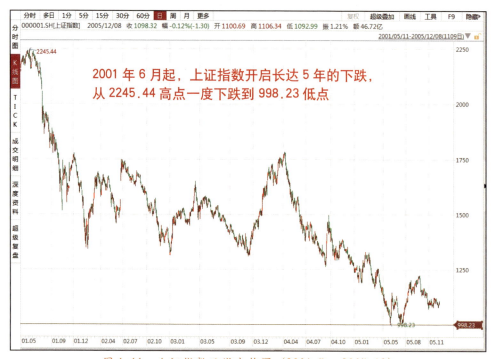

图 1.11　上证指数日线走势图（2001.5—2005.12）

了。当市场极度疯狂时，我不会参与，让别人去'赚'吧。我只要恪守自己的定律，管理好自己。"

回顾顺利逃顶，林园说："回头来看，也许有运气成分，但我心里明白，高低总是有标准的——那就是我们要买的公司是否真的有价值，股价是否合理——这才是根本。沪深股市长达 5 年的下跌是必然的，不下跌才不正常。引起股价下跌的主要原因就是大多数公司没有投资价值。按我的标准尚有很多公司还没有跌够，早着呢！而且有一批无盈利能力的公司还会持续下跌，它们实际上和大盘的涨跌没有关系。"

2001 年 6 月，沪市大盘 2245.43 见顶，此后一路走低，开始绵绵数载的熊市。

> 林园投资秘诀：股价涨跌与公司的盈利能力密切相关。

◎ 投资外部：A 股熊市的战略转移

实际上，早在 2000 年牛市泡沫开始浮现时，林园就从 A 股逐步撤退，转向了外部市场。例如，他在港股市场买入宁沪高速。凭借着沪深证券市场的投资经验，林园在外部资本市场也同样顺利地取得盈利。从 2000 年到 2003 年，林园外部市场投资的平均回报仍保持在 3 倍左右。

当一个国家的股票市场持续下跌，缺乏投资机会时，林园就施展其本领，在全球市场闪转腾挪。2001—2003 年，林园抛售了中国 A 股市场的股票，但仍满仓于其他市场。满仓操作是林园投资的一贯风格。国内股市低迷时，他投资于外部市场，因为它们有的正处于牛市，能够让林园继续赚钱，按年化收益率算也不吃亏。他从来不担心股市资产会缩水，虽然股价波动，其账户资金也有起伏，但他反倒喜欢股市的这种波动。股市发生波动，才能让他用较便宜的价钱，买入心仪的优质公司资产。他坚信天是塌不下来的，没有什么力量能够改变他持有优质公司股票的盈利能力。这些优质公司都在不停地为他工作，都在赚钱，源源不断地制造利润。

林园投资秘诀：当一个市场缺乏机会时，去其他市场寻找机会，东方不亮西方亮。

在征战外部市场的过程中，林园先后在欧美和新加坡等 8 个国家和地区进行了组合投资。他瞄准的是国际著名的奢侈品牌。林园研究了法国奢侈品牌 LV。通过阅读它的财务报表，林园发现 1996 年其生意规模就能做到 50 亿美元，而且毛利率非常高。于是，林园对这家奢侈品牌公司进行了投资，买入了它的股票。"随着生活水平的提高，人们一定会选择品牌的东西。"林园断言。

林园说："从 1993 年起，我就在国外有投资，我个人的投资方向是全球的。现在，我的资产分布在 8 个国家和地区。我跟国外一些机构经常交流。有一些百年家族的信托基金把钱交给我打理。他们认同我的理念。记得之前 2007 年招行可转债的投资，我通过 QFII 投了 1000 万美元，本来开始计划投 1 亿美元，后来有些顾虑，只投了 1000 万美元。之后，我们赚了十二三倍。对于很多国外的公司，我们也没有去实地调研，只是阅读了它们的财务报表。回头来看，收益还不错。况且国外和国内的投资绩效差别不大，说明我们的投资方法是有效的，有普适性。"

林园投资秘诀：将资金分散投资于不同国家和地区的证券市场，利用它们之间的负相关性，可以分散风险。

◎ 贱取如珠玉：在人气低迷时进场

2003 年，中国股市还在熊市中挣扎。很多股民已被深度套牢，股市悲观失望的情绪依然浓厚，但令人惊奇的是，在寒意还未退去的时候，林园又杀了回来。

林园这次回归，足见他的眼光独到。他认为中国证券市场一定会重视公司本身的实力。在他看来，不论中国证券市场以前如何混乱，今后必定走上健康发展的道路，因为国家正在全力支持证券市场的发展。

重视公司质地，买进优质公司的股票，这是欧美股票市场的主流投资方法，中国迟早要向它们看齐。林园认为这也将成为中国资本市场未来的选股主线。林园显然是先知先觉的。以2003年为例，林园就很重视公司价值，他将所有资金共计1.7亿元买入贵州茅台、五粮液、云南白药等绩优股，2年下来，这些股票增值140%。此时，林园已经成为拥有大资金的超级散户了。

2015年中国股灾之后，林园看重公司价值的观点得到了验证。特别是2017年，中国股市出现了冰火两重天的走势。业绩优良的白马50股与沪深300指数持续创出新高，而业绩不佳的公司股票表现平平。看到了白马绩优股的优异表现，众多投资者开始转向，将资金投向那些享有垄断利润、业绩稳定的优质公司的股票。

> **林园投资秘诀**：盈利有了高确定性，资金就可以复合式增长，越往后，赚钱越快，赚钱越多。

2005—2006年，林园又买入招商银行、上海机场、武钢股份、丽江旅游、马应龙、伊利股份等股票。特别是招商银行的投资，林园通过融资借款1亿多元，买入招商银行的可转债和股票，为他带来了上百倍的收入。事实上很多人，当初都和他一样买入了贵州茅台、五粮液、云南白药等股票，但是因为中途无数次的下跌，把一些人吓出去了，这些好公司永远和他们拜拜了。

> **林园投资秘诀**：欧美股票市场的主流投资方法是看重公司本身，投资就是选公司。中国市场必定与欧美市场并轨。

◎ 远离庄股：有钱却不能赢

林园看中公司的内在价值，也看破了庄股炒作的底牌："这类只靠资金推动的庄股，脱离了公司的基本面，风险很大。庄家赚，散户赔，甚至庄家都要赔。"

2000 年前后，中国股市有一位非常活跃的大庄家肆意炒作中科创业。在他的肆意炒作下，中科创业甚至创下了连续 22 个月股价持续上涨的奇迹。这种操控推高股价的庄家手法，脱离了公司内在价值，注定不可持续。随着股价持续上涨，与他联手坐庄的盟友却沉不住气了。盟友暗地里卖出股票套现。到了 2000 年底，风声日紧，再加上盟友的背叛，那些跟着大庄家做老鼠仓的人也恐慌了，纷纷抛出股票。这些蛛丝马迹很快被外界察觉，普通股民对于价跌量升之类的高位出货信号还是很敏感的，稍有风吹草动，就会争先恐后地抢先出逃。在卖方的竞相踩踏之下，建立在谎言之上的中科神话轰然倒塌。

中科创业股价崩盘是从 2000 年 12 月 25 日开始的。崩盘前一天正是平安夜，然而，只靠资金推动的庄股却没有平安。高傲了将近 2 年的股价在圣诞节这天高空俯冲，一头逼在了跌停板上。让人毛骨悚然的是，这一跌就是一连 9 个跌停板，股价从 33.59 元一路泻到 11.71 元，50 亿元市值旦夕之间烟消云散。九连跌对重仓投资的股民打击巨大。因为连续的跌停板是没法卖出股票的，他们只能眼睁睁地看着资金迅速缩水，却无能为力。股价高涨时，他们自信满满，认为自己站在高山之巅，享受着俯视众生的成就感，转瞬之间，便成了股市重残贫困户。从证券投资心理学上讲，这种剧变造成的心理伤害甚至会持续终身，以至于多年之后，经历了短期内资金暴跌的投资者往往不愿谈论与股市相关的任何话题。

林园厌恶风险，再加上自己喜欢轻松投资，所以，在他的投资思路中，一直远离只靠资金推动、没有公司基本面支持的股票。作为随着中国股市一起成长的第一代股民，林园对于庄股的玩法自然不会陌生，他只是不想用这种方式赚钱，因为最终盈利的确定性不够。林园认为，庄股的背后大都是缺乏基本面支撑的公司，只靠资金拉动，是无法凝聚市场信心的。林园反复提醒投资者要远离庄股。除了确定性不够，操纵庄股也是违法的。就像巴菲特调侃的那样，投资需要复合增长。快速暴富的方法，都已经写在法律条文里了。有一些追求暴富的金融从业人士以身试法，正在牢狱里付出代价。

不少投机者喜欢庄股，希望跟对庄，抓主升浪暴富。可是，赚大钱只能依靠盈利的确定性，通过复合增长，通过时间让赚钱加速，最终赚到大钱。

> 林园投资秘诀：远离只靠资金推动、没有公司基本面支撑的庄股。

"我林园没有这个能力去做庄，也不会搞这事，我的股票都是明明白白的东西。从过往的经历来看，我满仓操作的时候，就会迎来牛市，我的重仓股都是大牛股。未来如何，让时间见证吧。"当媒体采访林园，请他谈做庄的看法时，林园笃定地这样回答。

◎ 无风险套利：风险控制的安全垫

2005—2006 年，林园买入铜都铜业、黄山旅游、丽江旅游，并融资买入了无风险套利品种：五粮液和上海机场。可转债与股票的组合投资是林园投资策略的典型特征。林园不只投资于普通股，在牛市初期，考虑普通股的风险，他甚至会将资金投入安全性更高的可转债。

可转债是可转换公司债券的简称，可以在特定时间转换为普通股票。可转债兼具债券和股票的特征，是较好的无风险套利工具。

林园成立私募基金之后，更看重可转债的价值。他认为这种工具的安全性，对于客户心理是很好的抚慰。他说："对于不熟悉的客户，他要买我们的基金，其中这几个产品上我会配置可转债，因为怕给他亏钱，这种是从风险控制角度上来考虑的，为客户做一个安全垫。不过，无论是自己的钱，还是募集来的钱，操作思路是一样的，都是要把风险控制放在第一位。"

林园坚信正确的公司价值必然有正确的价格体现。优质公司的股票比较抗跌，有着好的防御性。而这类公司的可转债"跌时稳如债，涨时猛如股"，与股票相比，能够更好地抵抗市场风险。

● 　林园投资秘诀：可转债是值得重视的金融工具。

◎ 智选白酒股：日常消费是刚需

林园是行业宏观投资大家。对于行业投资来说，最佳的投资方式就是选中有前途的行业，相当于坐上了高速上升的电梯，从长期看，财富增长肯定能获得丰厚的"绝对回报"。

林园对五粮液的热销产生了浓厚兴趣，便开始跟踪五粮液，发现这酒从来不跌价，每年还涨一点，且这家企业未来 3 年的财务报表很好预判。于是，林园认定五粮液是家好公司。当 1998 年五粮液上市时，他毫不犹豫地重仓买入，以 50 多元的价格买了 30 多万股。这是林园最早买入的白酒类股票，并长期在十大流通股东榜占有一席之地。

图 1.12　五粮液日线走势图（1998.12—2001.8）

在五粮液上尝到了甜头，后来贵州茅台上市，林园便持续买入贵州茅台，贵州茅台仓位一度占到了七成，五粮液仅保留三成。因为经过认真分析两家公司的财务报表，林园发现贵州茅台的各项经营指标都好于五粮液。

白酒是百姓生活的刚需产品，还具有成瘾性，易产生持续性重复消费。高端白酒产能受多方面因素制约，形成了稀缺性和垄断性。

随着在五粮液和贵州茅台上的投资成功，林园的投资理念日臻成熟，形成了"林氏六字真言"——"行业＋垄断＋成瘾"。就是说，在投资时，首先要选择一个规模巨大的朝阳行业，从中选出具有垄断地位的优质公司，它能产生让人反复消费的"成瘾产品"。这样的优质公司就值得投资。

> 林园投资秘诀：无论经济景气与否，白酒都是民众日常消费的刚需产品，具有成瘾性。所以，白酒股值得关注。

◎ 记录会说话：4 亿元小目标的达成

林园在接受媒体采访时，曾经出示了他的部分成果——4 个账户投资组合的资金对账单。

有一个账户来自联合证券的深圳振兴路营业部。账户显示，2004 年 1 月，林园存入 1000 万元资金，到 2005 年 9 月结算时，资金账户达到 2400 多万元。买卖的股票有贵州茅台、武钢股份、同仁堂、云南白药、招商银行等，其中有部分配售中签的股票以及前期买入股票的卖出所得，还有一些股票的分红和派息等。

另外一个账户同样来自联合证券深圳振兴路营业部。2004 年 1 月存入的 1000 万元资金，到 2004 年底资金账户结算时为 2460 万元。交易的股票为宇通客车、中国联通、贵州茅台、伊利股份、贵研铂业、云南白药和东阿阿胶、武钢股份、同仁堂等。第三个账户显示，2004 年 1 月存入的 1000 万元资金，到 2004 年 3 月结算时，资金账户证券总市值达到了 1285 万元。买入的股票有上港集箱、贵州茅台、五粮液、深发展 A、宝钢股份、招商银行、两面针等股票。最后一个账户，显示的是 2005 年 1 月 1 日存入 1500 万元，到 2006 年 1 月 11 日时，资金账户的股票市值达到了 3033 万元，买入的股票主要有千金药业、贵州茅台、马应龙、万科 A、云南白药、铜都铜业和新兴铸管。事实上，从 2004 年 4 月到 2005 年底，林园投资股票挣了近 2 亿多元，加上之前账户上的 1.7 亿元，他的实际资产在 2006 年初达到 4 亿元。后来，林园成立了私募基金，接受政府监管和行业自律监管，业绩更加透明。这也是粉丝们重视林园的重要原因。

对于优质公司，林园喜欢长线持有它们的股票。这点与"德国证券教父"科斯托拉尼不谋而合。20 世纪 70 年代开始，科斯托拉尼在德国和世界各大都市的咖啡馆中传授股市知识，不断教导青年朋友：在股票市场上成功，需要用脑子思想。上至达官贵人，下至贩夫走卒，都是他咖啡馆讲座中的学生。他最著名的建议，就是要投资者到药店买安眠药吃，然后买下各种绩优股，睡上几年，再从睡梦中醒来，最后必将惊喜连连。

> 林园投资秘诀：投资就是选优质公司，以股东的身份，享受公司成长的快乐。

◎ 组合的威力：控制风险

2006 年初，林园股票组合是贵州茅台、五粮液、云南白药、招商银行、上海机场、铜都铜业、黄山旅游等。

2006 年 3 月 21 日，林园用 100 万现金建立了一个投资组合，包括：上海机场 8200 股、民生银行 13860 股、招商银行 41300 股、黄山旅游 4000 股、云天化 3800 股、瑞贝卡 4700 股、马应龙 2520 股、东阿阿胶 9500 股、铜都铜业 40600 股、新兴铸管 30308 股、丽江旅游 4200 股。他在买入这个组合时，充分考虑了各种因素。例如，这个股票组合，有保证高派息、低市盈率的个股——铜都铜业和新兴铸管；有持续上涨的高增长个股——上海机场、民生银行、招商银行、黄山旅游、瑞贝卡、丽江旅游；还有品牌个股——东

图 1.13　2007 年林园接受中央电视台《经济半小时》采访

阿阿胶和马应龙。这样组合的结果能保证：当大盘下跌时，他的组合中也有能够上涨的个股，涨跌相抵，以达到总市值相对平衡。而过去的事实是，当大盘下跌时，他的组合总市值也不一定跌，具有良好的防御能力，这样他才满仓持有。

投资一定要建立组合，原因有三：

首先，投资组合可以降低风险。

林园在买进股票之前，首先考虑防守。他会预估最大亏损值，就是最多能亏多少。林园认为，从长期看，虽然优质企业的股价通常上涨，从而与公司业绩保持一致。但是，一只股票的短期涨跌无法预测，建立了组合之后，组合中股票有的涨、有的跌，总资产会趋于稳定。万一看错了某只股票，买入后持续下跌，通过这样的投资组合，就可以消化这种风险。一个好的投资组合是能够控制总资产的最大下跌幅度不超过 20%。

林园投资秘诀：投资就要建立组合。

其次，组合能够增强持股信心。

一旦进入牛市，会有很多股票上涨，有很多的诱惑，这时如果自己的持仓总是不涨，势必带来巨大压力，从而挫伤持股信心。建立投资组合之后，总有一些股票涨势喜人，能够提升投资信心。一个好的投资组合必须保证每3个月总资产要创新高。

再次，组合里一定要有高派息的股票。

这样每年都有新的资金入账，可以用这些钱买新发现的好股票。例如，铜都铜业就是林园作为一个现金牛的配置。实际上这一部分仓位的目标是为了获得公司分红，当成现金来配置。现金配置就是你随时可以把这只股票卖掉，获得现金。随着市场的发展，你可以买一些能涨的公司，把现金配置减少即可。

> 林园投资秘诀：高分红的股票能够带来好的股利收入。

◎ 成立私募：以公开业绩回应质疑

林园个人早已实现财富自由，为什么还要开私募公司呢？

2006年底，林园投资公司成立。华润信托的一位领导了解林园的实力，在他的多次劝说下，林园于2007年3月开始发行产品。

林园说："很早的时候，有些电视台采访、报道我的投资回报，许多人说我是骗子，A股不可能赚这么多钱，我说，那就做个公司，做产品证明一下自己。开始也都是自己和几个朋友的钱，把股票卖了几千万，放到产品里。2007年渠道合作方希望发行基金产品。我认为当时风险偏高，就先把一些自有资金投进去。2008年金融危机，产品的市值跌了很多，但后面也慢慢做回来了。"

私募基金产品发布后，林园的确定性投资理念及稳健操盘手法，迅速为国内外投资者所熟悉、信任和青睐。他们知道投资必须承担市场风险，而林园精选的都是优质公司的股票。这些股票就像能够越冬的耐冻植物一样，面临冰冷的熊市依然能够安然度过；而在牛市启动的时候，常常成为引领行业板块的龙头股。了解林园之后，越来越多的合格投资者将自己的资金交给林园投资公司打理，甚至包括国外的一些百年家族信托基金。2007—2017年的

10 年间，林园一直比较低调。他的投资风格是买入优质公司的股票，公司经营良好，源源不断地赚钱，林园就长期持有。他说，在牛市泡沫没有出现之前，只在安全的情况下持有买入的品种。对于 2015 年的股市投机狂潮，林园提醒说这并不是真正的牛市，而是杠杆资金催生的一波投机狂潮罢了。在这 10 年里，林园耐心地持有手中的股票，并潜心调研上市公司，挖掘更有价值的投资机会。2016 年，林园将银行股和保险股都抽掉，换成了医药类股票。林园每年领取上市公司的派息，并在国际市场上进行了无风险套利，稳中求进，等待时机，做一些布局。

> 林园投资秘诀：少量优质公司的股票比较抗跌，成为熊市中的防御股。

谈到私募基金的业绩，根据中国经济网记者统计，林园掌舵的深圳林园投资公司旗下成立时间在 2019 年以前且有公开数据的 35 只基金中，有 14 只基金在 2019 年里业绩实现了翻倍，占比 40%，林园投资 20 号以 181.40% 的涨幅位居首位，而 2019 年全年业绩涨幅在 30% 以上的基金数量更是达到了 25 只，占比超过 70%。截至 2020 年 7 月底，林园掌舵的林园投资公司管理规模突破 100 亿元大关，迈入百亿新征程。

健康的投资理念、良好的品牌形象、稳定的投资回报，为林园赢得了广泛的声誉。2018 年，上证综指从年初的 3580 点，跌到年末最低 2400 点，上市公司质押股票频频爆仓，百业衰败，成百上千家 P2P 平台不断爆雷，中美贸易战阴云密布，前途未卜。据媒体统计，截至 2018 年 8 月 7 日，超过 2000 只私募清盘，半数为主动清盘。资金募集极为困难。在一片凄风苦雨中，林园不通过券商和银行机构渠道，仅仅依靠口碑和人员直销，在 2020 年的头几个月就募集了 20 多亿元的资金。据统计，当时林园投资的募集资金，占到了全国私募资金募集总数的一半以上。因为出色的业绩，林园基金荣获 5 年期、10 年期最佳股票类基金，这就是林园的实力。

"客户买了我们的基金，我们必须从风险控制角度来考虑。我们会为客户做一个安全垫。不过，无论是自己的钱，还是募集来的钱，操作思路是一样的，都要把风险控制放在第一位。"林园反复强调。

> ● 　林园投资秘诀：风险控制是投资的第一步。

◎ 白马50股：好企业开始崛起

自2016年1月底以来，以白酒为代表的白马消费股持续领涨，尤其是2017年一季度高端消费板块大涨后，市场对消费升级的讨论颇多。对于公司业绩良好、股价表现优异的50只A股股票，人们将其称为白马50股。而一些业绩乏善可陈的公司股票，股价不仅不涨，甚至还加速下跌。市场出现了冰火两重天的景象。林园曾经预言说中国股市一定会发现那些优质公司的价值。白马50股的出现，正是市场对林园预见的印证。对比美股历史，20世纪70年代美国实体经济也迎来消费升级，美股伴随着消费升级，曾掀起一波消费类蓝筹股行情，投资者盛誉这些蓝筹股为漂亮50。投资者的理念也随之转变，将目光转向业绩增长良好的公司。

> ● 　林园投资秘诀：看重企业的价值，投资就是精选优质公司的
> 股票。

◎ 选择国家名片：过剩经济时代的投资

林园提醒投资者，以2020年为例，中国已处于过剩经济时代，所以，证券投资的思路已与10多年前不同。他说："核心的问题就是现在处于全球性的经济危机当中。所有商品都过剩，大部分企业盈利能力在下降。因为商品生产太多了，竞争激烈，所有行业都是过剩经济。这种景象不是今天才发生，而是过去若干年就已发生。所以你若投资股票，大多数股票是不能选的。不管你从哪方面去分析，最终都要落到企业的盈利能力上，只能选择那些有影

响力的国家名片类的公司。做买卖，你公司不赚钱能行吗？你的盈利最后都要体现在股价上。"

> **林园投资秘诀：在过剩经济时代，大多数股票都是不能选的。**

林园说："现在经济为什么不好？产能过剩，过剩经济。经济危机时，西方国家的牛奶为什么要倒掉？生产太多了。企业的日子不好过，是因为生产过剩，产品太多了卖不出去。你怎么还扶持？等于把过剩的东西继续生产，这都是不好的。这个时候做投资要非常小心，它本来就生产多了，你再去资本市场支持它，这个产品就会越来越多。本来，按照市场规律，这类产能过剩的企业是要被淘汰掉的，只有把过剩淘汰干净，企业界才有活力，否则咱们作为投资者都要跟着倒霉。还有一个情况，现在上市公司非常多，一家接一家地上市，资本市场的股票供给大幅度增加，涌入股市的资金增长幅度远远不够，供求关系不平衡，是吧？上市公司是不稀缺的，新三板还有上万家企业要等着融资呢。"

面对这个快速变化的投资环境，林园强调："在未来的 10 年里面，很多公司的价值是归零的，没有价值。许多公司，包括现在很有名的公司，都将面临倒闭的风险，而且是大概率事件。"正因为许多公司面临着不确定性，难以判断未来的前景，所以投资要非常谨慎才是。

> **林园投资秘诀：中国股市的主要设计目标是为企业融资，投资要谨慎行事。**

日本股市曾经 26 年原地踏步，而美国股市则经历了两段分别长达 25 年和 18 年的艰难时刻，投资者颗粒无收。股市并不是随意弯腰捡钱的地方。

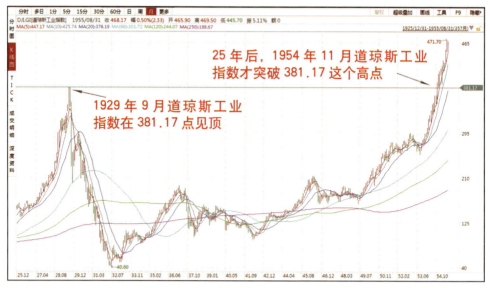

图 1.14　美国道琼斯工业指数月线走势图（1925.3—1955.8）

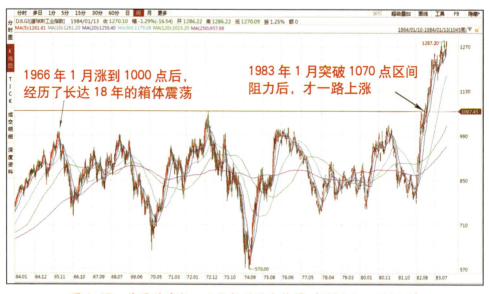

图 1.15　美国道琼斯工业指数周线走势图（1964.1—1984.1）

◎ 坐拥暴利："乌龟"政策

在投资策略上，林园采用了"买入并持有"的策略。在牛市没有来临之前，有人向林园提出质疑："您之前业绩好，只是运气好，抓住了传统消费股的大牛市。"林园坦诚说："我的方法是持有好公司的股票，坐等牛市泡沫来临。在牛市没有来临之前，我的投资方法注定了业绩一般。这很正常，因为让我赚钱的牛市泡沫还没有起来。我们在股市赚钱就是要赚泡沫的钱，现在没泡沫，当然赚不到钱。我在熊市末期满仓买入之后，就像'乌龟'一样守着等待牛市。现在我已经赚了很多钱。"

> 林园投资秘诀：熊市末期买入好公司的股票，像乌龟一样耐心持股，等待牛市到来。

泡沫起来之后，股价的上涨变得轻快有力。2017—2020 年，随着贵州茅台股价不断突破 300 元、400 元、500 元、600 元、700 元，直至 1800 元的整数关口，林园重仓持有的贵州茅台股票市值大幅上升，特别是 2020 年 7 月，贵州茅台股价突破 1800 元，成为中国第一高价股。围绕着贵州茅台，林园成为热门的话题人物。在舵手证券图书的官方抖音号中。林园谈论投资方法的视频短短一天点击量超过了 400 万次。林园直白地指出："贵州茅台已经出现了泡沫，我会继续享受泡沫带来的利润。"

> 林园投资秘诀：持有优质公司的股票，等待牛市泡沫起来，推动股价上涨。

◎ 看好医药行业：倾尽余生的资源和精力

2016 年，林园看好医药行业，便退出银行业的投资。因为老龄化的问题，中国的心脑血管科室正在变成许多三甲医院最大的科室。中国正在步入老龄化社会，老年人将面临三大病的威胁，即是糖尿病、心脑血管病、高血压。

林园说："人老了就要得病，就像破汽车，修修补补，越修越差。三大病的病人需要持续服药，断不了根。正因为这个特征，我们围绕着这类必须长期服用的必需药来挣钱。我们对医药产业的布局，主要是针对这三大疾病做布局。这三大疾病的利润占到了医药工业的 70%。你都不敢相信医药股现在的市值这样低，如果长期投资的话，我们只投医药，别的不投，因为我们做了充足的研究。"

中国老龄化社会将不可避免地来临，医疗行业必将爆发。锁定医疗股就成了林园余生的最后一轮投资机遇。老年人得三大病的概率更高，意味着对三大病的医药需求增加，能够让相关的医药公司获得稳定的利润。

> 林园投资秘诀：三大病的病人需要长期稳定地服药，生产此类药物的企业能够获得稳定的利润。围绕三大病相关的优质医药企业进行投资。

◎ 疫情是试金石：2020 的机遇与挑战

2020 年，新冠疫情与全球贸易的紧张局势产生叠加效应，严重冲击了中国和世界经济。世界经济面临着 2008 年金融危机以来最大的危险。受到疫情影响，各国的消费和工业生产等都受到了严重冲击。

疫情对绝大多数企业而言都是影响非常大的。2020 年上半年，很多企业的收入几乎归零，收入锐减，而开支又不能减少，员工在家里还要领工资，这样对老板来说是非常不利的。这种大的疫情，对某些龙头企业可能影响小，而对其他中小型企业的影响则是非常大的。林园认为，疫情反而能把经营上的问题暴露出来，及时把雷排除了，企业经营风险就能降低。林园计划继续跟踪企业，进行经营风险的评估。面对全球疫情的重大影响，如果一家企业不受影响甚至逆势增长，那么毋庸置疑，这个企业一定有着旺盛的生命力。通过疫情，反而能筛选出越来越明朗的投资机会。

2020 年 5 月，林园在面向合格投资者的直播中反复强调，现在是牛市初期，已经到了投资的好时期。好时期有双重含义，一是股市指数居于低位，市场风险降低；二是在新冠疫情的特殊时期，能够识别优质公司。很多东西能够看得更清楚，例如，哪些上市公司好，哪些公司差，甚至只能靠资金做一时的支撑。林园说，2020 年对于上市公司的业绩回报不能乐观，而坏消息可能会陆续发布。同时，国外的主要股指也在大幅调整。此时，经过充分调整后的市场，反而是买入的好时机。因此，林园认为中国 A 股市场正处于熊末牛初，甚至是牛市初期阶段。

林园投资秘诀：疫情等灾难是检验公司好坏的晴雨表。

◎ 可转债：熊末牛初的急先锋

可转债是可以转换成股票的债券。上市公司通过可转债向你借钱。在未来的某一天，当股价有利时，你可以将可转债转换成股票，从债权人变成股东。独特的股债属性让它涨时猛如股，跌时稳如债，是保守投资者的福音。普通投资者通过证券软件就可以投资可转债。

林园说："在熊末牛初，我们的策略都是不买股票，而是让可转债打前锋。在上一波行情，我也是这样操作。我们通过可转债，赚了很多倍，比大盘指数的涨幅至少还高 1 倍。大盘涨 5 倍，我们可以赚 10 倍以上。我们投资，最重要的是投资行业，这点很重要。可转债在控制风险上优势更大。既然我能通过可转债，投资于可转债所代表的行业，比如说医药行业，那么，使用股票这种金融工具的意义就不大了。那我还买你的股票干什么呢？我相信在未来的 10 年里，很多公司的价值是归零的，没有任何价值，所以咱们要严格地控制风险。选择金融工具时，也要注意风险控制的能力。"2019 年当可转债下跌到十年一见的合理投资位置时，林园就投资它，将它视为弯腰捡钱的机会。

林园反复提醒投资者，可转债市场不时会到达合理的投资范围，因为很多可转债市场通过前一段时间大幅下跌，会到达一个相对安全的位置。在目前的林园基金资产净值中，可转债的贡献占据了半壁江山。

> 林园投资秘诀：熊末牛初，通过可转债投资一个行业，既能控制风险，又能享受行业增长带来的利润。股票是风险较大的金融工具。

◎ 网下打新：弯腰捡钱的最佳良机

林园喜欢那些不用动脑的赚钱机会。他把这类机会视为弯腰捡钱。2019 年四五月份，林园进行了科创版的打新，这是他的重中之重。打新操作简单，风险很低。投资者只需要申购，不需要花费时间进行研究，风险低，成本低，属于弯腰捡钱的轻松投资。因为 A 股市场历来有"新股不败"的神话存在。网下打新申购的数量越多，获得配售的股份数量就越多，最终利益也就越大。

在科创板首批发行的新股中，中国通号的发行价和市盈率最低，融资金额最高，吸引了众多私募参与打新。林园也进行了顶格申购，这是为了获配更多的新股，以实现利益的最大化。2020 年 7 月 27 日，新三板精选层正式开市交易，林园动用旗下 57 只私募基金参与打新申购，共计获配 1791 万股，中签金额达 1.72 亿元。林园参与网下打新是理性的，特别看重企业的质量和价格。这些都属于确定性高的无风险套利。

林园在投资时，坚持长短结合的思路。短期思路就是在市场里找弯腰捡钱的机会，依靠一些常识，把风险措施做好。长期投资思路是长期瞄准三大病，关注治疗三大病并发症的公司。

> 林园投资秘诀：市场会出现轻松赚钱的机会，学会网下打新，弯腰捡钱。

◎ 再续辉煌：林园投资理念总结

下面，我们进入林园投资理念的总结。

林园认为，投资要有稳赚不赔的确定性。以可转债投资为例，有100%赚钱把握时再进场，稳赚无疑。财富的增值需要依赖复合增长。投资时有稳赚不赔的把握后，把本金和赚到的利润合起来，继续用于稳赚不赔的高确定性投资，就形成了利润的复合增长。

林园说，对于行业的把握是他的强项。当一个行业高速发展的时候，林园就投资其中的优质公司，买入持有它们的股票。当一个行业日薄西山，走下坡路，他就会远离。医药消费行业中一些真正优质的公司可以永久持有，因为人需要这个行业，这是永恒的行业。从行业起飞的角度来看，林园认为中国的医药行业现在已经处于起飞阶段了。医药行业的发展能够持续30年以上。从1993年到现在，林园对医药行业的多年研究让他得出了上述结论。

谁是赚钱机器，谁就是厉害的企业。林园只研究那些最赚钱的公司。在挑选优质公司时，林园会选择居于垄断地位的企业。垄断是企业没有竞争对手，拥有定价权。林园说，投资最核心的东西就是两个字——垄断。在一个大的朝阳行业中，一家处于垄断地位的公司会持续地创造利润，能够长期推动股价连创新高。伟大的企业是具有持续盈利能力的企业。从当前来说，林园认为全球最伟大的企业是贵州茅台。从未来看，他认为未来最能赚、最能涨的公司就是医药消费公司。投资要远离竞争，拥抱垄断。未来伟大的企业肯定在医药领域产生。

成瘾，代表了消费的连续性。许多成瘾产品来自与嘴巴消费相关的行业。例如，白酒、咖啡、巧克力、依赖性药物等都是越吃越爱吃或者不得不吃的瘾品。在选择公司时，林园偏好那些与嘴巴消费相关的企业，如需要口服药品的医药公司、需要饮酒的白酒股公司，等等。

综上所述，"行业＋垄断＋成瘾"就成了林园投资的特色标签。

林园观察了过去30年的全球股市，只有大概总市场5%左右的少数优质股票能涨。中国股市在不断发行新股，个股数量很多，但是优质股票太少。所以，林园说现在大部分的股票没有任何价值。

林园的牛市策略是持有，坚决持有，赚到底。该赚钱的时候就一定要赚够。赚钱是要在牛市里赚的。总的来看，林园重仓买入的标的持有时间会相对较长。但按林园内心的想法来说，不是一定要长期持有，而是要看行业的成长是否可持续，如果行业变化大，不符合他的投资逻辑时，就坚决换掉。林园建议投资者远离熊市，而他会选择到不同的国家去投资，享受分散化投资的乐趣。

林园在全球的多个证券市场满仓操作。他使用的金融工具，既有股票，又有国内可转债、海外企业债券，等等。

林园认为有100%的把握时，才发行一些私募产品。他说，基金经理就要给客户赚钱，不能犯错，且每只产品都要赚钱，不能有意外。如果现在大张旗鼓地买入股票，就要求12个月内要赚钱。如果持有股票，最坏的结果是3年，3年一定要赚钱。另外，为了分散风险，林园投资于世界不同的多个市场。

林园正是通过这样的投资体系，建立了自己的财富王国，成为中国证券投资行业的常青树。2017年10月，中央电视台财经频道在成都望江名门采访林园先生，当时，林园和央视记者有一段对话，挺有趣。林园说："你们不要再找我了，我的精力有限，只能搞好自己的事情。"几个央视记者说："近30年来，中国资本市场命运多舛，熊长牛短，风流总被雨打风吹去，曾经的风云人物，坐牢的坐牢，破产的破产，只有你百战百胜，基业长青，不找你，我们找谁?！"

传奇仍在继续……

林园投资秘诀：持续回避风险，才能赢得长久。

第二章

确定性：
复合增长的基石

确定性，就是让赚钱有确定无疑的把握。这是复合增长的第一步。

——林园

林园一直认为，世界上最神奇的事就是复合增长。复合增长是将你的投资利润用于再次投资。当赚钱有了确定无疑的把握，再次投资就能让你实现更多的利润。

如果你年初投资 100 元且年收益是 10%，则年底将拥有 110 元，如果你把净收益 10 元用来进行再投资，到明年年底将会得到 121 元。其中 10 元是你的常规收益，但那额外的 1 元则来自复利，或者说是基于第一年 10 元的盈利。起初的额外盈利不是特别多，但是年复一年，就会天差地别。投资收益越多，复利累计越快，复合增长的效果让人震惊。假如你每年能拿出 1.5 万元做投资，年回报率为 20%，那么 40 年后你的资产就是 1.08 亿元。从小钱到巨额资金，这两个数字之间的巨大利差正是复合增长的魅力所在。要做到每年都复合增长，并不是容易的事。只有做到了确定性，才能够保障财富的复合增长，才能不断累积财富，也才有林园从 8000 元到百亿元的股市神话。

确定性，就是盈利的确定性，事先就能确定收益，稳赚不赔。

> 林园投资秘诀：复合增长，首先要实现稳赚不赔的确定性。

◎ 100% 的确定性：稳赚不赔的能力

可惜的是，投资股票市场，有一个问题：你所持有的股票价格是否会上涨？如果买进股票之后，股价惨跌迫使你赔钱卖出，你就失去了稳赚不赔的确定性。为了获得理想的收益，你需要让你的股票投资稳赚不赔。

林园显然很看重稳赚不赔的能力。在讲解投资的确定性时，他说："不能今天对一次，明天又错一次。那样你的资金又会倒回去。有了 100% 的确定性，钱滚钱才能滚大，钱是靠复合增长的。投资不能有一次失误，不能碰运气，投资需要 100% 的确定性。"

投资者必须将投资的确定性放在首位。如果你的投资无法确定盈利的结果，那就等于赌博，没有充分利用好证券市场，实现资产的复合式增长。因此，确立"只有把确定性放在首位，才能实现复合式增长"的思维方式，比在某一次投资中获得巨额的回报，或者抓住一匹大黑马重要得多。

林园投资秘诀：投资不是随意的赌博。

如何把握投资的确定性

正如巴菲特在《福布斯》所言："未来的事难以预料，投资者一直要学着如何与不确定性周旋。"为了获得投资的确定性，林园认为，投资者一定要做自己能够把握的事，把命运掌握在自己手中。

一、不熟不做

你对哪一个行业比较熟悉，能够把握这个行业的趋势，就去买进这个行业的股票。对于自己不熟悉的、不能准确判断未来走势的行业，就一定不要参与。

每个投资者都要建立自己的能力圈。在能力圈之内，投资者对自己的投资确定性更有把握，更为安全。医生出身的林园有哪些特别的能力呢？他的能力圈聚焦在自己擅长的医药行业以及与嘴巴消费相关的行业。在《西游记》三打白骨精的故事中，孙悟空给唐僧画了一个圈，告诫唐僧不要走出这个圈子。唐僧不听话，走出了保护自己的这个圈子，结果被白骨精捉了去。投资者一定要明白个人的能力是有限的，需要在自己的能力圈内投资，不熟不做，如果投资了自己不熟悉的公司，股价一跌，容易坐不住、睡不着，甚至心慌意乱，遇到逼仓行情，就会轻易地赔钱卖出股票。这种惶恐不安的感觉，比唐僧被白骨精捉了去吊着还难受。林园在划定能力圈时，总是小心翼翼，他将投资领域局限在自己真正理解的范围之内。

林园投资秘诀：投资于自己真正理解的公司，因为心中有数，所以不慌。

二、选择盈利有确定性的垄断企业

无论投资什么行业，都要选择垄断企业，这样未来的收益才能稳定且确定性高。任何风险都来自竞争，只有垄断企业才能把风险化为零。这类垄断企业被林园称为赚钱机器类型的公司。它们通常身处朝阳行业，拥有垄断利润，具备了成瘾产品的特点，可以源源不断地赚钱。投资者一定不要投资盈利没有确定性的公司。

> 林园投资秘诀：投资于赚钱机器类型的垄断企业。

三、股价有上升空间

股票股价的高低，也是投资者需要考虑是否买入的重要因素。即便是盈利确定的公司，若股价没有上涨空间，也不能投资。股票投资需要稳定盈利，不能今天赚小钱，明天又赔大钱。股价有了上涨空间之后，投资就容易实现收益，实现财富的复合增长。

> 林园投资秘诀：股价有上涨空间时，才能买入股票。

四、选择确定性好的金融工具

除了投资股票之外，还可以选择确定性好的其他金融工具。很多人认为林园的财富只来自股票投资，其实，他的大量财富来自债券市场。他擅长通过可转债和企业海外债券，赚取稳定的利润。

很多投资者都买过国债，国债可以事先确定收益。每当一种国债发行时，你能根据购买时的利率，确定几年后的收益。国债一直是大众投资的主要选择，原因就在于它具有其他投资品种无可比拟的确定性。但是国债的收益率较低，而企业可转债除了具备很高的确定性之外，收益率也相对较高。企业可转债有着"涨时猛如股、跌时稳如债"的双重优点，成为投资的热点。

林园钟爱的金融工具就是企业可转债。当可转债出现好的投资机会，特别是可转债的价格低于其面值的时候，林园就会悄然进场，利用这些确定的投资机会赚钱。他通过招商银行、千禾味业等企业的可转债，实现了确定性很高的大量利润。和可转债投资一样，林园也钟情于企业的海外债券。这类债券的利率较高，安全性较好。在确认了债券不会违约的前提下，林园有时会借入大额资金从事这类债券投资。

> 林园投资秘诀：有一些金融工具，如优质公司的债券，先天就具备了收益安全的高确定性。

五、应对黑天鹅小概率事件

在金融市场中，一些匪夷所思的小概率事件不时发生。这类小概率事件却能产生灾难性的后果，就像难得一见的黑天鹅一样，它们也被称为黑天鹅事件。

例如，长期资本管理公司（LTCM）是赫赫有名的对冲基金。公司的交易策略是市场中套利，即买入被低估的证券，卖出被高估的证券。它主要活跃于国际债券和外汇市场，利用私人客户的巨额投资和金融机构的大量贷款，专门从事金融市场炒作。在掌舵人中，有获得 1997 年诺贝尔经济学奖的罗伯特·默顿和迈伦·斯科尔斯，还有被视为格林斯潘的继任者美联储副主席大卫·穆林斯，可谓星光熠熠。自创立以来，LTCM 一直保持骄人的业绩。它的数学模型建立在历史数据的基础上，统计时忽略了一些概率很小的事件，埋下了隐患。1998 年 8 月，小概率事件发生，由于国际石油价格下滑，俄罗斯国内经济不断恶化，俄政府宣布卢布贬值，停止国债交易，投资者纷纷转而持有美国、德国等避险债券。LTCM 做错了方向，最终在 2000 年宣布破产清算。小概率事件可能导致破产的大灾难。

为了应对黑天鹅事件，林园采用了投资适度分散、建立投资组合的策略。他说："就算只有 1000 元，我也会建立投资组合。"他的投资工具包括股票、国内可转债、海外债券，资产也分布于 8 个国家和地区的市场，东方不亮西方亮。即使某只股票出现了黑天鹅灾难事件，整个组合也不会遭遇大的变故。

要有勇气，在有把握的投资上投入大的资金。同时，也要谨慎地了防范小概率灾难事件，采取适当的分散化，建立组合。勇敢而谨慎，这是成功投资者的必备素质。

林园投资秘诀：投资适当分散，建立投资组合，降低风险。

以上就是林园的五大确定性战法：不熟不做、选择垄断企业、在股价有上升空间时进场、选择确定性好的金融工具，防范黑天鹅意外事件。

确定性就是要做有把握的事情。然而，对暴利的渴望与贪婪成为许多股民孜孜以求的唯一目标，他们在没有把握的情况下，投入很多本金，押注于一两只股票，希望重仓暴富，甚至不惜借钱炒股。要知道，脱离市场规律的报酬率都不可能持久。在熊长牛短的中国股市，股民迅速获得50%盈利的机会本来就不多，迅速亏损50%的遭遇反而更易遇到。所以，林园认为借钱炒股是非常忌讳的。只有依靠时间的积累，建立高确定性的投资，通过稳重、持续、适当的复合增长，才能实现财富自由。稳健投资、复合增长才是真正的成功之道。依靠年复一年的复合增长，少量资金也有望成为可观的财富。所以，林园特别推崇林肯的名言："我走得慢，可是我从不后退。"

◎ 确定性选股：挑选行业、认准龙头、低价进场

盈利能力是企业好坏的试金石，这是任何外因都不能改变的。林园认为，股价的涨跌最终都是企业挣钱能力的体现。确定性是林园选股的重要原则。下面，我们来看林园的选股实战。

挑选朝阳行业

为了实现赚钱的高确定性，林园会选择市场规模大的朝阳行业。在这类朝阳行业中，赚钱的池子大，企业的盈利能力就更有把握。

林园最终选择了医药行业，并且聚焦于一类医药股，这类医药股与三大病及并发症相关。在选股时，林园的投资逻辑如下：

（1）中国老龄人口的数量正在增长。这是确定的。

（2）老龄人口增多，三大病的病患数量随之升高。这是确定的。

（3）病患增多，三大病成瘾药物的需求随之升高。这是确定的。

（4）药物需求增多，医药公司的利润随之升高。这是确定的。

（5）医药公司利润增多，公司的长期股价随之升高。这是确定的。

林园说："我们做了一个统计，20世纪六七十年代是中国的生育高峰期。甚至在全球，包括美国，也都是生育高峰期。我们这年纪的人，都有兄弟姊妹。到了80年代，中国严格执行计划生育，80后大都是独生子女吧。我们60后这一代人，现在基本上都超过50岁了。这个时候，人的身体确实一年不如一年。我现在就要吃一大堆药。到了一定年纪，人体这台机器就会出现毛病，就像修车一样，大家都有体会，修车师傅会说，车太老了，只能修修补补了，将就着开吧。人也是这样，有些病无法痊愈或治不好，只能对症治疗延缓症状。"

伴随着中老年人的增加、老龄化的推进，糖尿病、心脑血管病、高血压的患者会逐步增加，而且这三种疾病对药物都有成瘾性，一旦患病就难以根治，只能持续吃药缓解症状，所以医药股有着巨大的市场需求。未来30年，林园计划投资在这三种疾病领域中有所建树的企业。正因为病人对于医药的依赖，医药企业在未来有着突出的赚钱能力。林园认为未来医药股将出现百倍股，就是能上涨100倍的股票。

林园投资秘诀：医药行业是朝阳行业。

在行业投资的确定性上，通过林园的投资历史，可以看出他挑选行业十分精明。在2006年，林园非常看好如下朝阳行业：以招商银行为代表的银行业，以宇通客车为代表的客车制造业，以贵州茅台、五粮液为代表的白酒业，以伊利股份为代表的日常消费行业，以云南白药为代表的医药行业，以黄山旅游和丽江旅游为代表的旅游行业，以上海机场、中原高速为代表的基础设施行业。它们当中的领军企业都是业绩平稳增长的知名品牌，产品在国际市场上具有非常高的性价比，其本身在全球化进程中有极强的竞争力，且市场不限于国内。这些公司的股价后期走势也呈现了长期走牛或者稳健推升。但是，林园依然强调建立投资组合的重要性。从证券历史上看，有少数个股因为种种原因，虽然公司业绩良好，但是多年呈现出横盘波动的特征。建立投资组合之后，即便不幸选中了这类横盘波动的股票，其他优质公司的股票却会勇创新高或者长期慢牛，投资组合也会呈现盈利曲线稳健向上的特征。

> 林园投资秘诀：朝阳行业的龙头股未来可期。

认准龙头企业

选好行业后，林园会选择该行业中的龙头企业。林园的选股标准是：有老大就不选老二。只选排名第一的龙头公司，如果无法确认龙头老大，他会选择排名前二的公司分散投资。选好公司之后，他首先少量买入股票，然后跟踪企业的经营状况。一般情况下，林园会对企业跟踪3年，对企业和主要竞争对手进行研究、跟踪。企业盈利若能持续增长，股价估值也合理，他就开始大量买入并持有。林园会对买入股票公司的每月营销状况进行跟踪，也对其分红政策进行了解，甚至会要求公司多分红。他认为不管是送股还是分派现金，应该要送而且得多送，这样才可刺激股价的上涨。

> 林园投资秘诀：投资之前，先跟踪企业3年，对企业做到深入理解。

林园手中拿的都是全中国优质的、能赚钱的上市公司，并且未来3年盈利确定性高。林园对于投资的每家企业的财务指标都很熟悉，把其未来3年的账都算得清清楚楚，预判了企业未来3年的盈利情况。

林园钟情于以下三种类型的龙头企业。

一、垄断行业的龙头企业

在同等条件下，与一般企业相比，身处垄断行业的企业未来盈利性无疑更加确定。因此，林园在挑选确定性高的公司时，首选垄断行业的龙头企业。

垄断是指一个或几个厂商利用其在市场上对某一产品具有排他性的控制

权，通过制定垄断价格来获得超过社会平均利润率的垄断利润。从上述定义可以看出，垄断行业由于具有较高的行业壁垒，使得一般企业很难进入，因此，这类企业能持续不断地获得大大高于社会平均利润率的垄断利润。

特别是行政垄断型行业，其未来收益稳定而且确定，如高速公路、机场等。高速公路这类企业每月都会公布其车流量以及离高速公路满负荷还有多远，据此，就可以计算出此类企业的未来增长潜力。现在的车流量越大，则未来的增长空间越小。另外，投资者可以实地考查一下路面状况，确定公路的维修成本，以便对企业未来的盈利情况有一个更准确的把握。

机场是靠飞机的起降费来实现利润的。林园曾经对上海机场进行了调研，主要看飞机的起降架次和未来机场的功能定位。

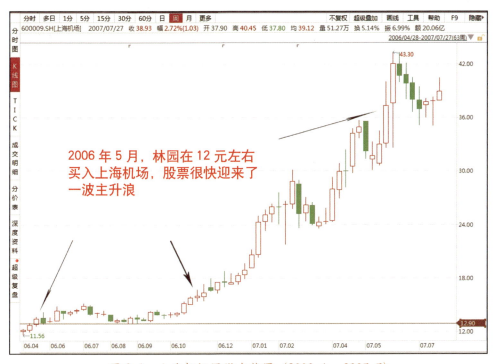

图 2.1　上海机场周线走势图（2006.4—2007.7）

在调研中，林园了解到上海机场想要打造亚洲乃至世界国际客运及货运的中转中心。这一确定的发展方向也就决定了其未来的盈利模式，其前景及走势是确定的。既然上海机场属于垄断行业的龙头企业，并且赚钱模式清晰，林园就投资了它。

图 2.2　上海浦东机场停机位

> 林园投资秘诀：行政垄断企业的龙头股值得关注。

二、老字号中的龙头企业

林园认为，老字号代表着中国千百年传承下来的文化。这些老字号经历了时间的考验，不但没有消失，反而越做越强，自然有它们的道理：品牌值得信赖、产品质量过硬。事实上，真正能经得起时间考验的好产品是很少的。随着中国经济的发展，中国独有的这些老字号会逐渐传遍世界各地。这些老字号代表的品牌企业和产品最有希望实现全球化，随着市场逐步扩大，利润也会同步放大，而且这些老字号产品是独有的，拥有垄断定价权，产品毛利率很稳定，因此这些公司股票的风险是相当有限的。这些企业有：老字号品牌企业同仁堂、老字号产品与老字号品牌同时共有的企业云南白药、贵州茅台、五粮液、片仔癀，老字号产品马应龙，等等。

> 林园投资秘诀：投资老字号企业的股票，风险低，利润高。

的确，一些老字号企业虽然在一两年里利润没有增长，但经营业绩至少能维持稳定。既然老字号企业最差的结果也是经营稳定，这类企业的股票就有希望成为比较抗跌的防御型品种。以同仁堂为例，自上市以来股价经过大幅上涨后，能在相对高位站得住，未出现持续下跌的情况，所以，林园认为老字号企业是最能产生大黑马的摇篮。

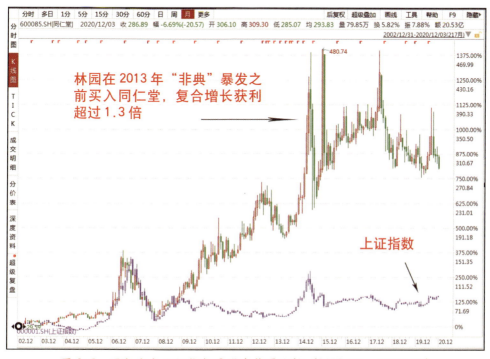

图 2.3　同仁堂与上证指数月线走势图比较（2002.12—2020.12）

三、市场竞争中杀出来的龙头企业

有一些龙头企业在市场竞争中脱颖而出，这类在激烈竞争中杀出血路的企业都被证明是后劲十足的。比如，市场化运作的招商银行、从校办企业起家的江中制药等，表面上看它们所处的行业及产品并不特别，但它们在市场竞争中能够成为强势企业，在市场集中的过程中建立自己的优势地位。经过十几年甚至几十年市场竞争的强势企业，一定有它的特别之处，这是被事实证明了的。所以，林园看好这些企业的未来发展前景。林园对这些从激烈的市场竞争中拼搏出来的强势企业，有着无比的热情。他认为，未来的结果可能是随着消费的升级，这些已经形成品牌的强势企业、这些在市场中确立了支配地位的龙头老大，会像出山的老虎一样凶猛，它们会渐渐增加产品毛利率，使利润有超预期的增长。对于这些公司，林园将进行密切地跟踪、调研，适时买入。

> **林园投资秘诀**：在普通行业中杀出来的龙头企业，必有特殊的竞争优势。

低价进场

投资就要面临风险，就像战争一样，敌人攻击我们的阵地，但是，我们可以挖设壕沟，铺设地雷，建立一条牢固的防御地带，保护自己。这条防御地带就是安全边际。当敌人发起攻击时，防御地带就会保护我们的安全。安全边际为大家所熟知，多半是因为巴菲特、查理·芒格、约翰·邓普顿等投资名家反复强调。你买入股票的价格，要比它的内在价值还要低，这样意味着投资更安全。

这个概念通常运用在股市里。例如，我们认为一家公司的内在价值应该是100亿元，但现在股票总市值才50亿元，那么就存在（100−50）/50=100%的差距，就可以视为较好的安全边际。

与价值投资者的安全边际理念相似，林园认为，投资一家公司，就像购买一部手机一样，最重要的是要搞清楚它的价值几何，到底值多少钱，贵不贵，这是投资的依据。和价值相比较之后，选择一个合理的低价进场，这样股价就有上涨的空间。

> **林园投资秘诀**：选择合理的低价买入股票，这样才有上涨的空间。

不过，林园强调说，低价进场并不意味着只买低价股。低价股并不意味着安全。低价股背后可能是经营不善、赚钱很困难的没落公司，不值得投资。

投资者需要将上市公司的内在价值与股价进行比较。如果股价相对于内在价值较低，投资就比较安全。巴菲特最初买入可口可乐公司的股票时，股价已经涨高。但是，巴菲特认为，相对于可口可乐公司的内在价值，股价虽然看起来高，但其实是便宜的，于是进场买入了可口可乐的股票，在这只饮料股上，赚到了巨额利润。

> 林园投资秘诀：低价股并不意味着安全。

◎ 确定性持仓：在忍耐中赚钱

上面我们讲到了确定性选股的方法。买入选择好的股票之后，就需要持有股票，通过股价的上涨获利。如果未持有仓位，等到股价上涨，复合增长就成了空话。人们常常在股市中听到一句话："真后悔当初没有买。"的确，股票如果没有进入你的账户，利润增长就成了持有人的盛宴，与你无关。

买入后，持有对每个投资者来说都是极为重要的。但是，投资者每天看着股价的阳线和阴线，判断支撑线和压力线，时刻害怕股票破位下跌，晚上睡觉都不踏实。林园以前当医生时，有过神经衰弱的经历。他并不喜欢技术分析派的每天盯盘方式，选择了买入优质公司的股票，只要公司能够源源不断赚钱，就长期持有。这种方式让林园睡得轻松自在。

事实上，如果天天盯盘，投资者在精神上要承受很大的压力。机构投资者总会用股价的急跌去吓唬投资者，明明你对股票已经研究透彻，各种分析都支持你的买入理由，但股价就是被向下打压，甚至出现跌停的现象，投资者往往被吓得把手中的筹码送给机构。

> 林园投资秘诀：盯盘会让涨跌萦绕于心，动摇持股信心，影响身心健康。

林园在持有股票之前，经常提前 3 年对公司进行了研究，特别关注财务报表的数据，它能够确定无疑地反映公司的价值。搞清楚企业的价值，明白这家企业到底值多少钱，再与股价进行对比，如果股价相对于企业价值显得便宜，林园就认为有了盈利的确定性。盈利有了确定性，就会支撑他的持股信心。

林园并不取法于巴菲特，但是其买进并长期持股的风格与巴菲特相似。巴菲特的办公室里堆积了很多企业年报，却没有显示股价波动的电脑屏幕。他认为，既然你注重企业价值，打算拥有一家杰出企业的股份，就不必每天都去注意公司股价的变动。毕竟公司内在价值不会在一天之内就有剧烈的变化；当你忽略其股市价格波动时，将会惊讶地发现，你在持有投资组合时反而更有信心，甚至投资的绩效也会更好。巴菲特说："在我们买了优质公司的股票之后，即使股市因为异常事件而关闭，我们也不会有任何困扰。"

> 林园投资秘诀：持有优质公司的股票，持仓更有信心。

当买入的优质公司被多数投资者一致看好时，其股价上涨的趋势就形成了。一些优质公司的股票属于大盘股，有着众多的流通股，但是，由于看好者众多，持股信心坚定，反而只需要少量的资金就能推动股价上涨。在上涨过程中，股价虽有下跌，但这只是上升大势中的暂时调整。这时有一些投资者都会选择卖出手中的股票，其实，这是投资误区。林园说，对于优质公司的股票来说，最重要的就是捂股，满仓买到好股后，要拿得住才行，这就需要捂。特别在牛市初期，不是所有的股票都能够同时上涨的，你手中的股票有的上涨，有的下跌，这都很正常，只要你拿的是业绩好的优质公司股票，在牛市初期你一定要坚持捂股，不用在乎它们短时期的不涨，总有一天会轮到你的。当然，这时你也许感到很痛苦，这样的感觉林园也经常能体会到，这就是林园常常说的"我们是在痛苦中赚钱"。林园这时会坚决持有这些上涨趋势已经形成的股票，贪到底。只要公司盈利状况不发生变化，一般情况下他是不会选择卖出股票的。所以，持有股票的能力很重要，这是你财富增长的重要前提。

> 林园投资秘诀：对于优质公司的股票，需要坐拥利润，贪到底。

　　林园也经常安慰他的跟随者们，在持仓时直面人性弱点，"你加入我们的队伍，我不仅要讲股票怎么操作，而是还要告诉你人性的弱点。我慢慢地培养你，使你不惧怕股市，让你正确对待股市的风险。当你不怕股市了，才敢持有，才会赚钱。另一方面，在关键的时候，我会给你资产配置，并且会告诉你这家公司可能存在什么风险，我们应该采取什么措施"。

◎ 确定性卖出：五种离场方式

　　当合理的离场理由出现后，投资者就需要将持仓转化为利润，考虑离场。林园说："我卖出的时点一般是企业基本面发生了变化。"他会在以下五种情况下卖出持有的股票：

公司经营困难

　　1997 年，林园重仓持有四川长虹，但后来发现电视机总是降价。当产品价格出现持续下降时，林园就会特别警惕。因为产品降价导致经营毛利率下降，而毛利率持续下降正是公司经营困难的反映。彩电降价导致四川长虹的毛利率逐年减少，林园认为公司毛利率的下降趋势已经形成，就卖出了四川长虹的股票。在识别毛利率的变化时，不是说一两个月的毛利率下降了就意味着要抛出股票。毕竟这家公司为了打击竞争对手，偶尔进行一些商业促销，影响了短期的毛利率。这不代表其毛利率形成了下降趋势。但是，如果企业毛利率的下降趋势最终得到了确认，林园就会坚决卖掉股票。林园提醒说："股市最大的风险就是企业经营风险。通过毛利率的变化能够识别风险，这比识别头肩顶之类的技术形态还管用。一个企业的基本面不会在一两天内就发生变化，我只需跟踪企业每月的财务指标，就可防止这种风险。若企业基本面发生变化就坚决卖出，那时也有足够的时间让你跑。"

> **林园投资秘诀：毛利率持续下降，意味着公司经营困难。**

林园又列举了东阿阿胶的例子，"有一位投资者买了东阿阿胶的股票。他到我的办公室，带来了阿胶礼品。我提醒他，我们都把东阿阿胶卖了，据我们从经销商那里得到的信息，他们现在渠道积压的货很多。但这位投资者反复跟我说，这是老字号，很多人都在吃。我说你没有我勤劳，不知道详情。不是说阿胶本身不好，阿胶还会起来，但那一段时间我们知道公司的经营思路有点问题，就坚决把它卖掉了。阿胶本身有消费需求，它是好东西，但拔苗助长了，所以要回避。"

> **林园投资秘诀：公司经营困难时，考虑卖出股票。**

发现性价比更好的公司

林园无时无刻不在股市中寻找套利机会。一旦发现有跟手中持有的股票质地一样好但估值水平更低的股票，他会选择换股。

在牛市的中后期，林园会盯住一部分涨幅没有起来的公司股票。它们都是林园当初看好的种子，但是几年过去了，涨幅非常小。林园会适当地加仓这部分股票。"我在证券市场总是选择最便宜的东西，性价比最好的股票。有些股票不见得是我认为它不能上涨的，但也把它卖掉，因为我会选择性价比更好的股票。"

> **林园投资秘诀：发现性价比更好的股票时，考虑换股。**

行业或公司的高速增长期过了

林园擅长行业投资。当规模巨大的行业处于高速增长期时，其中的优质公司可以迅速获得高额利润，从而推动股价快速上涨，就像坐上了高速电梯一样。当行业或公司的高速增长期过去了，随着公司赚钱能力的下降，股价就失去了持续的推动力。

2016 年，林园卖出招商银行股票。他回顾说："我们注意到越来越少的人去银行办理业务，微信支付、支付宝大大挤占了银行的市场份额，所以就卖出了招商银行，虽然 2017 年招商银行大涨，但我也不遗憾。"

通过招商银行的可转债交易，林园获利数十倍。退出招商银行投资是林园看到了银行业正面临重大挑战，除了银行业本身的竞争加剧之外，微信、支付宝等新兴支付工具的兴起，也对银行业构成了冲击。20 年前，我们经常要去银行存钱、取钱，买东西要用纸币，店铺老板也要预备零钱找零。今天，我们出门只要带上手机，扫一下二维码就能支付，支付金额可以精确到分，商家也不用为了找零而发愁。理财、存钱、还信用卡、交水电费等各种业务，都可以用支付宝或者微信支付实现。民众的资金也通过货币基金、偏股型基金等金融产品，分流于基金、保险、信托等行业。对于普通人来说，银行的存在感已经大不如前，银行业高速增长的时期已经过去了。

> **林园投资秘诀：行业或公司高速增长期过了，考虑卖出股票。**

资产配置需要

资产配置是将资金在不同市场的不同资产类别之间进行分配。当市场中的证券资产涨幅已大，处于高风险区域时，就需要收获利润，把资金重新投入低风险的市场中去。

当股价高涨，市场风险突出时，林园就会下调所持股票的比例，抵抗单一股市的风险。林园给自己定下了铁律，每 3 年就要做一次大的资产配置，同比减仓 30%，配置到其他估值合理的市场。事实上，林园之所以逃过数轮熊市，就在于他通过资产配置，将一部分资金撤出，转移到更好的市场，购买更为便宜的资产。这样，在中国熊市的利爪落下之前，林园就已经提前转移部分资金至安全的市场。他从 1997 年起就开始做资产配置。

资产配置有多种手法。早在 14 世纪以前，《塔木德经》就指出了一条简单的资产配置策略:"一个人应当总是将其财产保存为 3 种形式:1/3 投资于房地产,另 1/3 投资于商品,余下 1/3 投资于流动性资产。"这是稳定不变、等额分配的资产配置方法。

也有按照经济周期进行资产配置的方法。美林投资时钟的理论框架最早被美国知名投资银行美林证券发现,随后被各大投资机构应用。美林投资时钟理论把经济周期划分为复苏、过热、滞胀和衰退等四个阶段,并给出了四个阶段中股票、商品、现金和债券的置换次序。

在"经济上行,通胀下行"的复苏阶段,向股票倾斜;

在"经济上行,通胀上行"的过热阶段,向商品倾斜;

在"经济下行,通胀上行"的滞胀阶段,向现金倾斜;

在"经济下行,通胀下行"的衰退阶段,向债券倾斜。

林园的资产配置方法有两点需要注意:第一,资产配置工具包括国内可转债、企业海外债券、股票等;第二,资产配置市场,则包括中国大陆、中国香港、新加坡、欧洲、美洲等多个证券市场。在投资获利的归因分析中,资产配置是长期投资成功的关键性因素。在影响投资收益的多项因素中,择股和择时的可控性远不及资产配置。

> 林园投资秘诀:通过资产配置,能够在牛市锁定利润,在熊市补充仓位。

股价过高

当股价到达既定的合理位置时,林园就会卖出股票,即便后市再涨,他也不觉得惋惜。他会拿着赚来的钱,重新选择好的投资对象。

林园说:"2007 年我投资了路桥类企业,买这类股票相当于买资产,当时福建高速的股息超过 4 元。后来其股价上升,股息率就会下降,再买这类股票就不再合适了。另外,智者千虑,必有一失。当判断失误,买入的股价过高,感觉 100 年也难以回本时,就要果断离场。"

林园并不期望卖在最高价。他说:"我卖出一只股票,不代表这个股票不能涨了，我卖了以后能涨的股票多得是。但是我们只赚合理的钱，赚我们能确定的钱。"

林园在离场时，因为资金量大，即使他要卖出手中的股票，也会选择合适的时机，不会为了卖出而卖出。他在抛售股票时，若没有人买，就会等一等，直到有人买为止。他不会为了卖股，不惜清仓卖出。

林园投资秘诀：不求卖在最高价，到了合理的价位就离场，不因后市继续上涨而遗憾。

综上所述，我们讲到了确定性是复合增长的第一块基石。没有稳赚不赔的确定性，复合增长就无从谈起。无论选股、持股还是卖股，都有具体的方法，能够实现赚钱的确定性。有了确定性，投资盈利就有了把握。在下一章，我们将讨论复合增长的关键因素——复利。

第三章

复利：
复合增长的关键

　　复利是伟大的数学发现，对于投资者的利润最大化做出了杰出贡献。

——先锋基金创始人约翰·博格尔

什么是复利?

当你站在高山,把一个小雪球推下山时,会发生什么? 这和财富的增长有什么关系?

小雪球在滚向山脚的旅途中,不断地卷起地上的积雪,旅程越长,卷起的积雪越多。最后,小雪球变成了巨大的球体,甚至能够引发一场雪崩。

图3.1　滚雪球效应

投资的成功和时间有关系。有了赚钱的把握之后,时间越长,盈利越多,就形成了滚雪球效应。滚雪球理念由巴菲特提出,是复利的隐喻。爱因斯坦曾经称复利是"世界第八大奇迹,理解复利者挣钱,不理解者掏钱"。

◎ 复利的奥秘

复利背后的逻辑,是对本金和获得利润进行再次投资。通过复利,你的投资获利不仅仅来源于初始本金，还有一部分来源于再投资的获利。这样，除了你的本金能够生息，你新得到的利息同样也能够生息，因此复利俗称"利滚利""驴打滚"。有了林园强调的盈利确定性，投资时间越长，复利效应也会越来越明显。虽然一开始的小钱看起来微不足道，通过长时间的复利，却能使你的财富获得可观增长。林园将这种复利增长称为复合增长。

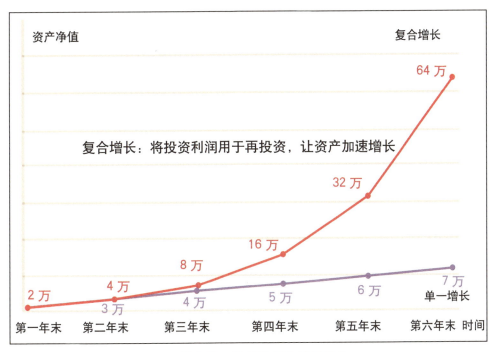

图 3.2 复利增长与单利增长

让我们来看看复合增长和单一增长的简单例子。

你的本钱是 1 万元，假设你有赚钱的本事，每年能把资金翻 1 倍。

在复合增长模式下，你的本钱是 1 万元，第一年你就净赚 1 万元。你不舍得花 1 分钱，把 1 万元本钱和新赚的 1 万元都投进去。倘若你的资金每年都能翻 1 倍，经过 6 年的复合增长，你的资金增长如下：第一年 1 万元变 2 万元，第二年 2 万元变 4 万元，第三年 4 万元变 8 万元，第四年 8 万元变 16 万元，第五年 16 万元变 32 万元，第六年 32 万元变 64 万元。

不使用复利的话，你只能享受单一增长的成果。

你有 1 万元,第一年赚 1 万元。你把净赚的 1 万元取出来花掉,然后只用最初的 1 万元本金投资。

第二年,1 万元本金又让你净赚 1 万元,你再把新赚的 1 万元取出来花掉。注意,在第二年,其实是 1 万元本金总共变成了 3 万元,但是你在 2 年时间里总共花掉了 2 万元。

第三年,1 万元本金又让你净赚 1 万元,你又把新赚的 1 万元取出来花掉。在第三年里,你的 1 万元本金总共变成了 4 万元,但是你在这 3 年时间里,总共花掉了 3 万元。

就这样经过了 6 年,你的 1 万元本金每年都能让你净赚 1 万元,等到第六年结束时,你的 1 万元本金总共变成了 7 万元。遗憾的是,你用 1 万元赚到的 6 万元盈利,都让你花掉了。

来看复利与单利的区别,同是 1 万元起步,都是每年赚 100%。

在复利模式下:第一年净赚 1 万元,第二年净赚 3 万元,第三年净赚 7 万元,第四年净赚 15 万元,第五年净赚 31 万元,第六年净赚 63 万元……越往后,你赚得越多,赚钱速度越来越快。

在单利增长模式下:

第一年净赚 1 万元,第二年净赚 1 万元,第三年净赚 1 万元,第四年净赚 1 万元,第五年净赚 1 万元,第六年净赚 1 万元。你只能稳定地每年赚到 1 万元,被复合增长甩得越来越远。

为了深入理解复利的加速效应,请看下面的例子,复合增长的数字会让你眼前一亮。

假设你出生的时候,投资了 1 美元,每天增长 1%。到 5 岁的时候,你的 1 美元将超过 7700 万美元。到 7 岁时,你将成为世界上最富有的人。从出生到 1 周岁,你只有 38 美元。然而,从 6 岁到 7 岁,你的资金从 29 亿美元飙涨到 1099 亿美元。

林园曾说过,自己在牛市 3 个月赚的钱比过去那些年赚得还多。很多人觉得他说谎,但其实并没有。因为资金经过多年复合增长,已经滚大了,所以眼前翻 1 倍就是过去那么多年的总和。当复合增长有了盈利的确定性做保障时,赚钱会越来越快。

林园投资秘诀：为了实现复合增长，需要将本金和利润再次投资，继续获得高确定性的利润。

图 3.3 极端复利：年至 7 岁，富可敌国

投资股票是为了赚钱，让资产不断增值。然而，大多数人往往过度追求"增值"，忘记了风险，结果财富没有增值，反而损失了本钱。这样的结果是欲速而不达，也是新手理财常犯的错误。

一旦本金损失过多，结局就异常残酷：如果你损失了 50%，下次需要上涨 100%，才能回本；如果你损失了 70%，下次需要上涨 233%，才能回本；如果你损失了 80%，下次需要上涨 400%，才能回本；一旦损失了 90%，下次需要上涨 900%，才能回本。损失过大时，回本基本无望。

林园发现了复合增长的关键——不能赔钱。他说："要做到每年都有复合增长，我所有的投资只能成功不能失败——买入的每只股票都要赚钱，而不是今天赚钱，明天又赔钱。我必须给自己定下铁律，什么钱是能赚的，什么钱是不能赚的，把风险控制好。"

● 林园投资秘诀：为了实现复合增长，一定要避免大的损失。

◎ 复合增长六要素

复利力量的源泉来自六个要素：确定性的高低、投入资金的多少、投资时间的长短、收益率的多少、杠杆的高低和市场的起伏。

确定性是复合增长的前提

确定性是实现财富复合增长的前提。林园说："每个人的投资都尽量不要出错。要让你的资金从小变大，你就要不出错，一直往前走，不能后退，这是雪球式的伟大。我必须长期做有钱人，不能出现资产倒退。对所做的任何事，我都要能够掌控。"

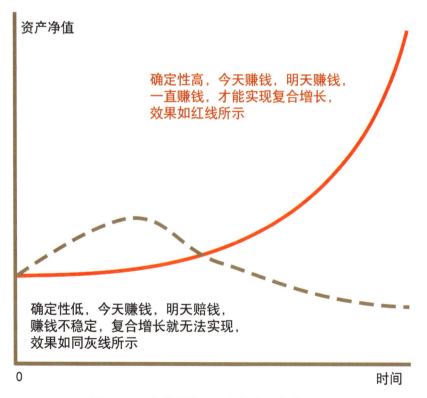

图3.4　只有高确定性，才能实现复合增长

有了盈利的高确定性，才能实现复利的美好，避开复亏的残酷。复利的美好之处在于：若每次赚 5%，只要 14.5 次，资金翻倍；若每次赚 6%，只要 12 次，资金翻倍。若每次赚 7%，只要 10.5 次，资金翻倍。若每次赚 9%，只要 8.5 次，资金翻倍；若每次赚 10%，只要 7.5 次，资金翻倍。而且，随着资金翻倍，一变二，二变四，四变八，赚钱的速度越来越快。

复亏的惨烈超出很多人的想象：如果每次亏 5%，只要 13.5 次，资金腰斩；每次亏 7%，只要 9.5 次，资金腰斩；每次亏 9%，只要 7.5 次，资金腰斩；每次亏 10%，只要 6.5 次，资金腰斩。在投资中，连续大幅亏损对于资金人损失很大，若 2 次亏损 50%，资产仅是原来的 0.25 倍。投资特别忌讳大幅亏损，大亏过后，想再回本，剩余的有限资金需要多次翻倍才行，难度很大。

> 林园投资秘诀：有了赚钱的高确定性，复利会让财富加速积累，时间越往后，赚得就越多。

投入资金的多少

当赚钱能够稳赚不赔，有了高的确定性之后，投入的本钱越多，赚钱就越多。

如果你的本钱多，开始就有 64 万元，每年翻 1 倍，经过 3 年，64 万元变成 512 万元。

如果你的本钱少，开始只有 1 万元，每年翻 1 倍，花了整整 7 年，你的 1 万元才变成了 64 万元；需要 10 年时间，1 万元才能变成 512 万元。

原始本金，往往只能靠我们逐渐积累。所以，控制勤俭节约、善于积累资金是一项素质，数千年前勤俭节约的理财方式在今天仍然有效。

复利有一个特征，今天投入的 1 万元会变成若干年后的 100 万元。复利需要将获得的利润再次用于投资，需要把盈利全部转换为投资本金，而不能用于消费，否则复利的作用就要打折扣。在市场上，很多人在盈利的时候，轻易地把盈利部分消费掉，而在亏损的时候，本金又发生了缩水，这样永远也无法积累财富。

一位朋友 A，开始听从林园的话，跟着学投资，赚到 20 多万元的时候，就把盈利拿去花掉了。多年后，林园给他算了一笔账，说这 20 多万元留下来继续投资的话，现在都应当几千万的身家了。林园还有一个汉中卫校西八一班的同学，以前家里没什么钱，比朋友 A 晚十几年才跟林园做投资，结果这个当时的穷同学，现在家里都有几千万了。

林园投资秘诀：*每一分钱都是复合增长的种子，日后能长成参天大树。*

收益率的高低

在其他条件相同的情况下，收益率越高，赚钱就越多。

本金 10 万元，年收益率分别是 5%、20%，赚钱结果如下表所示：

表 3.1　收益率越高，赚钱就越多

不同年收益率下的资产比较		
时间（年）	年收益率 5%（万元）	年收益率 20%（万元）
1	10.50	12.00
2	11.03	14.40
3	11.58	17.28
4	12.16	20.74
5	12.76	24.88
6	13.40	29.86
7	14.07	35.83
8	14.77	43.00
9	15.51	51.60
10	16.29	61.92

当年收益率为 20% 时，资金曲线出现了明显的增长，远远甩开了年收益率为 5% 的资金曲线。

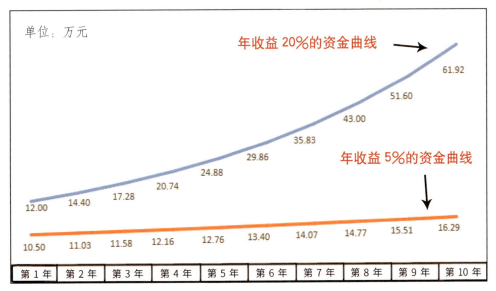

图 3.5　年收益率 5% 与 20% 的资金比较

收益率越高，复合增长越快。然而，对于收益率要有合理的预期。不同市场上的各种金融工具都有特定的收益率。以货币市场为例，货币基金的利润通常围绕着 3% 的利率上下窄幅波动，这就不能指望货币基金能够一年带来 30% 的回报。

真正赚大钱，要点在于复合增长，而不是一时的高收益率。正因为收益率取决于金融工具的自身特性，本杰明·格雷厄姆曾警告那些企图一夜暴富的投资者："无论是在华尔街或其他任何地方，都没有可靠的迅速发家致富的秘诀。"持同样观点的还有道氏理论的创始人查尔斯·道。他说："无论资金多少，如果人们只期待他们的股市投资能有每年 12% 的回报率，而不是每周 50%，那么他们会有较好的长期表现。"他劝勉那些激进的投机者："每个人都知道在经营店铺、工厂或房地产公司时，应该谨慎稳健地追求年均 12% 的回报率。但是，很多人投资股票总是追求暴利，认为应该采取另一套完全不同的激进方法。这太离谱了。"

巴菲特同样把资产回报率的目标定在每年 15% 以下。对他而言，超过这个数字的部分，就是来自上天的意外之福。巴菲特富可敌国，那是因为他活得足够长，在工作上下了许多功夫，通过高确定性的财富复合增长，不断地吸引新的资金加入，才建立了自己的财富王国。即使累积了多年经验，取得了巨大成功，巴菲特仍然把资产回报率的目标定在每年 15% 以下，通过安全的投资，使用复利效应，继续推升财富。

> 林园投资秘诀：对于投资回报，要有合理的预期。

投资时间的长短

投资证券市场，时间一定是最重要的因素，投资越年轻越好。如果你尽早开始投资的话，复利会让你变得更富有。随着股票上涨，你的账户资金增加了，就需要把盈利用于买进更多的股票，继续进行投资，从而带来更多利润。那些买入持有型的老手也常常强调，在长线投资中，复利发挥着重大作用。

长期投资并不是一个受欢迎的话题。约翰·梅纳德·凯恩斯曾经说过："长期投资？等到结果出来，大家都死了。"所以，有无数的人似乎在此找到了依据，从而进行着短期投资。

当然，许多人会认为长期投资的财富增值太慢了。只是他们不知道"慢就是快"的道理。为了贪求短时间内取得暴利，将自己置于风险当中，本金损失巨大，投资就会变得很慢。而那些似乎很慢的投资方法，却靠着盈利确定性，通过复利赚钱越来越快，正是所谓的"快则慢，慢则快"。林园就是这样以慢取胜的稳健投资者。

戈坦资本创始人格林·布莱特指出，如果一种投资策略确实能够带来稳定回报，那么投资周期越长，取得成功的概率就越大。理想的投资周期是 5 年、10 年或者 20 年。所以，问题的关键取决于我们坚信这样的投资策略，并愿意进行长线投资，否则当策略遇到暂时的低迷期、业绩不佳的时候，将无法坚持下来。

杠杆的高低

使用金融杠杆，无论是投资取得了收益还是损失，效果都会放大。使用杠杆，相当于借钱投资。林园从不借钱炒股，因为炒股的结果不具备稳赚不赔的确定性。但林园有时会借钱买入可转债或海外企业债券，因为这类债券的收益是确定的，并且有着良好的安全性。为了防范债券的违约，林园会严密地评估发行债券企业的履约能力。他也通过投资组合，防范单一投资的风险。

对于金融杠杆的使用，以拉瑞·威廉姆斯为代表的世界交易冠军反复强调，单笔交易的损失不可超过2%。如果单笔损失超过17%，只需要寥寥几次损失，账户资金就会损失殆尽。

市场的起伏

在证券市场，大盘指数有时上涨，有时下跌，在每个年度的波动幅度是不一样的。特别是熊市期间，大多数的投资者经常一买就套，买了就赔钱，让资产复合增长的难度加大。而当牛市来临期间，大多数人在证券市场的资产都能升值。所以，复利的效果同样取决于市场状况。在证券市场有"三年不开张，开张吃三年"的说法。总有几年的时间，股票"就像死了一样"，没有明显的涨势，这就无法让股票资产实现复合增长；然而牛市来临，却会让你的资产在短期上个大台阶。

综上所述，为了实现复合增长，我们首先确立稳赚不赔的高确定性，再投入较多的资金，经历长时间复合增长，投资于高收益率的金融产品，控制好杠杆风险，当证券市场提供了大幅上涨的机遇时，就能让复利发挥出理想的效果。然而，很多人却不理会这样的复合增长方式，而是追求一夜暴富。"何以解忧，唯有暴富"的贪婪占据了他们的心智，最终迷失于股市蜃楼当中。所以，如果不能真正理解复合增长的路径，复利之难，难于上青天。

◎ 财不入急门：多数散户的困局

复利让财富持续增长、加速增长，这是投资的最大奥秘。很多投资者没有理解复利的价值，或者即使理解了，但没有耐心和毅力长期坚持下去，这是大多数投资者难以获得巨大成功的主要原因之一。

在复合增长中，通过高确定性之下的复利效应，钱越赚越快。在第67页图3.2的例子中，如果你想年收入超过30万元，需要耐心地等到第五年末。第五年末你的年收入达到了31万元，属于里程碑的一年。在复合增长的模式中，你的起步资金只有1万元，所以开始阶段赚钱很慢，特别是第一年和第二年，你只能净赚1万元和3万元。

但是，许多人认为复合增长起步慢，不能够马上创造暴利。多数人尤其是散户总以自己的本金少、期望高为理由，去寻找更快的方法。殊不知财不入急门，风险和收益呈正比是证券投资颠扑不破的真理。人们确实有机会快速地赚到一些钱，但是一旦没有控制好风险，以前赚的钱就会全部回吐，变成镜花水月。

实现复利，需要稳定又长期地持股，特别是持有股票的数量更为关键。林园说："和自然科学不同，赚钱是学不来的。赚钱要面对很多的诱惑，需要自己去把握。实际上我做的所有工作，只需要知道两件事，一件事是我需要买什么股票，还有每只股票要买多少，后者比前者更重要。所以很多人问我，该买什么股票，我觉得这是次要的，最重要的是这只股票你要买多少。比如我们说3年以后这只股票能涨二三十倍。你只买了100股，那比跳楼还痛苦。只要把数量买够了，我不会在乎那百分之几的成本差价。最关键的是让你赚钱的股票数量够不够，你买了多少，这是非常重要的。"彼得·林奇同样认为，决定投资者投资成败的关键在于投资者的耐心，需要坦然地面对市场正常回报，能够不受市场恐慌情绪的影响，坚持到底，直至投资获得成功。至关重要的是，投资者要能够认识和抵抗自己人性的弱点。

● 林园投资秘诀：复合增长的劲敌是急于致富的心。

◎ 不禁诱惑：中断的千万账户

林园曾经提到一件事。2006 年的时候，《成都商报》、某证券公司和林园一起做了一个 50 万元实盘组合，由林园指导，证券公司的人操作，在 50 万元增值到 1000 多万元后，管理账户的证券公司老总因为受到期货市场的诱惑，卖掉了这些股票，终止了实盘组合的实验。如果持有至今，这个账户将会有几十倍以上的收益率。所以说，即使赚了大钱，如果没有深刻理解和接受复合增长的理念，投资者也会半途而废。

● 林园投资秘诀：复合增长要克服心魔，控制贪婪之心。投资道路上有许多障碍来自心理活动。

◎ 难耐低迷：百人计划的失败

自在的林园并不是所有事情都成功，他有个计划，要在全国随机找 100 个人教授投资方法和股票知识，让他们复制自己的传奇。2007 年，他开启了一项长达数年的试验，结果以失败收场。当时他随机选择 100 人跟他学习投资股票，想把自己的成功复制出去、传播出去。不料，2008 年就遇到了全球金融危机，100 人走了一大半；到 2014 年贵州茅台股价低迷时，剩余的人也坚持不了，又走了绝大多数；当贵州茅台最终登上 A 股"股王"宝座的时候，最初的 100 人已走得一个不剩。对投资、对生活的热情，说起来很容易，可要持久，真的好难。

"这 100 人当中，有一个人，开始积累了丰厚的财富，然后对投资有其他想法，想融合其他策略，最后却不得不割肉出局。我们看到很多人不是对投资股票有真正的兴趣，他们不愿意持续地投入精力和资金，很多人亏了钱，轻易地认赔走人。在我看来，至少要把投资当成事业，有闲置的资金就拿来投资，反复看财务书籍。财务书籍对财务好企业的特点写得很清楚，多学多用就能看懂一家企业了。我现在每天很少调研、极少看盘，投资股票有什么难的？我买入的时候，看好的是一个行业，不会单纯买一只个股，而是做一揽子配置。但是很多人只想暴富，好运气却没有眷顾他们，反而碰到了 10 年蓝筹股的熊市。"林园总结说。

大部分人是在 2007 年牛市看到林园赚钱的财富效应才追随他的，并不是对股票投资本身有真正的热情和兴趣，在后来股市低迷的时候就很难坚持下去。虽然林园自认为他的 2007 年百人计划失败了，但我们看到，林园的理念得到了广泛的传播，一些人走上了复合增长的正道，并取得很好的成绩。百人计划失败了，但是最终却成就了万人计划。相信有更多的有缘人领会林园分析行业、公司和股市的理念，最终在投资的康庄大道上赚到钱，甚至改变命运。

> 林园投资秘诀：有了高确定性，复合增长让你赚钱越来越快。

◎ 定海神针：复合增长的带领人

林园通过 30 年的辛勤劳动，换来了今天的百亿财富，不但自己富了，还用自己的真诚和善良，感染了身边很多人。他就像投资致富路上的向导一样，带领着身边的朋友、亲人和同学一起致富。当年汉中卫校的西八一班，不少同学跟着林园，现在都资产过亿。

除了西八一班，北京大学也有林园的故事。胡老师在北京大学从事证券投资培训工作快 20 年了。这类培训课程针对企业家和高管，必须贴近实战。而实战派师资来自各大券商的老总和各路基金经理。一些基金冠军得主口才了得，现场气氛烘托到位，再加之当年业绩骄人，同学们都听得如痴如醉。很多学员都追着去认购这些冠军的基金，期望第二年取得丰厚的收益，结果却是第二年净值折损大半，元气大伤，很多学员一年赔掉几百万、几千万资金。不少冠军经理在后续都销声匿迹了。最终，胡老师认为，市场从来不缺昙花一现的人，真正要寻找的是屹立不倒的常青树。得益于学生赵蒙和小勤的引荐，胡老师2006年结识了林园，在多年时间里见证了林园傲人的战绩，并为之折服。从2006年开始的价值牛市，到2020年跌宕起伏的疫情市，证券市场中不乏冲击人心的剧情。大家每逢情绪不稳时，都会齐聚林园的办公室，听他分析公司，坚定看好赚钱机器类型的公司，大家才能踏踏实实地继续操作。林园已经成为朋友心中的定海神针。

胡老师第一次邀请林园来北京大学讲课是2006年深冬。这也是林园第一次在高校讲课。当天贵州茅台的价格是69元，属于高价股。课上有学员提问贵州茅台，胡老师至今还清晰地记得林园说的话："无论什么时候买贵州茅台，你都觉得贵。但无论什么时候买，拿住了这只股票，都能让你赚钱。你要认识到贵州茅台的价值。"15年过去了，贵州茅台一次次创新高，反复刷新公众的认识，验证了林园当年的判断。胡老师说："投资就是找到有价值的股票，然后持有。如果找不到那样的股票，就努力寻找那个能帮你找到这类股票的人，站到他的身边跟随。我想这个人，毋庸置疑就是林园。"

胡老师回忆说，她接触过很多国内知名的经济学家和学者，讲课绝对是行云流水，令人佩服不已，但是在证券市场无一例外地都输得一塌糊涂，没有长期稳定的挣钱能力。胡老师认识的基金经理中很多都是当年的私募冠军，但业绩昙花一现，并在后续的投资中大都市值腰斩，可谓触目惊心。最终胡老师认为，稳定盈利的基金经理只是凤毛麟角。能够结识林园并坚持他的投资理念，投资者就能获得高超的认知决策，剩下的工作就是持有优质公司的股票，坚定持有，经过经年累月的沉淀，让投资成绩傲视群雄。

林园投资秘诀：高确定性就是长期稳定的赚钱能力。

◎ 顺利转型：复利增长，愉悦人生

　　林园因为基金工作的关系，接触了很多企业老板。这些老板们早先经历过创业的辛苦，到老都保留着当年辛苦打拼的痕迹。随着产业升级和经济转型，这些老板们也面临着转型的烦恼。他们慢慢老了，并且孩子对于他们的事业没有兴趣。林园早就观察到了这个现象。

　　如果他们懂得让专业的人来打理财富，生活就很轻松了。林园说，绝大多数的行业已处于产能过剩的状态。许多企业家跑来跑去，到处辛苦地找项目，可是越辛苦越赔钱。现代社会已经进入了财富管理的专业时代。专业的人负责专业的事，才是赚钱的高级形式。

　　有位老板朋友，在林园基金成立的早期就进行了投资，林园成功地让他的过亿财产实现了翻倍。这位老板选中了林园，其投资决策是正确的，为身边的人带来了实实惠惠的投资利润，所以他在家族中享有很高的威望。

　　林园投资秘诀：专业的人做专业的事，专业的人专业地管理财富。

第四章

公司：
股价波动的根本

每个阶段都要买那种最能赚钱的公司，
当前股价最能涨的就是医药消费公司。

——林园

◎ 投资就是买公司

林园认为，投资股票，就是投资企业，做企业的股东。
一份股票所代表的意义就是拥有该企业的部分所有权，因此，人们在证券市场投资，应该像企业家一样，把投资当成企业经营，这样，就不会痴迷于股票市场 K 线涨跌和技术指标，而是精心研究上市公司的经营层面。这时，你就不再抱有赚一点差价就跑的投机心态，而是寻找特别能赚钱的优质企业。

为什么要研究企业的赚钱能力呢？因为证券投资有核心规律：公司盈利能力强，内在价值就高；公司盈利能力差，内在价值就低。

公司的赚钱能力强，在股东眼中它的价值就高，能够为股东带来财务上的安全感。

从长期看，公司的内在价值与股价涨跌呈正相关的关系。总体来看，公司的价值与股价长期也是正相关的关系。巴菲特指出，从长期看，股价表现与公司的价值是同步的。虽然在某个年度，两者的关系可能会出现不同步的现象。但是，从长期看，股价与公司价值是正相关的关系。

只要企业利润良好，就值得拥有它的股票，让财富复合增长。

林园"投资就是选公司"的观点，得到了巴菲特、林奇等投资名家的佐证。就连技术分析的鼻祖查尔斯·道也强调：股价涨跌，与投资者对企业未来盈利的判断相关。企业未来盈利高，股票的价值就高；企业未来盈利低，股票的价值就低。作为道氏理论的开创者，他强调："长期而言，股票的价值高，股价就高；股票的价值低，股价就低。"

林园说："我们不要把股票仅当作一种投机工具，而要把它当作你作为公司股东的凭证。股票市场实际是企业的交易平台。我们要分享企业成长的利润，这一点与炒买炒卖获利不同，也是我投资的根基所在。"

有人问，林园是否有本事，能够精确地抄底或者逃顶？对此，林园笑称，谁都不是神仙，不可能确定是顶还是底，自己从来都没有精确猜测顶底的本事。林园认为，和技术分析相比，他更看重公司的业绩发展，认为公司业绩对股价的影响达到了举足轻重的地步。因此，不要痴迷于猜测股票价格的顶或底，而是要看公司的估值是否合理。炒股炒成了股东，这是很多技术分析爱好者被套时无奈的自嘲，他们只是把自己当作投机炒家，没有意识到自己买了股票就已经是公司的股东了。这样，他们痴迷于量价分析、趋势跟踪、K 线形态、特色指标、时空预测等技术方法，结果与"投资就是选公司"的投资理念失之交臂。秉持"选择优质企业、让财富复合增长"的理念，巴菲特晚年财富已经富可敌国，林园也因此拥有了百亿级的身家。

林园投资的公司有着共同的特点：它们都有垄断利润，有核心成瘾产品，有强大的品牌，属于刚性需求，从而保证了消费的持续性，公司盈利有了确定性。林园说，投资并不复杂，就是要投那些有着强大盈利能力的赚钱机器。选择了这些利润高速增长的公司，才能享受企业赚钱的乐趣。

林园投资秘诀：股价的短线涨跌难以预测。只要公司是赚钱机器，长线看，股价终究是上涨的。

◎ 公司越赚钱，股价越易涨

总体来看，公司的价值与股价长期是正相关的关系。巴菲特也指出，从长期看，股价表现与公司的价值是同步的。虽然在某个年度，两者的关系可能出现不同步的现象。但是，从长期看，股价与公司价值是正相关的关系。

那么风险来自哪里呢？来自公司经营变差，公司价值下降。公司价值下降，投资才会产生大的损失。因此，林园十分关注公司价值的发展，而不是股价的短期波动。林园认为，对于长期投资来说，股价的高低最终取决于企业的内在价值。在企业当中，他更看重实现了垄断利润的企业，因为这类企业具有更高的盈利能力，能够使投资者获得最大的收益。

美盛首席投资策略师、董事总经理罗伯特·哈格斯特朗研究了企业未来收益和股价的关系。结果显示，持股 3 年，未来收益与股价的相关性为0.131—0.360；持股 5 年，相关性为 0.374—0.599；持股 10 年，相关性为

0.563—0.695；当持股 18 年时，相关性为 0.688。这意味着，当投资者的持股时间越长，股价由企业未来收益决定的影响就越大，受股市波动的影响就越小。林奇也认为，当持有好公司的时候，时间就是最大的趋势，而你已经站在了趋势的一边。相反地，如果投资了问题股，特别是不赚钱的公司股票，时间就是你最大的敌人。

巴菲特的导师格雷厄姆认为："从长期来看，股票市场是一台称重器。"这意味着从长期看，股票市场能够识别企业的质地，股票价格能够反映公司的真正价值，准确地衡量公司的分量。虽然从短期看，市场情绪有时激昂，有时低迷，导致股价偏离公司价值，出现股价过高和过低的现象。但从长远看，股价不会偏离价值太远，股票价格只会围绕着公司的价值上下波动。这就是格雷厄姆所说的市场起到称重器的作用。经历 3—5 年，称重器的作用就会充分展现出来，股价也会向着公司的价值回归。这就对投资者的技能提出了要求：你需要看对 3—5 年以后的公司价值，知道公司在 3—5 年后有几斤几两。

> 林园投资秘诀：经历 3—5 年，股价通常与公司价值一致。

◎ 判断公司的赚钱能力

为了算对 3—5 年后的公司价值，弄清楚企业的真实分量，林园采用了"算 3 年账"的方法：

（1）选择"账好算"的公司，不买未来盈利不确定的公司。

林园认为，与嘴巴消费相关的白酒、医药和一些快速消费品容易算账，可以提前计算公司在未来 3 年的盈利。

对于陌生的、无法把握的公司，林园是不会碰的，比如当前的 5G 和互联网行业的公司。不是说这些行业的公司不行，而是因为他自认为看不懂，不懂它的赚钱模式。既然自己搞不懂，就远离这些公司。

（2）选择好标的公司之后，先跟踪 3 年以上。

林园并不急于买入，而是先把标的公司的里里外外都调查清楚。

（3）算清公司未来 3 年的账。

因为已经跟踪 3 年以上，对企业很清楚了，也就掌握了对这家企业进行具体算账的方法，林园觉得这个企业很好时，先会少量买入，然后继续跟踪，直到觉得完全没有问题了，再大量买入，持续跟踪。

林园在买贵州茅台股票时，不只是算 3 年账，甚至算准了 5 年的账。因为茅台酒生产出来，要先存放 5 年，之后才能拿出去卖。既然茅台酒已经生产出来，贵州茅台的账就可以算 5 年，只要把茅台酒的产量与价格相乘，再通过大约的一个利润率，就很容易给贵州茅台算账。贵州茅台是酱香型白酒的标准制定者，掌握了定价权，产品供不应求，先付款后交货。面对这样的优质企业，林园把贵州茅台的账算清楚了，企业价值多少，心中有数，投资风险就小得多。

为了判断公司的价值，林园会持续地跟踪公司的财务状况，通过每个月的财务数据和必要的现场调研，及时快速地跟踪企业。这样，林园以买下公司股票做股东的审慎心态去投资，并且具备 3—5 年甚至更长期的视角。林园相信，只要以合理的价格持有这些优质公司的股份，公司健康发展，持续盈利，随着时间的推移，就能够带来优异的投资回报。

全球最大公募基金 Vanguard 创始人约翰·博格尔也强调说："股票投资就要把你的命运和企业绑在一起。"优质企业提供美好的产品，改善了我们的生活，提高了生活水准，无论中外，概莫能外。当我们享受这些产品带来的便利时，当我们在家里就看到各类品牌的优质产品时，难道不想伴随着这些企业的发展，投资它们的股票吗？

> 林园投资秘诀：通过算账，提前预判公司 3 年后的价值。

◎ 持有赚钱机器，坐享股价飙涨

林园乐于做他所投资的每只股票的股东。林园投资于赚钱机器类型的公司，因为这类公司能够源源不断地赚钱，最终推动股价持续走高。有些人也许认为它们的股价太高了，涨久必跌。不过，在林园看来，赚钱机器是最优质的公司，虽然它的股价高，可是这样的高价股不等于要下跌。林园说："股价处于底部的公司未必风险小，不断创新高的公司未必风险就大。赚钱机器有一个重要的特征，就是它的股票不管熊市还是牛市，股价通常每年都创新高。"

2003 年，林园大量买入贵州茅台的股票，并且一直持股。作为白酒行业的龙头，贵州茅台是有名的赚钱机器，股价从 20 多元到冲破 2100 元，后复权股价更是高达 1 万多元，成为罕见的欣赏股。

在白酒行业的景气没有衰落之前，林园会一直持有贵州茅台，坐享股价上涨的愉悦。"既然重仓持有了贵州茅台，就意味着我是贵州茅台的股东，里面的很多瓶茅台酒属于我。贵州茅台是赚钱机器，我很高兴拥有这样的公司。"

● 　　林园投资秘诀：高价股未必风险高，公司赚钱能力才是关键。

◎ 赚钱机器：林园选股的十二条规则

选择公司，就要选择赚钱机器。

林园是这样定义赚钱机器的："这样的公司总在不断地赚钱，就像印钞机一样，持续不断地把钱送给你。它不受任何因素的影响，不断地赚钱。大家消费习惯改变了，它也不管不顾，总在赚钱；国家政策改变了，它还在赚钱。无论环境怎么折腾，它总在赚钱，这样的公司就是赚钱机器。"

一家公司只有具备了赚钱机器的特质，才能为股价上涨提供充足的动力，吸引人心，让股价持续上涨，并且能够长久维持在高位。对于投资者来说，要想选出未来数年内增值数倍，或者长期稳健增长的股票，可以遵循林园的 12 条选股规则，选出特别能挣钱的赚钱机器。

● 　　林园投资秘诀：12 条选股规则是林园投资哲学的核心。

选股规则 1：朝阳行业

林园认为，投资选股，就是选择企业。他希望所选择的企业身处朝阳行业，未来需求大，前景广阔。当整个行业欣欣向荣时，绝大多数的公司都会拥有高利润率和高利润额。优质企业能够收获源源不断的利润，平庸企业也会获利不菲。

对于朝阳行业的选择，林园讲解了他的思路："这个行业未来的受众市场到底有多大？如果市场正在萎缩，这个行业一定没有前途，如果行业一直在做大，越来越大，一定有前途。我们做投资，首先是要把行业选对，在正确的道路上前进。这一点是我的强项，华尔街的犹太基金经理说我是行业宏观投资领军人物，我受之无愧——过去几十年我没有错过，一次也没有。你应该投资什么行业，这点非常重要。这就是赛道的选择，不能把行业选错了。"

在同等条件下，与一般企业相比，身处垄断行业的企业未来盈利性无疑更加确定。因此，林园在挑选确定性高的公司时，首选就是垄断行业的企业。

> 林园投资秘诀：选择有庞大利润的朝阳行业。

选股规则 2：垄断地位

林园认为选股就是选择那些处于垄断地位的公司。在一个行业里，如果企业还没有形成气候，没有哪家企业居于垄断地位，林园会对每家公司都做一遍调研，对销量做一下估算，然后在估值处于历史低位的时候，做一个全面配置，每一家企业都少量配一点仓位，然后在未来持续跟进，如果有发展速度加快的企业，则会逐渐加仓，直至确认企业的垄断地位。

图 4.1 　垄断地位的公司有随时涨价的底气

　　那些处于垄断地位的公司，掌握着定价权，业绩稳定或增长可期。它们的产品具有排他性，别人无法生产。这类产品要么是国计民生的必需品，要么是消费者喜欢的知名产品，品牌号召力极强。

　　林园偏重三类垄断地位的企业：垄断行业中的龙头企业、老字号中的龙头企业，以及从普通行业激烈的市场竞争中杀出来的龙头企业。

　　　林园投资秘诀：投资有垄断地位的公司。

选股规则 3：成瘾型产品

　　林园在选择公司股票时，会留意这类上市公司有没有成瘾型产品。这类成瘾型产品也称瘾品。它能够让用户重复消费，让人留恋不已，最终形成依赖，变成瘾品的忠诚顾客。

　　选择成瘾型产品的原因在于生产瘾品的公司能够获得稳定的、可持续的丰厚利润。

瘾品包括白酒、咖啡、烟草、巧克力、电子游戏等。

对于成瘾性产品，林园钟情于白酒股和医药股的投资，而巴菲特同样也是投资瘾品的玩家。他的喜诗糖果公司也以生产瘾品巧克力而闻名。

林园投资秘诀：投资于有成瘾产品的优质公司。

选股规则 4：产品供不应求

林园在选择公司股票时，会判断产品的供求情况。产品供不应求是赚钱机器的又一个特征。

林园特别强调产品的稀缺性："一些企业的产品很好，有钱都未必买得到，供不应求，这是所有赚钱机器类型公司的共同特性。在全世界范围内，我都没发现有比贵州茅台还好的企业，拉货的卡车在库房外排队等待，而且是先付款后交货。"林园总结说："我投资的重点公司都是拿货要先交钱的，能说这些公司不够硬吗？它们不是营销做得多么好，而是本质上它们的产品足够硬。"

当供不应求时，商品短缺，买方争相购买，卖方顺势提价，买方不得不接受较高的价格，以满足自身的需要，于是出现了"物以稀为贵"的卖方市场现象。正因为产品供不应求，利润就有保证，赚钱机器能够形成卖方主导的市场，证明自己的地位。

赚钱机器的特征是产品从不降价。林园强调说："过去 20 年产品不降价的公司才是真正的好公司。"以林园持有的片仔癀为例，2005—2019 年，片仔癀已累计提价 14 次，药品单价从 130 元／粒一路涨到了 530 元／粒，累计上升 4.07 倍。在原材料稀缺的背景下，片仔癀多次提价。2005 年初，其复权价是 1.84 元／股，后来 2020 年 9 月 3 日涨到 293.98 元／股，涨幅高达 160 倍。林园强调，产品从不降价，只有真正垄断地位的企业能够做到这点。有些企业的生产规模很大，貌似垄断，产品却被迫降价，这就不是建立了真正的垄断地位，投资时一定要避开。

林园投资秘诀：投资于产品从不降价的赚钱机器。

选股规则 5：毛利率要高、并且稳定

林园在选择公司股票时，会判断公司毛利率的变化。他认为，利率变化是最重要的财务指标，稳定或者趋升的毛利率是投资企业的根本。毛利率持续下降，意味着企业经营困难。

既然是赚钱机器，就一定会赚钱，林园最关注其毛利率的变化。林园说："未来 3 年能涨的公司，毛利率一定是不下降的。毛利率下降的公司我看都不看。"以云南白药为例，从 2000 年至今，其毛利率一直保持在 30% 左右。即使在 2012—2014 年的熊市中，云南白药股价下跌，但是毛利率从来没有下降，林园就继续持股，没有减仓。投资一家企业，毛利率的变化需要稳定或者趋升。只要毛利率不出现大幅下降，那么在财务上可以证明这家公司的盈利能力相对稳健，公司的元气尚在。

林园投资秘诀：当公司拥有高毛利率时，股价容易上涨。

选股规则 6：能算清未来 3 年的账

林园在选择公司股票时，会选择未来 3 年"好算账"的企业，不买未来盈利不确定的企业。他选择的赚钱机器类型公司，能够清晰地算清未来 3 年的账。

林园说："买入的时候，首先是考虑公司的风险，把它未来 3 年的账算清楚，按照我们计算的最坏结果，判断投资会不会亏钱。"

以丽江旅游为例，林园认为丽江旅游的账很好算。他关注的是玉龙雪山景区的 3 条索道。登玉龙雪山，有 3 条索道可以选择。通过这 3 条索道，很容易给丽江旅游算清账。"5 分钟就可以算清楚了，它就是 3 条索道，一天多少人，流量很清楚。另外，丽江景区建成之后，这种靠山吃山的企业，它的

费用也是固定的。"除非遭遇类似新冠疫情这样的大灾，丽江旅游的人数常年是相对固定的。通过索道计算游客人数，再乘以 3 年，未来 3 年的账就有了雏形。

图 4.2   通过 3 条索道可以计算丽江旅游的游客人数

给企业算清未来 3 年的盈利之后，如果出现年复合 18% 以上的利润增长率，或业绩出现拐点的时候，正是林园买入的时机。这就是林园对一个企业的判断。算清未来 3 年的账，对于持仓的投资心理也有很大的帮助。因为林园反复强调："算清未来 3 年的账，你对公司未来的利润就心中有数了，相当于提前知道了公司未来 3 年的经营结果。这样，我们满仓操作，耐心等待，心中不慌。只要你在里面等，总会遇到股价持续上涨的理想结果。"

林园投资秘诀：提前给公司算清未来 3 年的账，对未来股价有信心。

选股规则7：傻瓜也能经营好的公司

林园在选择公司股票时，会选择那些傻瓜都能够经营好的公司，并不倚重管理层的能力。

这一点，林园与巴菲特略有不同。巴菲特和搭档芒格对于企业的管理层十分看重。他们认为好的管理层应该志在长远，诚实坦荡，勇于进取，执行力强，为股东创造价值。管理层还应该具有企业家的使命感，能够全面、负责、真实地披露财务信息。优秀的经理人是企业兴旺的支柱，甚至能够逆势扭转企业的命运，力挽狂澜解决企业灾难。重视拟收购企业的管理者，让他们继续发挥管理才能，达到事半功倍的效果，这是巴菲特和芒格努力的方向。

林园也会留意管理层的表现，但是他更看重公司在管理层之外的优势。他希望就算是傻瓜去经营那些赚钱机器类型的公司，都能取得良好的经营结果。公司经营几乎不受管理层能力的影响。这样的公司最硬朗，最能赚钱。

以贵州茅台为例，无论是原总经理犯受贿罪判处死缓，还是以原董事长为首的8名贵州茅台原高管入狱，公司的业绩并不受影响。2018年5月贵州茅台原董事长李保芳是标准的空降高管，既未在仁怀有过履职经历，也不熟悉茅台酒的生产线。然而，在他的带领下，2019年贵州茅台实现了历史性突破，茅台酒的年度销售额为1003亿元，正式达至千亿目标。

林园每次去这类公司调研，都能感觉到公司的普通员工及高管的信心。他们对企业未来的盈利能力都是信心满满，这和那些陷入激烈竞争的公司员工形成了很大的反差。对于这类赚钱机器类型的公司，因为赚钱轻松，员工就没有那样沉重的压力。林园认为，如果你把希望寄托在换领导人才能搞好的企业，这个思路是有问题的。

虽然看重领导层，巴菲特也婉转地承认管理层的局限："一个公司要依靠一位超级明星来寻求伟大成就，它就不被认为是伟大的公司。"

林园投资秘诀：投资于不依赖管理层的优质企业。

选股规则 8：最好与嘴巴消费相关

林园在选择公司股票时，会选择与嘴巴消费相关的公司。

他研究了欧美发达国家的股市后发现，能够长盛不衰的多数是与嘴巴消费相关的日常消费类公司，还有与身体健康相关的医药公司。这些公司能够长期维持大市值。比如说过去 100 年，凡是投与嘴巴消费相关的东西，都能大获全胜。与嘴巴消费相关的公司包括但不限于食品、酒、医药和餐饮类公司。以林园的此类投资为例，他大量持有贵州茅台、云南白药、五粮液、同仁堂等白酒、医药类股票。

林园说："在中国投资，我们首先考虑的是人口因素，中国有超过 14 亿的人口，是世界第一人口大国，有 14 亿张嘴巴，他们每天吃掉的、喝掉的一定是世界第一。无论穷人富人，通过嘴巴消耗掉的东西，人均都是差不多的，中国人不比外国人吃得少喝得少，人活着吃喝是最重要的。这类与嘴巴消费相关的商品，属于快速消费品，是一次性就能消耗掉的产品，好算账，不积压存货。"

吃吃喝喝是不能回避的，人们每天都会吃，对药品的需求也是不可或缺的。这是无法脱离的刚需。所以，林园给自己定的纪律就是，投资与嘴巴消费相关的公司。这是林园投资的主线。这当中有一个很浅显的道理，别的东西都可以不消费，或消费倾向会发生变化，但人却离不了吃喝，一天不吃就饿得慌。比如，爱赶时髦是人的天性，人们对电子产品可以朝三暮四，昨天追逐索尼，今天追逐苹果。我们无法确定电子产品的走向，因为消费者可以随时改变习惯，选择其他公司的电子产品，从手机巨头诺基亚切换到苹果，也不过短短几年的时间。

与林园的做法相似，巴菲特同样看重与嘴巴消费相关的股票。巴菲特也是食品饮料行业的忠实爱好者，他的很多成名投资案例，来自食品饮料公司。其中，喜诗糖果公司就是以巧克力为主打产品的糖果企业，可口可乐是以可乐汽水为主打的饮料企业，亨氏食品是生产番茄酱的食品企业。巴菲特很喜欢食品饮料行业，因为它具备"盈利稳定，现金流充沛，投入一定，不需要再投入"等特性。投资这类与嘴巴消费相关的企业，还可以完美避开投资烟草和博彩行业的道德小污点。当林园与巴菲特的投资思路重合时，嘴巴消费股的重要性已不言而喻。

> 林园投资秘诀：投资于与嘴巴消费相关的优质企业。

选股规则 9：选择行业中的龙头老大

林园在选择公司股票时，会选择行业中的龙头公司。

这些龙头企业在行业中具有绝对优势，可以将投资风险降到最低。一家企业已经做到全行业的老大，本身已经说明问题了。它在行业中的竞争优势非常明显，掌握产品的定价权，随时可以通过产品提价获得更多的盈利。这样的企业，其命运多数已经掌握在自己手中。

林园所说的行业龙头不光是指该企业的营业额、利润总额等财务指标，而是结合其品牌形象、成长性等综合分析做出的判断。它们都是林园认为的行业中最好的公司，最能赚钱的公司。以招商银行为例，它虽然不是行业中规模最大的公司，但它的财务指标，如盈利能力、坏账率等却是行业中最好的。

林园投资组合中的公司都是其所处行业中的龙头老大。如果有老大，就不选择老二，若老大与老二分不清楚时，林园会根据情况做适量的配比。例如，以白酒业为例，贵州茅台、五粮液两家公司各有长短，当还分不出哪个是老大哪个是老二的时候，林园就会采用组合的方式，两家公司的股票都各买一些。如果买牛奶类股，他只会选择伊利股份和蒙牛乳业。若选择中药股，他会在云南白药、片仔癀中去选。

> 林园投资秘诀：重视领军企业，投资于行业中的龙头老大。

选股规则 10：拥有婴儿股本、巨人品牌的企业

林园在选择公司股票时，会选择那些婴儿股本、巨人品牌的企业。这类

公司的股票属于小盘绩优股。

林园判断，在未来 3 年里，能够涨 10—20 倍的公司，都是婴儿股本、巨人品牌的公司。婴儿型的企业股本很小，但是它在行业的地位已经数一数二了，市场份额非常高，盈利能力又特别强。

为什么这种小盘绩优股在林园看来是容易涨的呢？林园认为，投资赚大钱最重要的是牛市捂股。要想敢于捂股，就得信心十足，信心来自知根知底。想象一下，你选择了一家优质公司，毛利率、市盈率等财务数据皆一流，业绩好再加上成长性好，并且你还对这家公司有深入了解。你持有这样的股票，能轻易地被主力清洗出局吗？何况这类股票可以反复扩股，反复除权，反复填权。

林园认为，这类婴儿股本、巨人品牌的公司能够让投资者得到双重放大的回报。为什么选择婴儿股本呢？

一是股本的扩张。这类婴儿股本的优质公司具有良好的成长性。它在壮大后会不断送股和配股，投资者手中的股票数量会因为送股和配股不断增加。

二是股价的上涨。作为优质公司，这类成长性的公司盈利会不断增加，公司价值也在不断增加，从长期看一定会推动股价的上涨。因为这类小盘绩优股票的流通盘小，在业绩推动之下，送股、配股之后还经常继续上涨，走出填权行情，给我们带来意想不到的收入。长期持有这类小盘绩优股的投资者就可以享受股票分红和股价上涨的双重福利。投资者一定要重视这类婴儿股本、巨人品牌的公司。

林园说，20 世纪 50 年代，索尼只是一家小盘股公司，当时一些卖菜的老太太买了索尼的股票。后来，索尼公司长大了，成了大市值公司，小盘股变成了大盘股。这些老太太的股票数量随之变多，再加上股价的上涨，她们成了全日本最有钱的一群人。所以，林园享受的是双重的放大——股价的上涨和股本的扩张。拥有双重放大，投资者就容易发财。

林园很重视品牌的影响力，认为品牌占领了用户的心智，给企业带来溢价，产生增值，属于无形资产，在消费者心中形成烙印。品牌的确立需要经年累月的积累，甚至需要千百年的文化沉淀。林园很看重那些有着千百年历史和深厚底蕴的老字号品牌，它们取得了社会的广泛认同，形成了良好信誉。他在投资医药股的时候，将巨人品牌作为选股的重中之重。以同仁堂为例，它的安宫牛黄丸备受市场喜欢，就算是其他公司生产出一模一样的安宫牛黄丸，用户也只会购买同仁堂的，这就是同仁堂品牌的魅力。

以林园关注的医药行业为例，品牌的影响力也处处可见。按照目前的国家政策，社区医院需要配备全科医生，而全科医生开药时，一定会首选品牌药企。所以林园认为，投资就要选择那些有着巨人品牌的医药公司。

> 林园投资秘诀：投资于婴儿股本、巨人品牌的小盘绩优股。

选股规则 11：有着悠久历史的老字号

林园在选择公司股票时，高度重视老字号品牌。

老字号知名品牌一直是林园关注的重点。老字号历史悠久，拥有世代传承的产品、技艺或服务，具有鲜明的文化传承和历史底蕴，赢得社会的广泛认同，形成良好信誉。在这些闻名遐迩的老字号品牌中，有始于清朝康熙年间提供中医秘方秘药的同仁堂，有明朝中期开业以制作美味酱菜而闻名的六必居。以京城的民间歇后语为例，就能看出老品牌的影响：东来顺的涮羊肉——真叫嫩、六必居的抹布——五味俱全、同仁堂的药物——货真价实、砂锅居的买卖——过午不候等，生动地表述了这些老字号品牌深入人心。

关于老字号优质公司的考察，吉姆·柯林斯对 1435 家公司进行了为期 30 年的研究。时间跨度从 1965—1995 年。最终，柯林斯发现，只有其中 126 家企业能够在 10 年或更长的时间里长盛不衰，保持卓越。91% 的公司最终失败或沦为平庸。守成不易，何况长期保持卓越。那些经历了时间考验的少数企业通过了多次黑天鹅事件的考验，成为行业的王者，真金不怕火炼。

林园同样看重这些历史悠久的企业。他说："这类百年企业，往往有独门生意，一般的企业生产不了这些产品，一个产品如果不好，它是不会传承下去的，早就被淘汰了，这就是垄断。这种产品既有悠久的历史文化，又被人们公认为好东西。实际上，这就是企业的核心竞争力。这些企业走向世界是迟早的事。这些老字号的股价将会越来越高，而且公司自上市以来每年都分红，大股东都不会减持股份。"在老字号的业绩衡量上，林园提醒说，最理想的情况是公司的主要利润集中来源于一种产品，这样更容易给企业算账，判断它未来的利润与价值。老字号企业最差的经营结果就是维持现状，它不会像一些暴风之类的新兴企业那样，昙花一现，走向无可挽回的败落，最终退市。

> ● 林园投资秘诀：投资于占领了用户心智的老字号品牌。 ●

选股规则 12：投入一定，产出无限大

林园在选择公司股票时，会看重低投入、高产出的盈利特征。

有一些企业并不需要持续的大规模投入，仅仅维持一定水平的投资，就能产生源源不断、持续增加的现金流。这就是林园经常挂在嘴边的"投入一定，产出无限大"。这类低投入、高产出特征的企业才是真正的赚钱机器。林园喜欢前景广阔，产品迭代缓慢，通常无须做太多改变的公司。这样的公司并不需要进行破坏性创新，至多只是进行产品改良而已。贵州茅台就是这样的典型。

图4.3　林园参加访谈节目，讲解"我的选股秘籍"

巴菲特同样喜欢"投入一定，产出无限大"。在 2007 年致股东的信中，巴菲特说，对许多企业来说，将利润从 500 万美元增加至 8200 万美元可能需要 4 亿美元左右的资本投资。而喜诗糖果公司只需要 3200 万美元的资本投资，就能达到同样的效果。低投入、高产出，"投入一定，产出无限大"，不需要投入大量资金，利润就会稳步增加。对企业的所有人而言，这是很安全的感受，符合林园追求的稳赚不赔的确定性。对微软或者谷歌这类动辄需要海量资本投入的科技公司来说，喜诗糖果公司的小投入、大产出更让人羡慕。

综上所述，以上就是林园的 12 条选股规则。12 条选股规则是为了筛选赚钱机器类型的公司。赚钱机器就是不受任何因素影响、不断赚钱的公司。无论宏观因素如何变化，大家消费如何改变，国家政策如何调整，这类赚钱机器都是不断赚钱的，就像印钞机一样。遵循 12 条选股规则，基本已经排除 95% 以上的公司。同时满足 12 项条件的公司肯定少之又少。因为，伟大的公司就是凤毛麟角。林园在 30 年的投资实践中总结出的 12 条选股规则，已经被证明行之有效，让林园的投资不断地稳健增长。

通过 12 条选股规则，挑选了赚钱机器类型的公司之后，就需要对这些优质公司进行动态跟踪。

> 林园投资秘诀：12 条选股规则，将绝大多数的股票排除在外，只能优中选优，投资于极其有限的优质股票。

◎ 多样化调研：动态跟踪企业

一家企业具有垄断地位，获得超出同行业平均水准的超额利润时，必然会吸引许多企业的注意。它们会模仿和进入，引发激烈的市场竞争。当面临竞争威胁的时候，垄断地位企业维持超额利润的能力十分重要。如果利润下降甚至消失，这类企业就无法保持优势。

另外，大多数公司的盈利质量每年都会发生变化。其变化因素包括客户的需求改变、行业竞争对手的变化、国家政策法令的调整，等等。即使是卓越的公司也有经营不佳的时候。

正因为公司经营处于持续性的变化中，林园认为需要对企业进行持续调研和动态跟踪。这是非常重要的步骤，不可缺少。调研也是林园的主要工作。在调研方向上，林园强调："要跟踪企业的大方向，看看它的受益人群是不是足够大，看看企业能不能壮大，这是调研的重中之重。"

2003 年，中国 A 股市场延续熊市低迷的行情，节节败退，而宏观经济却一片大好。股市与经济形势背道而驰，很多人面对低迷的股市踌躇不前，甚至喊出"股市边缘化"的消极口号。林园却在默默地走访各地的上市公司，调研公司的基本面。既然公司利润是决定公司股价的长线因素，这种股市行情与公司基本面的背道而驰，反而是好的投资机会了。"用我自己的标准，选择那些有价值的公司，至于股市怎么走，与我无关。"通过调研，这一年，他筛选出了一批 PE（市盈率）在 20 倍之内、前景也不错的公司，这其中有伊利股份、贵州茅台、五粮液、云南白药等。这些公司的股票在随后的十几年里，走出了长线大牛的壮观行情。

这种成功的选股，取决于林园在投资前特别舍得下功夫进行调研。他每年都会投入 8 位数的调研经费，先做市场分析，再做实地调研，足迹遍布全国各地，全方位感受企业的品牌和质量。林园采用的调研方法是多种多样的。跟踪企业有很多的技巧，足以体现他个人的综合素质。我们来看看林园动态跟踪企业的 10 种调研技巧。

> 林园投资秘诀：调研企业，是为了防范企业变质，辨识优质公司。

依据常识判断

运用常识对企业进行直观的判断，是每一个投资者都能做到的最简单方法。

以军工行业的投资为例，虽然有一些青年人喜欢军工行业，并认为军工企业将会拥有庞大的市值，但是，从逻辑上讲，军工企业要想实现卓越的利润，意味着必须爆发世界级的大战。只有高烈度、大范围的全球战争，军工企业才能获得了充沛的订单，从而提升企业的利润规模，进而推动股价上涨。可是，处于核武器威慑之下的世界，有哪个国家敢打那种世界级的大战呢？当前核大国之间更多的是讲些狠话，练练嘴上功夫。发动核战争或者高烈度的常规战争是不现实的。所以林园认为，使用这些基本的常识，就能对军工行业和企业的投资前景进行判断。投资不能脱离常识。

　　常识在每个人的日常生活中触目可及。很多人工作在产业第一线，可以利用自己的常识，从自己的行业中发现投资机会。医生们明明知道哪家医药公司的赚钱能力强，却不投资于医药股。银行家们完全知道哪家银行最强，却不买银行股。商场经理可以接触到第一手的销售数据，清楚地知道哪家厂家的货品卖得最好，可是又有多少商场经理去投资这些厂家的股票呢？一旦投资者以常识的眼光观察周围，潜在的投资机会就会出现。投资者需要用好常识，关注那些与你关系密切的上市公司。如果你在医院工作，就更容易地理解那些医疗器械公司和医药公司，使用你的常识，对这些上市的医药公司进行判断。

　　林园投资秘诀：调研企业，需要充分利用你的常识。

跟踪简单的企业

　　林园跟踪的企业都是非常简单的企业。他认为主营业务或主打产品越少越好，单一更好。这样一来，投资者就能轻易地算清企业未来 3 年的账。对这种企业来说，林园只需要搞清楚它每个月的经营情况，知道这个月卖了多少货就可以了。因为业务结构简单，林园自己就可以动手给公司编制财务报表。然后，林园还会请懂财报的朋友给他自己做的财报把关。

　　与林园相似，巴菲特同样喜欢简单的公司，希望企业的商业模式简单，一看就懂。巴菲特投资可口可乐、亨氏、富国银行、美国运通。这些公司在全世界都是声名赫赫，并且与民众的生活息息相关。它们长年提供简单的产品和服务，财务数据清晰明了，未来前景也比较明朗。以可口可乐公司为例，过去 100 年里它在卖糖浆饮料，未来 100 年里，大概率还是在卖饮料产品。当全世界的人依然在喝可口可乐这种成瘾性饮料时，可口可乐公司就能源源不断地赚钱。这样的商业模式很简单，一看就懂。在调研时，简单的企业易于跟踪。

> 林园投资秘诀：企业越简单，调研越容易。

去一线观察

林园为了获得真实的调研资料，经常亲赴一线。在一些情况下，只凭借财报无法满足调研目的，其他资料也无法准确地满足调研需求，通过一线实地调研，就能获得原始资料，得到更为准确的调研结论。

他回忆说："记得我当时去青海的盐湖钾肥调研，路很难走，我们坐的那小蹦车，一天下来，颠得我手都流血了，手腕皮都磨破了。还有一次，我想去看看调研公司的煤矿。结果，我自己花了 6 个多小时去。原来光

图 4.4　2004 年，林园调研五粮液公司

听别人说这个矿的煤层浅，我下到矿下才发现煤层深得很。回来后，我对它的投资心中就更有底了。矿工们说，我是第一个千里迢迢从北京来这里的。这个公司还不是我的主要投资品种，它只占了百分之零点几，但是我们都下了功夫。主流产品每个月的财务指标我必须搞清楚，这是我给自己定的纪

律。"就这样，通过一线调研，能够清晰准确地查看企业的原貌，已经成了林园的习惯。

林园曾经去一家金融类上市公司的成都分部调研。他此前已经去过该公司位于东部地区的3家分支机构，接着要去看看西部的情况。林园主要提的问题，也就是资产规模、信贷规模、营业网点、去年及今年盈利情况、主要贷款客户、坏账率等。这些指标，任何调研人员，都会在头脑中具体考虑到。为何林园不用电话询问，而是亲临一线调研呢？林园的解释是："我选择了去一线调研，这样调研的信息更充分，调研范围也比别人宽广，通过广泛又深入的比较，结论会更清晰一些。"

重视一线调研的还有林奇。有一位常春藤盟校出身的研究人员认为，只需要分析财务报表就能知道一家公司的好坏。林奇正色告诉他："我们是基金公司，在资产稳定增值方面，大家有着义不容辞的责任，一定要小心谨慎。一线的调查研究比分析报表更直观、更有效。"林奇还说："我带头去做。"

> 林园投资秘诀：去一线调研，结论更清晰、更有效。

与管理层沟通

林园喜欢与企业的领导人和管理层交流。他会询问公司的业务模式、资金花费流向、行业竞争对手、经营层能力等，来获得详细的一手信息。这种与上市公司管理层交流的习惯，成为林园一个非常有效的投资探测和预警系统。

现在医疗服务企业还没有形成气候，没有哪家企业居于垄断地位，林园就采取了笨人笨办法，在行业没有启动的时候，每家都做一遍调研，和管理层聊聊天，对销量做一下估算，然后在估值处于历史低位的时候，做一个全面配置，每一家企业都少量配一点仓位，接着在未来持续跟进，如果有发展速度加快的企业，就逐渐加仓。

林园认为，管理层的行为反映了他们对于企业的信心。林园期望上市公司的领导层都容易沟通，从而掌握更充分的企业信息。跟踪有时候很难做，有的企业不好打交道，有的企业领导在谈话时天马行空，但就企业发展所言甚少，林园遇到这种情况，宁愿放弃。有人说，企业的管理层不可能透露一些负面消息，管理层与股东的沟通会有保留。为了避免此类情况，林园会通过调研竞争对手，以及阅读公司财报获得清晰的认识。

林园投资秘诀：与管理层沟通，是调研的有效方式。

调研竞争对手

最了解一家上市公司的，有时反而是业内的竞争对手。无论是林园还是林奇，都喜欢调研公司的竞争对手，从竞争对手那里获得调研公司的信息。

彼得·林奇同样有定期交流的习惯，每隔 1 个月，他都与每个主要行业的代表人士至少交谈 1 次，从而获得行业最新的发展动态信息。这样当行业开始反转时，或者行业有新的重大变化时，林奇就已经知道了。林奇会提一个问题："您公司的竞争对手是谁？"当行业人士谈到他们的竞争对手并心怀敬意时，这就是对竞争对手的最高认可。这时，林奇就会调研竞争对手公司，甚至买入竞争对手公司的股票。

林园投资秘诀：兼听则明，企业的竞争对手能带来有效的信息。

根据财报严格把关

林园自己就会做财务报表。

除了自己看财务报表，作为谨慎投资者的代表，林园会在全国邀请 3 位来自不同城市的专业人士，帮他分析目标公司的财务报表，通过财务指标给企业挑毛病。这 3 人互相并不认识，得出的分析结论也不一样，然后林园综合他们的意见，做出投资决策。当然这 3 人分析的不仅仅是林园将要买入的目标公司，还包括竞争公司的财务报表，如：打算买五粮液，也会分析茅台；打算买招商银行，同步分析民生银行；打算买上海机场，顺便研究深圳机场。

最后，林园还会请深圳的老师在财务数据上把关。

林园重视财务报表，他说："通过财务报表，选出行业的龙头企业，然后实地调研，选出性价比最高的来投资，这就够了。"

● 　　林园投资秘诀：与财务高手一起，分析上市公司的财报。

与相关人员攀谈

在调研时，林园重视和相关人员的攀谈。

林园还特别重视从企业一线员工获取第一手材料。每次调研中，他都会与接待人员、陪同司机等基层员工攀谈，亲身感受一线员工对企业发展的信心。

林园去宝钢调研，接待他的工作人员说："很多人做调研，研究来研究去，投资回报都不如买宝钢的股票合算。"

林园去盐田港调研，接待他的工作人员说："走出这个港区去外面做的投资，要赚 100 万元都是那么难。与港口这样的垄断行业相比，竞争行业赚钱太难了。"

林园去江中制药，同送他去厂区参观的司机聊天。他问司机对江中制药有没有信心。司机说，江中制药在江西省是数一数二的好企业，自己亲眼见证了江中制药是怎样一步一步从一个小的校办企业，成长到今天的。司机还举例说，企业的制药设备都是从国外进口的，外国企业还想通过设备维修及备件赚更多的钱，但是好多年过去了，江中制药没有让他们赚到钱，原因是企业的人已经把这些国外设备摸透了，能自己维修。

林园去黄山旅游调研时，黄山旅游的员工告诉他："现在来看，公司出了山的投资回报率都不如山里好。只要不盲目出山去投资，黄山旅游的盈利质量就没有问题。"

通过和这些企业一线员工的接触，林园还亲身体会到一些企业经营情况的变化。他曾去山东的一个电力公司做调研，接待他的一线员工总是强调煤价在上涨，企业的成本在增加。这给林园的感觉是这个企业赚钱并不轻松，员工对企业未来盈利信心不足。再如，去新兴铸管调研时，一个分管产品物流的经理告诉林园，近来他们特别忙，与去年同期的情况完全不同。这样，通过与一线员工的交谈，林园从侧面了解到很多与企业公告、管理层介绍不太一样的经营情况。

彼得·林奇同样看重攀谈的方式。他说："拜访朋友时，你能询问他们使用的电脑品牌，喜欢什么样的饮料，看过什么样的电影，还能了解锐步跑鞋是否还在流行，这些是购买好股票的线索。"他从朋友德罗斯那里听到反斗城玩具公司时，便决定亲自到玩具商店看看。他在那里与顾客和导购员攀谈，询问顾客是否喜欢反斗城的玩具，结果几乎所有顾客都说是回头客。这使林奇确信反斗城的生意做得不错，于是果敢地买了该公司的股票，并收获了 5 倍的利润。

最为有名的攀谈调研法来自"成长股投资之父"——菲利普·费雪。费雪认为理想的公司应该有稳固的竞争壁垒，成本比同行更低，利润率却高于同行。不过，这类公司拥有了高利润之后，就像一罐没有封口的蜂蜜，吸引了饥饿的昆虫竞相争食。这样公司只能垄断甚至独占市场，在公司营运上比其他公司更有效率，从而逼退竞争对手。为了确保找到这样的优质企业，费雪提出了攀谈调研法，并提炼了 15 个攀谈要点。

林园投资秘诀：与了解内情的人攀谈，洞察企业的真相。

买来产品，亲自体验

在动态跟踪公司时，林园会买来公司产品，体验它的好坏。林园说："为了研究奢侈品，我买了奢侈品请人体验，然后收集体验结果。为了研究汽车，我一年买过 3 辆国产车。我在体验产品上付出的精力超过了一般人。体验产品能够理解公司的盈利能力，这样就能实现更高的确定性。"

恒大刚刚上市时，因为林园购买了恒大的海外债券，所以为了跟踪恒大的经营，他又购买了恒大开发的房子，对恒大进行全方位的调研。林园发现当时恒大的房子性价比高，人气很旺，在销售面积上都是位居全国前列，而且每次房地产调控时，恒大就率先降价促销。林园的第一反应就是恒大要保证手上有足够的现金，如果长期持有大量现金准备，就不会有太大的问题。拥有大量现金的公司难以破产。所以，林园不担心恒大会有大的问题，也坚信会计师事务所的大多数审计报告都是真实的，谁都不敢拿自己的信誉去赌博。这样，林园投资恒大的海外债券就有了把握。

亲自体验产品的调研方式也适用于林奇。他在买进拉昆塔公司股票之前，就专门去这家公司的汽车旅馆里，体验了 3 夜。

> 林园投资秘诀：使用目标企业的产品，做忠实的体验者。

从身边的销售终端调研

林园说，身边就有很多销售终端，反映了真实可靠的信息。林园经常浏览电商网站，一边挑选自己喜欢的商品，一边琢磨里面的销售数据。同时，他也去实体商场调研产品的销售状况，从商品所在货架位置是否显眼，判断商品是否好卖，从商品占位多少看市场占有率高低，从生产日期看产品是否畅销。

彼得·林奇也持同样的态度，他说："即使你不在上市公司工作，也能以顾客的角度来观察一家公司。当在店里购物、品尝汉堡包或者购买新眼镜时，你都能得到相关公司的第一手信息。小型商店也是调研的好地方，透过货架上的各种商品，你就能了解各类上市公司。投资要从身边发现机会。能涨 10 倍的股票的最佳地方就是在自己住处附近，不是在自家院落就是在大型购物中心，特别是你曾工作过的每一个地方。例如，麦当劳公司就在你身边。你顺便在店里逛逛，就能知道有哪些畅销产品、哪些滞销商品。这些都是寻找最佳股票的线索。"

> 林园投资秘诀：线上和线下的销售终端，都是调研的好去处。

跟踪每个月的动态

在证券市场投资，最大的风险来自企业的经营风险。为了识别企业的经营能力，林园跟踪的企业都是简单易懂的企业。林园只需要搞清楚它每个月的经营情况就行了。这样，投资就有把握，能够赚取稳健的收益，而不会出现意外。林园强调调研的频率是每月 1 次或数次。"我对所投资的公司，每个月至少打 1 个电话去了解，跟踪企业每个月的经营情况，这个月卖了多少货，我自己都可以为它做报表。"接听林园电话的是那些上市公司的代表。他们经常客观坦率地向林园谈论公司的月度经营情况。这就给林园提供了及时的信息。

为了确保自己准确及时地了解行业，彼得·林奇同样每个月至少与行业人士相聚 1 次或数次。林奇的交际圈很广泛，既有不同行业的管理人员和专业人士，也有许多证券机构的研究人员。这些人都愿意和林奇聚餐，分享观点。林奇总要征求这些朋友的意见，从而掌握某个行业的动态。他成了有名的空中飞人，花了大量的时间调研公司和撰写调研笔记。他说："我把我的上市公司调研日志当作最宝贵的宝贝珍藏，就像意大利风流文学家卡萨诺瓦珍藏他与情人约会的日记一样。"

综上所述，通过 10 种调研方法，林园能够准确地跟踪这些赚钱机器类型的公司。当公司基本面得到确认，正在持续走好时，林园就长线持有它们的股票。他说："我观察这个公司，把它调研清楚了，就把风险都锁死了。真正能赚钱的企业非常少，中国股市正在发生翻天覆地的变化，我们观察了过去 30 年的世界股市，发现只有少数股票能够稳定上涨，大概只占总市场 5% 左右。这是由股市的整体供求关系决定的。中国股市正在不断发行新股，个股数量很多，但是优质股太少，所以散户很难赚钱，他们大部分人不知道投资的方向。上市公司很多，但资金就这么一点，所以我们只能挑选那些赚钱机器类型的公司。从世界规律来看，资金最终都流向这类特别能赚钱的公司，最后的结果就是能赚钱的公司强者恒强，那些不能赚钱的公司弱者恒弱，需要我们回避。"

林园投资秘诀：10 种调研方法，实时牢固地锁定了优质企业。

公司案例：林园视角的贵州茅台分析

从行业角度看，林园意识到 2003 年前后的中国正面临消费升级的机遇，白酒行业处于起飞的前夜。于是，他悄然潜伏，在 2003 年至 2006 年间，大量买进贵州茅台的股票，每股平均成本大约 20 多元。"对于白酒类股票，我们真正建仓持有的时间是 2003—2006 年，当时占了我们资金量的 70%。"

图 4.5　林园在贵州茅台 2019 年度股东大会接受媒体采访

从垄断角度看，茅台酒是酱香酒的经典代表和标准制定者，位于世界三大名酒之列。我国酱香型白酒的标准是根据茅台酒设立的，其他企业只能跟随，这就让它拥有了垄断地位。更为难得的是，茅台酒无法仿制。茅台酒厂位于贵州的盆地区域，终日云雾缭绕，正是出产酱香酒的独特环境。那里有着茅台镇特有的生物菌群，离开了茅台酒厂，那种独特的茅台醇香味道也就失去了。

从成瘾角度看，茅台酒是人们反复消费的成瘾型产品。它富含多酚类物质，适量饮用不伤肝。茅台酒是世界上极少数不加浆降度、不加香料调味、不用橡木桶增香、不用硫化物防氧化的酒品之一。从体验上来讲，茅台酒好喝，让人喝了还想喝，成了爱酒人士的念想。在家人团聚、婚宴欢庆、商务合作等场合，茅台酒都被人们反复消费，这就为贵州茅台赚得了源源不断的利润。

林园的投资格言是"行业＋垄断＋成瘾。"综上所述，我们能看到林园投资贵州茅台时，正是白酒行业起飞之时。贵州茅台建立了垄断地位，茅台酒具有成瘾特征，吸引人们反复消费。所以，贵州茅台被林园选中并重仓持有，这是其投资逻辑的必然。

因为贵州茅台持续不断地创造利润，财务表现十分稳健，甚至打破了"企业利润无法7年持续增长"的麦肯锡魔咒，林园就中意于贵州茅台，持有至今，持股时间已经接近20年。

我们能够从贵州茅台本身看到赚钱机器的特征。

例如，茅台酒的产能有限，就算持续涨价，都有人先付现金抢购茅台酒。

例如，从品牌文化上看，早在2000多年前，司马迁就在《史记》中记载，只有巴蜀之地①，才能出产酱香酒。而酱香酒的代表正是茅台酒。无形中，茅台酒就有了千年文化的余味。所以，茅台酒是独一无二的垄断型、成瘾性商品。它有着千年的酒文化传承，在中国消费升级的时代背景中，源源不断地为公司带来了庞大的利润，是当之无愧的赚钱机器。

例如，从林园特色的"给企业算账"角度看，茅台酒是1年生产、7次精酿、3年贮存、5年出厂，所以，林园认为贵州茅台的账容易计算。实际上，为了准确地调研贵州茅台，计算公司的内在价值，林园虽然不喝酒，还是购买和囤积了许多茅台酒，通过中国酒类论坛的交流，以酒会友，从而对公司的价值形成直观清晰的判断。调研日久，对茅台酒有了信心，林园就成了茅台酒的忠实拥趸。

长期持有茅台，不是容易的事。2012—2014年，因为限制三公消费、塑化剂事件的影响，贵州茅台股价飞流直下。重仓贵州茅台的林园也饱受非议，但是他不为所动，相信有着久远历史的贵州茅台具有坚实的基本面，不会受制于这类小事件。他依然一股不卖，不但不卖，还把公司每年的分红又全部买成股票，每年信心满满地参加贵州茅台股东大会。贵州茅台的历任高

---

① 茅台古镇位于黔北，在古代属于巴蜀，自古便有"川盐走贵州，秦商聚茅台"的说法，是中国酱酒圣地，域内白酒业兴盛。

管和董秘，对林园长年持有公司股票的定力钦佩不已，所以每年的股东大会，都请林园当投票监票员。

图 4.6　贵州茅台 2019 年度股东大会

历经风雨，方见彩虹，长期持有优质公司的股票，林园的耐心得到了回报。贵州茅台未复权股价于 2020 年 9 月 2 日向上冲至 1828 元，后复权股价①向上冲至 13534.59 元，创出历史新高，使得贵州茅台的市值超过了 2 万亿元。贵州茅台成为当之无愧的中国第一高价股。林园"行业＋垄断＋成瘾"的理念得到了市场的验证。

到今天为止，林园还没有发现哪家公司的挣钱能力能够超越贵州茅台，所以他认为贵州茅台是中国乃至世界最伟大的公司，将会一直持有它。对于这家赚钱机器类型公司的持久投资，成为林园行业宏观投资的代表作。"行业宏观投资领军人物"的称谓，也和茅台酒有关。早在 2013 年，在纽约大学举办的全美华人金融协会年会上，一位来自华尔街的犹太基金经理，对贵州茅台产生浓厚的兴趣。林园告诉他，贵州茅台将是全世界最便宜的赚钱机器，还给他介绍了贵州茅台及国内白酒行业的情况。这位华尔街基金经理被林园

---

　　① 后复权，就是将除权后的行情走势，以除权之前的价格为基准，把除权的价格缺口作恢复对接，使行情走势保持连续性。

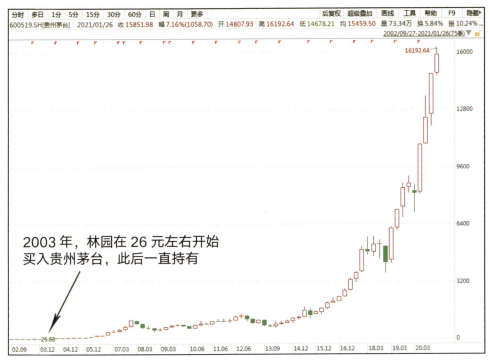

图 4.7　贵州茅台月线走势图（2003.3—2020.3）

的行业分析能力深深折服，直言不讳地称赞其是世界上顶尖的行业宏观研判大师，是"行业宏观投资领军人物"。因为林园的海外投资业绩突出，西方同行着手研究林园的投资活动和交易记录，认为他精于识别行业机会，是当之无愧的行业宏观投资大师。

林园投资秘诀：赚钱能力充沛的公司，往往具备"行业＋垄断＋成瘾"的投资特征。

◎ 双雄绝唱：林园与巴菲特的 2020 年

1973 年，巴菲特 43 岁，当他与《华盛顿邮报》的女主人凯瑟琳谈论报纸经营时，10 岁的林园还在医院门口买卖鸡蛋和茶水，鼓捣他的小生意。两人并没有什么交集。

随着进入证券投资领域，林园开始看重公司经营情况对股价的影响。因为理念相近，有人称呼林园为中国巴菲特。但是林园认为自己属于行业宏观投资的阵营，与价值分析派别关系不大，所以，并不在意中国巴菲特之类的称呼。

2020年受新冠疫情的影响，不同行业公司的经营天差地别。2020年，90岁的巴菲特除了持有可口可乐等日常消费公司的股票，也看重航空公司和石油类公司。由于全球疫情肆虐，民众居家抗疫，航空业务停摆，工业停滞，石油的需求也大幅萎缩。飞机停飞、石油需求下降，而巴菲特部分持有的正是航空公司和石油类公司。业务的急剧缩水，航空公司和石油类公司的利润大幅下滑，再加上美国股市大盘下跌的系统性风险，导致这两类公司的股票大幅下跌，投资者亏损严重。巴菲特的亏损一度达到3500亿人民币。

巴菲特说："在航空公司这方面我可能是错的。""我不知道两三年之后能够飞行的人数是不是还和现在一样。去年的情况，飞行的旅客数还是很高的，但未来对我来讲是模糊不清的。今天所有的业务到底以后会发展成什么样的趋势，我还是不知晓的，特别是在旅游或者航空、邮轮、酒店这些行业里。航空公司现在受到的影响巨大，如果业务恢复了70%或者恢复到80%，这些飞机不会就这样消失了，因为现在很多飞机都停靠在机坪之中，2个月之前跟现在是不能比的。世界在进行重大的改变，对航空公司来讲更是如此。"

不过，巴菲特作为价值投资的宗师，在疫情的后半阶段发挥了实力，他知道大跌之后，正是投资的良机，许多企业股票的安全边际已经出现，于是将手持的现金买入银行股等，开始了价值投资派大师的逆袭。他在2020年的春天遭遇了千亿人民币规模的亏损，到2020年秋天，已经收复了大半失地，心理承受能力之强，堪称证券投资界的王者。

与价值投资派不同，擅长行业宏观投资的林园却借着疫情，立下了赫赫声名。医生出身的林园对医药公司追踪多年，持续看重治疗三大病的相关医药公司。一些领先的医药公司因为2020年的全球新冠疫情，业绩突飞猛进，引领了中国股市医疗股的群体上涨，并且在经济不振的2020年，以贵州茅台、五粮液为代表的白酒股出现了狂飙突进的猛涨。因为无论经济盛衰，民众总是需要消费的。林园持仓贵州茅台早已为人熟知，伴随着贵州茅台上冲到 2100 元，他的预见力已经被股市证实。

57 岁的林园与 90 岁的巴菲特就这样在 2020 年的奇特时光中拔剑相遇了。林园的剑器是医药和白酒公司，既有医药行业的新锐轻灵，又有贵州茅台 2 万亿人民币的市值做依托，剑风既迅捷轻灵，又不乏稳重。巴菲特的兵器是在当今时代承担重任的航空公司与石油类公司，另外，还有百余年历史的可口可乐等公司的加持。这就让巴菲特掌握着一柄百年古剑，剑锋却泛起了时代光辉，既势大力沉，又不失锐利。

在全球新冠疫情的阴霾笼罩下，两位投资界的名家就这样因缘际会。只是，林园已不是医院门口那个在风中流着鼻涕做生意的小孩子了，而巴菲特也不再是《华盛顿邮报》晚宴上陪伴女主人凯瑟琳的中年绅士。从 1973 年到 2020 年，他们跨越了 47 年的时光，林园已经展现出中年人的稳健投资风格，而巴菲特老当益壮，在人生的暮年依然是强韧的王者风范。他们都看重产生垄断利润的赚钱机器，都强调跟踪公司的经营业绩，思路有共通之处。只是林园看重行业宏观的大方向，而巴菲特师承格雷厄姆看重价值分析，又从费雪和芒格那里融入了选择优质成长企业的理念，建立了其独有的价值投资风格。

> 林园投资秘诀：证券投资属于心法功夫。浸润市场多年，经验老到，是投资大师的共同特征。

第五章

行业：
利润爆发的基础

　　如果能够在合适的时机投资合适的行业，你就能在很短的时间内大赚一笔。

——麦哲伦基金经理彼得·林奇

　　投资首先是选行业，最重要的是行业的景气度高，企业大概率会胜出。

——林园

2020 年 7 月 29 日，柯达的股价疯涨，投资者蜂拥而至。

造成股价暴涨的直接原因，是柯达在一夜之间转换了行业，从日暮西山的胶卷行业，一步转换到了蓬勃发展的医药行业。

美国总统特朗普宣布，根据《国防制造法案》，美国政府将向柯达提供 7.65 亿美元的贷款，生产药物，治疗新冠肺炎。

消息一出，柯达的股价立即飙涨，股价在 1 周时间里，涨幅超过 2000%，市值从不到 1 亿美元，涨至接近 20 亿美元。

行业转换的威力如此之大，可见一斑。

有一些行业正在走向衰落，如毛笔、钢笔和火柴行业，一般不会有人对这类夕阳产业发生兴趣。如果是朝阳产业，比如医疗行业，往往在短短几年内就可能诞生出优秀企业。曾经的胶卷巨头柯达和相机巨头佳能都在向医疗行业转换。这种巨头企业转换赛道的动作，值得我们深思。

投资时，首先要考虑行业。以行业规模为例，行业规模就像是水池，水池越大，越容易出现大鱼。所以，林园很看重行业规模，挑选规模巨大的行业，从中赚取大钱。

识别有前途的行业，正是林园特殊的本领。林园发现了一个确定性非常高的朝阳产业，那就是医药行业，他认为医药行业未来必将迎来爆发，医药服务本身属于刚需消费，有着巨大的市场空间，所以，在未来 30 年里，需要坚定地投资于医药行业。其中，治疗糖尿病、心脑血管病、高血压这二大病和并发症的药物，有百分之百确定性的投资机会。

> 林园投资秘诀：行业能够决定投资的成败，必须选对行业。

◎ 行业不同，天差地别

行业之间有天然优劣之分。有的行业辛苦却不赚钱，有的行业赚钱却不辛苦。

世界上存在着许多行业，如饮食行业、服装行业、机械行业、金融行业、移动互联网行业等。在同一行业中，各家公司提供的产品相似，能够相互替代，产品的工艺制造过程和劳动服务也大体相似。在投资时，选择了不同的行业，就会出现不同的命运。或许在刚起步时没有差别，但是随着时间的推移，差别会越拉越大。

在辛苦却不赚钱的行业里，竞争激烈，群雄混战，产品同质，这种行业中的企业对上游供应商没有议价权，对下游经销商没有定价权，提价权更是无从谈起。以竞争激烈的零售行业为例，许多零售公司曾经拥有极高的成长率，股东也享受过出色的权益报酬率，但是到了最后，一些公司业绩突然急速下滑，很多甚至以破产清算收场。这种"瞬间辉煌、最终倒闭"的企业在零售业屡见不鲜，是因为这一行业的竞争对手随时准备复制成功者的做法，然后超越它们。

在赚钱却不辛苦的行业里，企业可以躺着赚钱。巴菲特也称这种行业"只需要聪明一时就能坐收利润"。他说："如果我在很早以前就买下一家地方电视台，甚至可以把它交给懒惰而差劲的表弟来经营，电视台仍然可以好好地经营几十年。"林园也抱持同样的观点。2020年4月，谈及贵州茅台的换帅，林园表示一点也不担心，这种公司"傻瓜也能经营好"。巴菲特曾说："当赫赫有名的经营者遇到逐渐没落的夕阳产业时，往往是后者占了上风。"对于利润薄如纸片的零售公司来说，要是用人不当，那就准备倒闭关门了。就算是用人得当，招募一个明星管理人，在网络电商的冲击之下，这类零售公司能否活下去，也是未知数。

有趣的是，巴菲特、林奇和林园都在10岁左右就开始自己赚钱。巴菲特当报童，林奇当高尔夫球童。高尔夫行业和报纸业不同，球童工作一个下午比报童工作一周挣的还多。高尔夫球场一向是社会名流的聚集之地，林奇从高尔夫俱乐部的球员口中，接受了股票市场的早期教育。林园当时在医院卖水卖鸡蛋，算是与嘴巴消费相关的零售业的一枚小兵。后来，林园总说要投资嘴巴消费股，或许和卖水卖鸡蛋的经历有关，卖报纸的巴菲特后来也投资《华盛顿邮报》。

真正的行业投资者需要掌握科学的方法，独立思考，在正确的时间做正确的事。林园说:"我们要在行业景气周期到来的时候,买入行业的龙头公司,参与行业的发展中,等行业的景气周期过了,或者公司的高速增长期过了,我们就卖出股票,参与其他行业中,这样我们的资产就能做到复合增长。"

> 林园投资秘诀:行业不同,企业的状态也不同。买入景气行业的龙头公司,并在行业转冷时离场。

◎ 华尔街获誉

在 30 年的投资生涯中,林园都对准了行业起飞的风口,精准地把握了中国经济的脉搏,从 8000 元到数百亿元的财富暴增,得益于他抓住了 3 次历史性的行业机会。

谈到行业投资的经历,林园说:"我现在持有的白酒股,都是在 2003—2005 年建仓的,2005 年底以后我们再没有买过。我们买入后它也跌,以贵州茅台为例,平均买入价 25 元,它一度还跌到 19 元。但是我坚信我的方向是不会错的,结果我在白酒行业上的平均收益超过 200 倍。之前我们在电视机和银行业的投资收益,都是超过 100 倍的。"

证券市场是个有趣的地方,它就像奥运赛场。行业宏观投资类似于奥运场上的体操运动,都讲究踩准节奏。基金经理踩对了行业投资的节奏,在某个行业的投资中赚到了大钱,就会引起同行的关注。伴随着中国经济的成长节奏,林园在家电、银行、白酒行业切换自如,每一步都踏在点子上。因为行业投资的节奏踩得精确,林园又有优秀的投资业绩,投资的股票有成为中国第一高价股,挑选的多只股票长期走牛,这就引起了西方同行们的关注。他们研究了林园的投资之后,开始称呼他为"行业宏观投资领军人物"。

林园回忆说:"老外研究了我多年操作的一些账户,认为我大的投资方向都是对的,没有犯一次错。我的操作方法经受了 10 年或者 15 年的长期检验。我们对行业的精准把握是做到了全球第一。"事实胜于雄辩,经历了多年的验证,林园持有的多只股票走出了长线大牛。以 2020 年为例,贵州茅台和五粮液表现强势，前者的市值甚至超过了 2 万亿元，成为中国第一高价股；云南白药和片仔癀正在争夺中医药企业的龙头地位；上海机场也屡创新高。这些股票来自不同的行业，是林园使用特有的分析方法选取的。林园的私募基金接受中国证监会和行业协会的监管，业绩是透明的；并且他的投资思路也近乎透明地显示在媒体访谈中，可以随时接受人们的检验。根据私募排排网组合大师数据，林园本人近 10 年年化收益率达 22.38%，在国内私募基金经理中排名第一。这就奠定了林园作为行业宏观投资大师的地位。

> 林园投资秘诀：行业宏观投资，就像标准舞步，需要踩准不同行业起飞的节奏。

◎ 林园的行业投资历史

林园 1989 年入市，投资深发展 A 和四川长虹；2003 年投资贵州茅台、五粮液，后来又投资招商银行。他持有贵州茅台和云南白药多年。《林园炒股秘籍》（王洪著，经济日报出版社，2007 年 7 月出版）一书中，曾经介绍了林园三大行业的投资。翻看当时的出版日期，再时隔 10 余年，看看贵州茅台、五粮液、云南白药、招商银行等股票的 K 线图，结果令人叹服。

值得注意的是，林园只聚焦于自己强调的医药行业，以寻求投资的确定性。他说："结合我们的 A 股市场，现在投什么样的医药公司？三大病：糖尿病、心脑血管病、高血压。这三大病产生了医药行业 70% 的营业额，利润也占到医药行业的 70%。你不投它，投什么？别的不要看了，就看这三个。这三大病目前治不好的，什么高科技也治不好，我们把范围缩小，就在这三个里面去折腾。"他希望自己不被金钱奴役，而是成为享受财富的主人。有人说，林园炒股，就像曾国藩书生带兵。曾国藩行军打仗奉行六字诀——"结硬寨、打呆仗"，湘军作战凭借挖壕、筑墙、稳扎营、固守，慢慢困死了太平天国。战术单一，但是极其实用。林园投资聚焦于医药行业，同样使用六

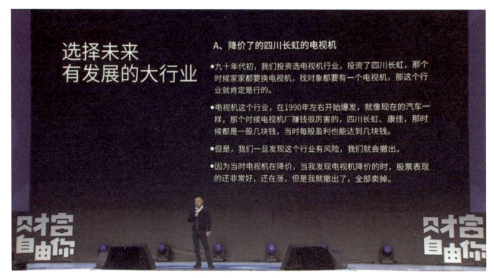

图 5.1　林园讲解他的行业投资故事

字诀——"行业＋垄断＋成瘾"，依靠赚钱机器，让财富复合增长，用时间慢慢积累丰富的身家。

　　彼得·林奇同样也是声誉卓越的行业投资大师。他与林园聚焦医药行业不同。林奇在 13 年间买过 15000 多只股票，其中有多只股票反复投资，获得了"投资界超级巨星"的名声。他在多位行业研究员的助力之下，展开了多个行业的广泛投资。甚至是夕阳产业，林奇都能掘地三尺，找出潜在的投资目标。他说："袜子行业好过通信行业，汽车旅馆行业也可以好过光纤光学行业。"只要公司潜质好，股票价格合理，林奇就进行买入。1982 年，林奇大举建仓艾科卡领导下的克莱斯勒汽车公司的股票。20 世纪 80 年代末，他又重仓持有储贷行业的股票。这两项投资都取得了丰厚的回报。但是，这种全行业投资的方法，也给林奇造成了沉重的心理负担。他最终受够了每周工作 80 个小时的生活，于是，时在中年就满头银发的他带着赚来的钱，干干脆脆地离了场，回归到宁静的家庭生活中去。

> 林园投资秘诀：成功的人生，在于富足又美好的生活。赚钱只是幸福人生的通道。

◎ 林园谈行业

众所周知，巴菲特不投资网络、电脑等高科技股票。巴菲特坦言，自己看不明白电脑、互联网科技公司，不理解它们的产品，何况这类公司需要消耗大量资金，不属于低投入、高产出的公司类型。他还说，科技行业日新月异，发展变化太快，无法预测未来，难以看清 10 年后的行情。林园对科技股有着与巴菲特一样的谨慎。在一次访谈中，记者问及林园对 5G 等科技股是否有关注，他表现出一如既往地坚持："不关注，我怕上当受骗。不是说这些企业要骗我，而是一旦技术更新了，这些企业能否跟上新技术的变革，变数较大。回顾历史上的很多科技股，如早期的摩托罗拉、爱立信、诺基亚等都是当时很厉害的手机企业，但目前没有一家手机可以与苹果、华为进行竞争。所以说很多科技企业可能现在行，但几年后又不行了，那我干吗要跟它们受苦呢？我就投与嘴巴刚需有关的东西，嘴巴需求是不会少的。"

曾几何时，摩托罗拉就是无线通信的代名词，是技术和品质的结晶，是那时当之无愧的全球霸主。然而，随着智能手机的诞生，摩托罗拉与另一个巨无霸诺基亚一起迅速陨落，消逝于全球消费者的视线中。林园，作为曾经摩托罗拉的一分子，经历了这家公司从兴盛到衰败的全过程。一路走来，林园见证了太多科技巨头的崩溃，使得他对科技创新的风险有着异于常人的敏感。"现在大家都要投 5G、高科技，我也知道这些行业前景好。这些高科技行业里一定会出好公司，但是很难赌的。确定性不够，没有办法确定，连企业自己都搞不清楚。我在 20 世纪 90 年代就立了个规矩，凡是'科'字、'码'字的都不碰。"林园始终坚持他对科技股的观点。

林园从不吝啬分享自己对各行业的研究成果。2020 年上半年，林园基金提交了一份靓丽的成绩单，各大媒体争相对其进行采访，请他分析各行业的投资机会。林园说："耕耘多年，地产行业是收割以前的利润了，它结算的是以前的利润。而股市重要的是看后面的前景，实际上是买未来的。对于银行业和地产业，我会回避。对于必需品的能源行业，我不回避。如果看到未来是牛市，我会短期内选择券商行业，当前来看，从估值角度券商是低估了。食品饮料行业的估值还算合理，医药股绝对低估。对于互联网行业要回避，因为我认为它的确定性不够，风险太大。"

然而，林园也说出了自己的警言："我对大多数行业都悲观，乐观地只看到医疗行业，大多数行业特别是竞争行业，都是悲观的。现在中国，包括全球都是一个商品过剩的时期，过剩就意味着产量太大了，生产过多了，也就是我们小时候说的资本家为什么要把牛奶倒进河里一样，生产得太多了。甚至从事教育行业的领袖也说他悲观得很，跑到我这里寻找投资项目。所以我判断连教育行业都遇到困难了，这既和疫情影响有关，但总的根源在于产品过剩、产能过剩。"

> 林园投资秘诀：行业不同，未来不同。只投资自己有把握的行业。大多数行业产能过剩，不值得投资。

◎ 行业研究基础技术

林园在讲解行业宏观投资时，经常谈到某个具体的技巧。例如，他会说"白酒的龙头企业正在走向垄断，行业集中度加强……"这类观点对于没有行业分析能力的新手来说，刚开始难免吃力。所以，接下来，我们对一些行业分析的主流方法和模型进行了入门级的介绍，以帮助新手理解林园的行业宏观投资理念。

对于行业的分类，存在着各种不同的标准。如摩根士丹利和美国标普全球公司在 2000 年联合推出了一个全球行业分类标准（GICS），将行业分为 10 个大行业，24 个二级行业和 67 个子行业，并建立了行业指数。我国的行业指数也是按照这个标准分类的。

其中，最主要的 10 个大行业分别是：

（1）材料行业，主要包括金属、采矿、化学制品等；

（2）可选消费行业，主要包括汽车、零售、媒体、房地产等；

（3）必须消费行业，主要包括食品、烟草、家居等；

（4）能源行业，主要包括能源设备与服务、石油天然气等；

（5）金融行业，主要包括银行、保险、券商等；

（6）医药行业，主要包括医疗保健、制药、生物科技等；

（7）工业行业，主要包括航空航天、运输、建筑产品等；

（8）信息行业，主要包括硬件、软件、信息技术等；

（9）电信行业，主要包括固定线路、无线通信、电信业务等；

（10）公共事业，主要包括电力、天然气、水务等。

要想理解林园的投资方法，行业分析是基本功夫。这样，你就能理解一个行业的全局，明白这个行业的历史与未来，了解其行业周期所处的阶段，判断其在未来一段时间内的发展趋势，进而做好这个行业相关的投资决策。

通过搜集情报和科学的行业分析方法，你可以比一般人看得高远，得出科学的行业研究结论。你会逐渐对不同的行业形成动态的、全景式的视野，最终将在行业研究方面大有作为。

不过，为了免除读者的学习之苦，林园也提醒说："如果你听话，只需认准我说的医疗行业，瞄准那些治疗三大病的医药公司就可以了。研究是很辛苦的事，不如直接听我的结论。"

> 林园投资秘诀：避开艰苦的行业研究，不妨听取林园的结论，投资于医疗行业，聚焦于和三大病相关的医药公司。

◎ 搜集行业情报

要研究一个行业，首先要搜集资料，与行业人员交流，目标是了解该行业的历史、现状与未来。这样，你会对一个行业形成初步认识。起步之初，你可以选择最熟悉的行业。

搜集情况，往往来自自己擅长的领域。林园说："我年轻时当过摩托罗拉的亚洲代理，甚至为了搞明白芯片，专门上大学进修，让我明白科技企业的盈利确定性差，我就远离了科技行业的投资，不会买入科技股。"

找到充足又准确的情报，这是研究行业的第一步。这类情报一般有两种来源。

第一种：一手资料

这类资料一般来源于企业走访、高管面谈、专家访谈，等等。林园非常注重搜集第一手资料，林园认为："当对一个行业不了解的时候，你需要经常去一线调研，甚至下到车间。"

彼得·林奇同样重视一手资料。他曾经担任麦哲伦基金研究部主管，这份研究工作让他对各个行业的投资较为熟悉。后来他又担任了基金经理，为了听取各个行业业内人士的意见，他每个月都确定一位主要行业的代表人士作为调研对象，每位代表至少安排一次面谈。

通过一手调研，与阅读二手资料相比，常常可以得出更为清晰的结论。2006年，林园对新兴铸管进行了一线调研，评估它的产品价格和质量。这家企业生产的铸管出口到美国，比当地产品的价格要低25%以上，而该企业的产品质量仅次于日本久保田，全球排名第二。质优又价廉，产品有竞争力，林园对投资心中有数，就买了该公司的股票。结果在2007年的牛市中，新兴铸管涨幅巨大。

第二种：二手资料

这类资料来源于行业专家访谈、行业数据库、企业官方网站以及研究类的专业机构。

如果你一开始不知从何下手，可以先通过搜索引擎，搜索行业资料，了解大概信息，然后根据获取的信息顺藤摸瓜，找到更多的信息。比如，输入医药行业进行搜索，你可以看到医药行业的现状与历史、医药企业名单、医药行业的趋势研究等信息。通过搜索引擎，你能够了解医药行业内的市场引领者和其他公司。顺藤摸瓜，你可以搜到更全面的行业信息。搜索引擎能让你快速上手，找到数据来源。除了搜索引擎，我们还需要更为严谨的行业数据库来提供信息。

> 林园投资秘诀：研究行业需要资料，一手资料活泼清晰，二手资料容易获取。

行业数据库

通过专业数据库、期刊、论文、报告等图文资料，特别是行业协会等发布的公开信息，都可以找到有用的行业信息。

以医药行业为例，国内目前的主流数据库有药智、米内等 7 家，各家均有各自的特色。而国外的医药数据库更是种类繁多，主流的有 Clarivate Analytics、Cortellis、Integrity、IQVIA、Evaluate 等，各数据库均有其特点和重点关注领域。通过这些行业数据库，你可以判断医药行业的前景，寻找有竞争优势的医药公司。

> 林园投资秘诀：行业数据库的信息比较专业。

政府数据库

政府发布的数据，对于行业研究也有帮助。比如中国国家统计局、美国白宫、欧盟统计局等机构发布的数据和报告。政府提供的这类数据报告通常免费，具有很高的参考价值。

例如，在医疗领域，美国食品药品监督管理局的药品数据库可以查到任何一款产品的注册信息及相关文件、专利数据、市场保护等数据。林园对辉瑞公司进行了持续跟踪，因为辉瑞的代表产品万艾可同样属于成瘾型产品。而万艾可的专利保护期等信息，就可以通过政府数据库查询，进而能够评估辉瑞公司的竞争优势是否持久。

> 林园投资秘诀：政府数据库相对公正、权威。

行业投资指南

这类指南通过大量的行业投资案例，向用户提供行业投资的建议，涉及了医药、金融、钢铁、汽车、高科技、零售、酒店餐饮、公用事业、能源、房地产、军工等多个行业。

巴菲特显然是行业投资指南的忠实爱好者。新婚期间，巴菲特就在汽车中装满了行业投资指南，带着爱妻苏珊去旅行。

> 林园投资秘诀：行业投资指南更为实用，一些建议可供参考。

咨询公司报告

有一些世界知名的市场咨询公司提供专门的行业分析。它们通过官网公开售卖行业分析报告。这类报告具有很大的参考价值。为了编写此类行业报告，研究人员付出了大量的劳动，因此行业报告的售价昂贵，通常达到数百上千美元。

晨星就是知名的行业咨询公司和评级机构。它在发布行业研究报告的同时，甚至开发了行业研究的旗舰工具——晨星行业DELTA。在构建基金组合时，它会评估投资的金融产品是来自互补的另一行业，还是重复地来自一个行业。

> 林园投资秘诀：知名咨询公司会提供重要的参考信息。

上市公司年报和季报

上市公司的年报和季报是非常可靠的信息来源。为了保障广大投资者的利益和权益，上市公司的年报和季报必须经过第三方专业权威的会计师事务所进行审计，才允许向社会公开披露，这在很大程度上避免了夸大营业收入能力、隐藏企业风险、欺骗大众股民等情况。因此，上市公司的年报和季报具有很好的参考价值。

至于上市公司财报的分析技巧，我们将通过后续出版的《财报掘金：林园炒股秘籍》一书，进行详细讲解。

> 林园投资秘诀：上市公司财报是可靠又免费的研究资料。

上市公司官网资讯

上市公司的官方网站也是信息来源之一，特别是公司优势、专利产品，等等。通过上市公司官网资讯，我们可以判断该公司的行业地位和竞争状态。

需要注意的是，为了提升自身形象，公司官网通常会有自我拔高的宣传倾向。查阅公司网站信息的时候，我们需要客观、冷静地对待，思考这些信息是否夸大，可以通过搜索引擎查阅更多信息去验证其真实性。

媒体网站

一些重要媒体运营多年，重视行业数据的准确性，可信度高。常用的媒体网站如澎湃新闻、人民网、新华网、经济学人、福布斯、CNBC 等。媒体网站的最大优势是，媒体有着丰富的交际圈。媒体邀请的一些嘉宾往往是行业领袖，对于行业有着精深的理解。通过媒体网站，可以及时了解这些行业领袖的观点。行业领袖在自己的领域扎根多年，对于行业方向和政策风向比较敏感。定期收集和分析这些行业领袖的言论，对于洞察一个行业，是很重要的。"我们银行是弱势群体。"一位银行业高管在点评银行业时，讲了这句话，当时被媒体界视为笑话。结果却不幸被言中，短短几年间，中国银行业已经发生翻天覆地的变化。"躺着赚钱"的日子已经渐行渐远，取而代之的是竞争加剧的挑战。

> 林园投资秘诀：媒体网站刊登的权威观点，能够反映行业兴衰。

◎ 使用分析方法

收集了情报之后，你要对该行业进行分析。你需要使用科学的行业分析方法，还可能需要借助他人的智慧。

林园提醒说，投资就是要找到一个处于上升期行业里的公司，确定性更高。只有掌握了科学的行业研究方法，你才能推导行业的未来，找到上升期的行业。

不同的分析方法和模型，常常适用于不同的研究对象。例如，林园强调的常识分析法能够直接找出刚需行业；行业的生命周期法解释了行业兴衰起伏的规律，通过这种方法，有经验的投资者可以识别企业所处行业的生命阶段；SWOT 分析法经常用于研究企业的战略方向；产业链分析经常能找出处于垄断地位的企业；对比分析法的应用范围更广。熟练的投资者应当根据分析内容，灵活地选择分析方法。

林园投资秘诀：行业宏观投资具有不同的分析方法。

常识分析法

林园认为，民以食为天。这是最基本的生活常识。

2019 年，白酒和食品饮料行业的股价涨幅惊人。背后的原因很简单。由于中国经济转型，消费已经代替投资，成为推动经济增长的重要因素。2019 年，我国消费市场的规模达到 5 万亿美元，已经超过美国成为世界消费第一大国。2020 年第一季度，消费对 GDP 的贡献一度达到 77%。林园提醒说，在消费升级的大背景下，与嘴巴消费相关的白马股值得长期关注。

选择医药股的原因更简单。林园建议读者去医院看看。他说："因为我是学医的，知道过去 5 年才是医院真正开始赚钱的时候，一个地区一般的三甲医院过去 5 年能赚 5 个亿，甚至更多，轻轻松松的。它们以前并没有赚这么

多钱，就是近几年才开始的，很厉害，为什么？因为我们人口老龄化，这就
是我今天翻来覆去说的为什么要投资医药行业的原因。"所以，通过生活常识
就能选择行业，投资者不要被那些研究报告中的各种模型吓倒。

林园在过去30多年的投资中，不少决策在事后都被证明是对的。这其
中有着普通人都可以掌握的普遍规律。林园说，"不要失去一般性"，就是遇
到事情以后，知道今天什么是最重要的事，那就去做。股市投资的一个常识，
就是买股票不能买贵了。以医药行业的投资为例，投资就是买企业价值，买
医药企业的核心资产，最起码不能买贵了。不能一说医药行业有前途，就在
人气鼎沸的时候高价抢股票。所以，在行业投资中，这些低买高卖的常识要
用到。"行业很热的时候，很多人投，我就不投。"林园说，"一定要将基础的
常识用于行业研究。"

> ● 林园投资秘诀：运用你的常识，这是行业分析的核心方法之一。 ●

比较研究法

这是常用的一种研究方法，比较研究法已经被广泛地运用于证券投资的
各个领域。

比较研究法又分为横向比较和纵向比较。

横向比较，是指对同类的研究对象进行比较，如将中国老龄化人群与日
本的老龄化人群进行比较。横向比较法的特点是以空间为坐标。

在横向比较中，林园说，中国的医药公司与世界主流相比，有100—500
倍的差距。以2020年为例，中国所有医药公司的市值相加，还比不上一家美
国头部医药企业的市值，这是不合理的。

横向比较最主要的作用是能够让我们发现相对低估或高估的公司，能够
发现哪里有机会，哪里有风险，能够选择相对安全的投资标的。

林园在横向比较中，先与国内同行比：他说："横向比较是指拿目标公司
与行业内的公司进行对比。我会把自己看中的公司与行业内的前几名公司做
对比。"

林园进行对比的方式是：首先对比收入与利润，然后比较市值。如果企业本身是行业内的第一名，收入与利润第一，那么市值也是第一才是正常的现象。另外，也可以用市场总利润的分配情况进行对比，如果一家公司利润占比远远高于市值占比，那么说明公司的估值显然还有上升的空间。在进行估值比较的时候也可以作为一个对照标准。

除了与国内同行比，同时也要与国际同行对比。他说："如果收入、利润相差不大，而市值相差非常远，就要判断市值高的公司是否严重或相对高估了。我就要警惕下跌可能来临。"

通过横向比较，可以判断哪家公司的估值更便宜。林园通过横向比较分析，得出结论："和全球的同类优质公司相比，中国的这些医药企业还是个小儿科，非常便宜，甚至市值只占到全球同类公司的1%。医药行业的规模和我们中国14亿人口的经济体量不相匹配。所以使用横向比较的方法，既看看国内同行，也看到了国外同行，视野更宽阔。"

纵向比较，是指对研究对象的历史、现状和未来进行比较，懂得了研究对象在不同时期的形态，进而揭示规律。

在纵向比较中，林园强调要沿着时间线，去观察老百姓对待医疗健康的行为。

过去，许多老百姓有了病也舍不得去医院，还未把健康当成一件大事，因为一进医院花钱很多，负担不起，甚至有一些贫困山区的老人，得了病感觉治不好，干脆回到老家炕上一躺，抱着生死由命的态度。

现在，随着生活改善，消费升级，老百姓有了余钱能够追求健康了。特别是一些老年人，见面就聊健康。一些稍微富裕的老年人开始研究补品和保健品，逐渐加大这方面的开支。

将来，中国随着老龄化社会的步伐，将会有4亿—6亿老年人。他们得病的概率比青壮年高出很多，所以，未来正是医药行业爆发的时期。因为股票投资投的是未来，要看企业未来的经营。林园说："投资是看未来的，不能看当下，看当下是有问题的。"这就是纵向比较的意义。

纵向对比和横向对比相辅相成，可以直接和方便地观察行业的发展状态和比较优势。林园说："我在投资时，先从国际视角，看看前面几十年，那些世界级的企业是怎么长大的，向它们取经，然后，就从这样的企业类型里选赚钱机器。"

林园投资秘诀：横向比较法以空间为坐标，通过同行、国家等维度进行比较；纵向比较法以时间为坐标，研究行业的过去、现在与未来。

行业集中度研究

每个行业都有其特定的演进过程，行业的集中度也会发生相应的变化。

行业的演进通常经历三个阶段：

最初阶段，行业集中度低，品牌林立，各个品牌的市场份额较低。然后出现了第二阶段，在竞争中，前几名的行业集中度迅速上升，形成寡头垄断结构。第三阶段，黑马频现，向寡头垄断的领先企业发起冲击，导致后者的市场份额下降。

以林园关注的白酒业为例，该行业正呈现出寡头垄断的局面，中国前七大酒企分别是贵州茅台、五粮液、洋河、泸州老窖、山西汾酒、郎酒、剑南春。它们正在稳步提升市场占有率，逐渐蚕食地方中小品牌的市场份额，品牌集中度也越来越高。特别是我国的高端白酒市场，贵州茅台、五粮液和泸州老窖前三强占据了约95%的市场份额，垄断特征非常显著。而我国的电商行业，目前则处于第三阶段，拼多多是近两年杀出来的黑马，和社交化营销一起，冲击着阿里和京东这类已呈寡头垄断的传统电商企业。

行业集中度反映一个行业的整合程度。当集中度快速上升时，表明行业正处于从群雄争霸走向统一的时期，竞争激烈，优势企业纷纷采用降价、兼并等方式，迅速扩大市场。而稳定的集中度则表明市场已处于相对稳定的竞争状态，领先企业已经确立了优势地位。

集中度快速上升的行业蕴含着发展机会，此时当一家企业加大投入，加快渠道建设，往往能获得较好的成效。

对于集中度稳定的行业来说，新兴企业的扩张会受到领先企业的封锁抵制，此时，采用精细化的单点突破策略才能见效。

以拼多多攻击阿里和京东的单点突破为例，拼多多就是瞄准了小镇青年为代表的下沉市场。它挖到了低线城市小镇青年这座金矿，从而培养了一个"3 亿人都在用的 APP"。当一些电商平台向高品质倾斜的时候，拼多多反其道而行之，先瞄准低线城市开拓市场。拼多多上销量过百万的商品绝大多数均低于 25 元。正是用物美价廉的大众商品，拼多多迅速填充了阿里和京东未能触及的低线城市真空地带。

> 林园投资秘诀：通过集中度，可以判断行业所处的阶段。在垄断尚未成型时进场，享受垄断成型后的超额利润。

行业生命周期法

林园认为，选择企业，一定要认准所属行业的大方向。行业前进的大趋势要把握，要在上升期准确切入，不要踏入衰落期的行业。另一方面，不断地根据行业的变动方向，调整自己的投资。如果行业的方向选择错误，在错误的方向上狂奔，只能犯下严重的错误，不会得到好的结果。

行业的生命周期指行业从出现到完全退出社会经济活动所经历的时间。行业的生命发展周期主要包括四个发展阶段：幼稚期、成长期、成熟期、衰退期。

判断行业生命周期有多个指标，例如：市场增长率、需求增长率、产品品种、竞争者数量、进入及退出壁垒、技术变革、用户购买行为等。通过上述指标，你可以大致判断出行业处于哪个生命阶段，判断该行业属于夕阳产业还是朝阳产业，未来更有前景还是走向衰落。

摸清行业所处的生命阶段，这对于行业分析来说非常重要。行业周期会对企业产生重要影响。在行业已经成熟甚至是衰退时，企业要想获得增长，就得付出更多的努力。可以说，当行业处于增长阶段时，企业面临的问题是抢夺新用户，这体现为企业的成长能力；而当行业陷于停滞阶段，企业就不得不面对其他同类企业的竞争，这体现为企业的市场份额。

林园强调说，行业的趋势投资，是看经济、产业和企业的趋势，也就是说，当投资者能够察觉一个行业的经济趋势有爆发迹象时，应该就是投资买进的时机了；当行业有没落的迹象时，就是卖出的时机了。

以林奇的行业投资为例，在美国走向后工业化时代的转型中，餐饮连锁行业和零售行业正在全美扩张，甚至在 10—15 年内保持着 20% 的年增长速度，具备了高收益、快速增长且风险较小的特征。林奇认为，投资快速扩张的行业，一定要确定该行业的扩张期是否走到头了，那时就是退出行业的时期。

> 林园投资秘诀：投资最重要的利润来源就是垄断，如果一个公司没有垄断的基因，我们就不会投资它，这就是我们对生意的理解。

产业链分析法

行业分析里，产业链是一个永远无法避开的话题。因为任何一个行业的兴衰，都离不开上下游行业的影响。当外界环境有重大变化时，一家企业的财务状况受产业链影响非常大，往往吞噬企业利润的不是竞争对手，而是产业链的上下游企业。

通常来说，首先需要对产业链进行划分，搞清楚行业价值链的上下游。然后需要进行大量的调研和访谈，才能吃透一个行业的产业链——从原材料到终端消费，一共历经了哪些环节。

通过对产业链进行划分，可以明确地看出一家企业所处的位置、竞争对手、与上下游的关系，进而去思考如何提升企业自身的竞争力。

以医疗行业的产业链为例，它包括药材种植、原材料加工、产品研发、药品生产、商业流通等不同的领域。

一条产业链往往有其命脉。掌握了产业链命脉的企业能够所向披靡。以美国医药行业的产业链为例。虽然中小企业也可以研发药物，使得这条产业链看上去似乎很开放，但站在产业链顶端的只有辉瑞、默克这类医药巨头。这类大型医药企业具有强大的营销能力，医药销售代表遍布全球，大力地向医院推销药物。它们还有强大的品牌影响力，容易引起消费者好感，所以，这类医药巨头的任何一款新药上市，都能很快进入医院。小的医药公司并不具备这样的销售能力，它们的出路只有两条：被医药巨头收购，或者把研发的新药卖给医药巨头。所以，美国医药行业的产业链是非常封闭的，医药巨头凭借强大的市场能力，以林园重视的垄断状态，霸占着这个行业。所以，在分析产业链时，对于那些掌握了产业链命脉的企业来说，其发展往往会比较顺利。在行业研究中，我们需要注意这一点。

> 林园投资秘诀：分析产业链，识别企业的优势、劣势，挑选优质企业。

波特五力分析模型

哈佛商学院的迈克尔·波特教授在 20 世纪 80 年代初提出了一项非常著名的分析模型：五力分析模型（Five Forces Model）。

五力分析模型一般用于企业竞争战略的分析，可以有效地分析客户的竞争环境，也可用于行业分析。

五力分别指：供应商的议价能力、购买者的议价能力、潜在竞争者进入的能力、替代品的替代能力、现有竞争者的竞争能力。

下面我们以林园持有的熊市防御股云南白药为例，演示如何使用五力分析模型进行行业分析。

一、供应商的议价能力分析

云南白药生产国家保护的中药产品，在产地已实现统一生产、统一质量标准、统一销售，并都归属于云南白药集团。所以，"白药"系列产品在整个产业链中具有优势地位，导致云南白药集团具有强大的议价能力。

二、购买者的议价能力分析

作为中成药企业，云南白药集团的上游原料药厂和辅料药厂是卖方，但是，由于云南白药也拥有自己的中草药种植基地，因此公司具有一定的讨价还价能力。但是，原料基地的产能与公司需求存在缺口，加上原料对气候、海拔等种植环境有特殊要求，导致原材料产地较为集中、产量有限，所以公司虽然有讨价还价的能力，但是又受到限制，底气不是很足。

三、替代品的替代能力分析

"白药"系列的主要功效是止血、镇痛、消肿、化瘀，虽然存在众多替代品。但"云南白药"系列产品功效显著、立竿见影、使用方便，加之属于国家保护产品，具有垄断经营和品牌效应，替代品无法构成重大威胁。因此，"白药"系列产品替代品的威胁不大。

四、潜在入侵者分析

医药行业与其他行业相比，进入门槛和撤出成本不低，因此，医药行业的性质决定了潜在入侵者的可能性较小。中国医药市场潜力已经被世界医药行业所公认。世界制药业排名前 25 强基本上已在中国开展制药投资业务，跨国制药巨头是未来最大的潜在威胁。除了国内现有的竞争者，潜在竞争者主要来自国外的大型制药企业，外资以雄厚的资金及强大的研发能力，通过仿制我国传统的名药，将对我们的传统名药造成极大的威胁。

五、现有竞争者分析

通过政府协调与企业收购行为，云南省内的所有白药生产企业都已经集中到云南白药集团，加上受到国家一类中成药保护品牌的保护，保密配方技术只有云南白药集团拥有，其他企业如果生产带有白药成分的产品，就需要与云南白药合作，因此公司的"白药"系列产品原则上没有竞争者。

通过波特五力分析模型分析，可以看出，云南白药集团是拥有垄断优势的品牌，随着医药行业的蓬勃兴起，未来可期。

> 林园投资秘诀：通过一些竞争力模型，可以判断企业的定价能力。

合作竞争法

合作竞争法来自《合作竞争》一书。作者是著名经济学家拜瑞·内勒巴夫与亚当·布兰登勃格。

传统的商业战略大都注重竞争，而忽视了互补性。如果一种产品能够让另一种产品更具吸引力，那它就可以被称为互补者。

在中国老龄化社会来临的当下，一些医疗机构推出了养老计划。通过医护人员照顾老人的健康，同时又向老人提供住房，赚取房产方面的收益。这就形成了医疗产品与房产的互补。对于这种带有医疗属性的养老服务，林园认同，但并不是他投资的首选，他只投资于三大病的领域。

20世纪初期，汽车是昂贵的产品。消费者就是想买也没有足够的现钱，福特公司在1959年成立了福特贷款机构，设计了贷款金融产品，让消费者可以方便容易地获得贷款。这样做的好处显而易见：便捷的贷款让人们购买了更多的汽车，买车需求的增长又促进了福特公司的贷款业务。在相当长的一段时间里，福特公司从贷款中赚的钱比制造汽车的盈利还要多。这种既提供车贷，又销售汽车的模式，已经成了现代汽车业的标准做法。

> 林园投资秘诀：跨行业的优质产品可以良性互补，增强企业竞争力。

SWOT 分析法

SWOT分析法广为人知，被用于制定公司战略和分析对手情况，考虑问题全面，既能诊断公司问题，又能为公司开药方，条理清楚，便于检验。

SWOT分别是Strength(优势)、Weakness(劣势)、Opportunity(机会)、Threat（威胁）四个词的首字母。S代表优势，指的是企业内部的有利因素；W代表劣势，指内部的不利因素；O代表机会，指外部的有利因素；T代表威胁，指外部的不利因素。

下面，我们以片仔癀为例，来讲一下SWOT方法在行业分析中的应用。

从片仔癀的优势（Strength）看，它是国家一级中药保护品种，配方、工艺被列为国家绝密保护，由该公司独家生产。自2005年7月1日起，国家药品监督管理局规定，非经批准，普通药企只能使用人工麝香，而片仔癀获得了特别许可，可以继续使用天然麝香，这就使片仔癀这一名贵中成药更具有竞争优势。片仔癀同时具备治疗、保健及美容等功效，目前没有同类可比产品，这样就使公司在市场竞争中处于有利地位，因其独特神奇的疗效而在港澳台、东南亚市场拥有很多忠实的消费者，在海内外市场形成较高的知名度和占有率，其中对港澳台、东南亚、北美及澳洲的销售占公司总销售的一半左右。

从片仔癀的劣势（Weakness）看，主导产品过于单一。片仔癀年销售收入约占公司年销售总收入的九成，利润也超过公司利润总额的九成。一旦片仔癀的销售出现重大不利，将严重影响公司的盈利水平，特别是药方一旦被海外竞争对手盗取，风险更大。

从片仔癀面临的机会（Opportunity）看，随着片仔癀知名度的上升及其神奇的疗效，许多患者点名要求使用它来进行治疗。当片仔癀进入各大小医院的药房，加入医疗用药网，通过连锁药店经营时，潜力巨大。中药行业正在快速成长，国家产业政策的鼓励也将使中药产业的前景更加广阔，这些都为片仔癀提供了开拓市场的机遇。

从片仔癀面临的威胁（Threat）看，从长期来看，随着天然麝香资源的日益紧缺，片仔癀产量放大的难度加大。目前国内医药商业竞争加剧，同时，外国资本进入中国市场并仿制中国名药，这也是不小的威胁。总之，片仔癀有着良好的投资前景，但在跟踪调研时，需要持续监控国内外的仿品，以免对这款国药造成重大威胁。

> 林园投资秘诀：投资就是识别企业的优势与劣势、机会与威胁。

PEST 方法

PEST 是四个英文单词的首字母缩写，分别代表政治、经济、社会和技术环境。

P 指政治环境（Politics），包括一个国家的社会制度、政策法令等。

2020 年 9 月 15 日，美国对华为新禁令正式生效。台积电、高通、三星、SK 海力士、美光等芯片供应商不允给华为供货。这就是政治环境对华为的影响。华为随之宣布进入芯片半导体领域，并加速发展鸿蒙 OS，目的就是要在芯片和系统方面，实现全面自主可控，让卡脖子的情况一去不返。

E 指经济环境（Economy），包括国民经济发展水平、就业程度、企业服务地区的消费者收入等因素。这些因素直接决定着企业当前及未来的市场规模。

以印度为例，近年来，因为经济增速居世界前列，印度居民生活水平大幅提升，中国手机厂商纷纷开拓印度市场，甚至出现了智能手机直接替代了传统 PC 电脑的奇特景象。很大一部分印度居民从没用过 PC 电脑，直接用上了功能相近的智能手机。这对于在传统 PC 电脑领域处于垄断地位的微软来说，属于重大的打击。

S 指社会环境（Society），包括一个国家的居民文化水平、宗教信仰、风俗习惯、审美观点、价值观念等。

以在中国做生意为例，偏重个人交情，所以国人谈大生意，往往亲自拜访对方，在酒桌上谈生意。经验老到的生意人都认为，能够在酒桌上谈得尽兴，把合作意向大体谈下来，就算很成功了。既然谈生意就要喝酒，茅台酒成了商务消费的名酒代表，消费量居高不下，也就不足为奇了。林园说："我认为，白酒是中国人的国酒，商人请客都是喝白酒的多，喝高档白酒比喝其他酒档次高。"

T 指技术环境（Technology）。这是影响行业的技术变化，包括国家政策对行业技术的投资政策、技术动态、技术的商业化能力、专利及其保护情况，等等。

例如，中国重视发展互联网科技企业，深入开展"互联网＋"行动，在国家层面上，实行包容又审慎的监管政策，并推动大数据、云计算、物联网的广泛应用，导致互联网产业蓬勃发展，传统产业被深刻重塑。正是技术环节上一系列宽松的国家政策，让中国的互联网行业取得了快速、巨大的进展。

PEST 方法，主要用于分析企业所处的宏观环境。这是企业所处的外部环境，一般不受企业掌握。当研究企业时，特别是老字号企业，你需要考虑海外市场的开拓情况。林园曾说："贵州茅台、五粮液已经有相对稳定的客户群，随着中国的强大，中国商人会把这种酒文化带到国外。中国的老字号有走出国门的实力。"使用 PEST 方法，特别有助于你进行国际化的投资分析。

在上述行业研究方法中，林园最重视常识分析法。他说，"投资主要依靠常识。对于行业研究方法，一定要真正消化，否则不如不用。"

林园投资秘诀：要建立国际化的投资视野，跨越国界的证券投资活动已成为常态。

◎ 得出分析结论

掌握了情报，再加上科学的分析方法，你就能推导出一些行业结论了。开始之初，你的结论未必准确。不过，你可以先记住林园的一个行业结论：绝大部分行业都是产能过剩的，导致企业的盈利变得困难，进而影响到企业的股价。例如，林园观察了过去 30 年的世界股市，只有少数部分，大概只占总市场 5% 左右的股票值得投资。这样，在做出行业结论之前，你就有了绝大多数行业不值得投资的警觉。为了使你的分析更加严谨，你还需要请教行业专家。

在实战中做行业分析，非常考验一个人的理解能力。

首先，你需要运用上述知识，预测行业的未来方向。

其次，你需要与他人的研究成果进行比较。

例如，有些研究者可能更重视国家政策和行业法规的影响。这类政治因素甚至会严重改变行业格局。有些人则更重视公司本身的发展。如果必要，你可以采纳其意见，更新你的结论。

最后，请教业内专家。

如果你的预判得到了目标行业专家的认同，证明你对行业趋势的判断通常是准确的。

以林园对医药行业的研究为例，为了对医药行业形成清晰的判断，医生出身的林园在形成了自己的预判之后，就会向医学专家虚心请教，希望精确地了解三大病患者数量的增长情况。他会详细研究针对三大病并发症的中西药使用情况，深入了解医院不同科室的扩建情况。从身处一线的医学专家获取权威数据和意见之后，林园再与自己的预判进行对比，看看自己是否出了差错。经过这样周密的研究，林园才最终得出医药行业值得投资的结论。

总之，你搜集的情报越多，使用的分析方法越多，对于行业未来的画像就越清晰，从而可以得出合理的结论。

> 林园投资秘诀：行业宏观投资需要集思广益，积累经验。

◎ 复盘：精益求精

每隔一段时间，你就需要复盘。通过当前的事实，来评估当时的预测是否正确。

林园在 2005 年看好客车制造业，当时他对宇通客车进行了分析，认为客车将成为继房产之后新的消费热点。随着全国高速公路网的建成，客车的需求量也会持续增长。林园对这家企业印象非常深刻。客车生产以人工为主，而中国 2005 年的劳动力价格低，正好是强项。宇通客车的国外竞争对手都不再大量生产客车，而国际市场的需求将主要由中国企业来满足，林园去宇通客车考察时，正好看到准备出口中东某国的大批宇通客车。林园当时预测说，像宇通这样的客车生产企业正好遇到国内和国外客车需求双重增长的动力，未来 3 年，企业的盈利增长将是看得到的。

后来，林园的判断得到了验证，在盈利的推动之下，宇通客车股价得到大幅提振。通过复盘，林园就对自己的行业判断能力更有自信。

经过复盘得出的经验教训，就可以应用于下次的行业分析。分析、预测、验证、复盘，长年循环往复，你的行业分析能力就会逐渐提高。

> 林园投资秘诀：通过复盘、总结得失，提升行业判断的能力。

第六章

垄断：
超额利润的核心

投资就是"垄断"两个字。就算我们死了，这类垄断企业都能持续给后代提供分红和股价上涨的收益，我们还怕什么。

——林园

垄断对应的英文单词是"Monopoly"，它来自希腊语 Monos（独家）和 Polein（出售）。从字面意思就能看出，处于垄断地位的公司对特定产品或服务有着强大的控制权。这些垄断地位的公司都知道竞争对手的行为，并且掌握了定价权，进而获得高额利润。为了维持高额利润，它们通过行业壁垒或者政府干预，限制竞争对手进入。这样，通过政治、经济、法律、专利等手段，垄断企业建立了绝对优势。

中文"垄断"二字，来自战国时代的孟子。他要求商人"必求垄断而登之，以左右望而网市利"，就是一定要追求垄断地位，以最高的价钱卖掉自己的货物，独占市场利润。垄断的目标是获取超级利润，形成一种强大的控制力。无论古今中外，垄断都为有识人士看重。秦国通过商鞅变法，形成了国家垄断，很快就见到了成效。汉武帝通过盐铁专卖等垄断手段，迅速从国家层面集聚了大量财富，最终大破匈奴。

一个国家都能通过垄断确立优势地位，何况企业呢。在企业层面上，巴菲特与搭档芒格看重具有垄断地位的公司。巴菲特说："理想的企业要有垄断地位，具有很高的定价能力。"投资就是选择有定价能力的垄断公司。巴菲特所选的股票大多是垄断性的公司，比如美国运通信用卡公司、迪斯尼等。迪斯尼拥有的动画片资源无人可以替代。在巴菲特看来，理想的企业要有垄断地位，具有很高的定价能力。正因为如此，巴菲特投资的大部分企业具有垄断地位。垄断企业是巴菲特投资理论的核心，特别是对于普通投资者来说，持有具有成长性的垄断企业的股票，这是持续稳定获得高额收益的最佳途径。

林园同样看重垄断企业的价值，他说："垄断企业的利润大家都见识过，尽管人们在消费市场上痛恨这些垄断企业，但在投资市场中却人人争抢。"如果你投资了那些在红海里搏杀、比拼价格的公司，就是犯了投资的大忌。

重视垄断，是缘于竞争之恶。林奇说："竞争会危害人类财富。"无论中外，除了少数的垄断行业，大多数行业的内部竞争都很激烈。面临不同竞争压力的企业，往往呈现出不同的生存状态。那些没有垄断能力的企业，提供的产品和服务大同小异，竞争者之间没有太大的差别。以今天的电脑、汽车、航空公司、银行业和保险为例，竞争已经变得很常见。尽管这些大型企业都配备了庞大的广告预算，营销手段无所不用，要想有效地区别彼此之间的差异，仍然极为困难。既然产品相似并且大量供应，这些陷入竞争的企业只能在价格上互相较量，拼命地把产品价格压低，甚至比成本高不了多少。陷入竞争泥沼的企业赚钱特别辛苦。正因为竞争之恶，林园最终选择了垄断企业。同样，在巴菲特看来，市场由一小群垄断企业和大部分无垄断能力的企业所组成。后者中的大多数是不值得投资的。

林园说："垄断包括从市场的充分竞争中杀出来的强势企业，也包括老祖宗留下的倾向于天然垄断的企业。从垄断地位的企业里面只投那些龙头公司，远离那些没有垄断基因的企业，从而控制做生意的风险。切记，做生意的诀窍就是控制风险，而风险来自竞争。我们再在垄断上进行细化，只投与嘴巴消费相关的刚需型垄断企业，最后再苛刻一点，加上成瘾的标准，就是用户会深深依赖某种产品，永远要消费它。具备这些条件的股票，才是好的投资标的。"

> 林园投资秘诀：投资就是投垄断，重视那些建立垄断地位的优质企业。

◎ 垄断的七大特征

列宁曾指出，行业的集中发展到一定阶段，就会自然而然地走向垄断。因为几十个大型企业彼此容易达成协定。另一方面，正是企业的规模巨大造成了竞争的困难，巨头企业可以轻易地打压后来者，产生了垄断的趋势。林园看中那些居于垄断地位的企业，认为它们具有七大特征。

独家生意

垄断企业做的都是独门生意，形成了特有的门槛。一般企业生产不了它们的产品。林园说："以贵州茅台为例，贵州茅台的主要收入来源就是茅台酒。因为生物菌群和特殊的气候等因素，茅台酒离不了茅台镇。别的地方生产不了茅台酒。片仔癀起源于明末，同样也因疗效而驰名中外。片仔癀上市公司的核心产品也主要来源于一种药——片仔癀。因为麝香等原材料的限制和国家保密配方的原因，别家也生产不了这种药。同仁堂也就那么几种核心产品——安宫牛黄丸、六味地黄丸和牛黄解毒片。云南白药也是围绕它的白药发展起来的。一般的企业生产不了这些产品，这就是垄断。因此这些企业走向世界也是迟早的事，一种产品如果不好，它是不会传承下去的，早就被淘汰了。"在判断医药股的垄断性时，林园明确地强调独门生意。他说："最好投资独家产品，不是独家产品不要去投，看都不要看。"

林园投资秘诀：垄断地位的企业有本事做独家生意。

需求旺盛

只有需求旺盛的行业和产品，才能源源不断地带来营业收入和高额利润，才能产生垄断。需求旺盛，来源于极其庞大的市场规模。

林园说："我们看垄断，不能只看它供给端的地位。就算是供给端处于垄断地位，可是没有需求，就不能算真正的垄断，这样的企业没有处在一个很好的赛道上。比如贵州茅台，从来都是商家先交钱后拿货，开着货车排队抢购茅台酒，这样的需求才是真正旺盛的。"

林园投资秘诀：有庞大的需求，才有丰厚的垄断利润。

毛净率稳中趋升

从利润角度看，垄断行业具有较高的行业壁垒，一般企业很难进入，因此，这类企业能持续不断地获得大大高于社会平均利润率的垄断利润，尤其是行政垄断型行业，其未来的收益稳定而且确定性高，如上海机场等。投资垄断企业，在于获取丰厚的利润。

为了识别垄断企业的利润情况，林园提出了一个关键财务指标，这就是毛利率。他认为："毛利率的变化不能为负数。今年为负，明年还是负的，那是不对的。有垄断优势的企业，不光毛利率高，毛利率的变化趋势还必须是正的。这说明企业具有更高的定价权，才是我们更加关注的对象。"

林园投资秘诀：毛利率高且趋升，意味着超额利润。

产品不会降价

大多数垄断企业，拥有众多普通企业不可比拟的市场优势。一个主要的优势是，它们拥有随时抬高价格的能力。垄断企业的产品不会降价，更不会大幅降价。林园不会买进那些产品降价的公司股票。林园谨慎地避免竞争，远离那些陷入竞争、无力胜出的企业。

林园说："真正能赚钱的只有垄断公司，所以我们长期投资垄断公司。垄断公司的产品处于垄断地位，能自己说了算。比如，有一家上市公司的产品老是提价，很多记者批评这家公司年年提价，这家上市公司的董秘就急眼了，说道：'我想卖什么价格就是什么价格。'这看起来是个笑话，但是真正的垄断企业确实是这样。它掌握了定价权。垄断企业就是独门生意，而且市场无限大，所以，这位公司董秘说得对，有资格说这样的话。你买垄断公司的产品，一定是先交钱才能买得到的。所以，这就是垄断公司一个非常高的壁垒。"

这里就出现了一个假性垄断的概念。

由于中国的特殊国情，一些行政垄断行业中的企业会长期亏损经营，从而以较低的价格向居民提供产品和服务。这种社会福利通常由政府来买单。由于价格被限制，这类企业无法取得超额的垄断利润，也就无从建立强势的垄断地位。它们就被林园视为假性垄断。林园不会投资这类假性垄断的企业。

另外，在竞争行业中，也有一类假性垄断。这类公司的产量和销售很大，貌似从激烈的竞争中杀出来的行业龙头，但是这类公司无法建立垄断利润。由于行业内的竞争始终没有削减，这类行业龙头只能通过持续的价格战，维系市场占有率。它们无法掌控，无法取得垄断性的利润率。

以2020年的家电行业为例，林园选择了回避。虽然中国的家电业已经做到全球第一，但是，林园看到家电不但没有涨价，甚至还在降价。这说明行业的竞争依然激烈，龙头企业也无法建立真正的垄断利润，因为中国家电业并没有形成真正的定价权。所以，尽管中国家电业居于世界领先的地位，林园却不参与投资。

垄断企业可以持续提高其产品和服务的价格，获得较高的资本投资报酬率，而不用害怕会失去市场占有率或销售量。只有掌握了定价权，并且获得了源源不断的超额利润，垄断公司的地位才能确立。

● 　　林园投资秘诀：产品不降价，是真正的垄断特征。

品牌力强大

垄断型公司大都占据了用户的心智。在日常生活中，我们常常有这样的体会：虽然同样的商品成千上万，可是每个用户都喜欢盯着自己常用的少数几个品牌，而对其他品牌不屑一顾。为什么？这是因为消费者喜欢这些品牌，只愿意为这些品牌花钱。反过来说，这些品牌对他们形成了消费垄断性。

显而易见，某种产品或某个企业一旦建立了强大的品牌，形成了垄断性，财源就会滚滚而来。举个最简单的例子：就算是普普通通的剃须刀，女人们都为老公专门盯着一个品牌买，对其他品牌不闻不问，导致这家剃须刀企业的产品供不应求，还用担心这家企业赚不到钱吗？源源不断的丰厚利润流入企业的钱袋子里，垄断地位才能得到确认。

林园说："同仁堂也是我的重仓股，同仁堂生产的安宫牛黄丸、牛黄解毒片在市场上一家独大。除了同仁堂，还有几家企业也生产这类药物，但基本没有销量。"同样的药物，因为品牌力不同，有的产销两旺，有的却买者寥寥。

巴菲特说，要检验某家企业是否具有垄断性，办法很简单。那就是：如果竞争者在不亏本的前提下，向这家垄断企业发起挑战，能够对这家企业产生多大的破坏力。

以挑战可口可乐公司为例，全球每个超级市场、饭店、电影院、旅馆、运动场甚至路边小摊贩都在卖可口可乐，这时候如果再冒出一家同行企业，打算挤占可口可乐的市场份额，并不容易。要知道，和这些销售渠道谈合作，就需要极其庞大的推广费用，何况消费者对于新冒出来的竞争品牌并不热衷。这就能证明可口可乐具有消费垄断性。投资股票，就要投资可口可乐这样的企业。

品牌的创建是非常困难的事情。中国白酒是一个注重历史沉淀的行业，茅台酒早就是中国名酒的代表了，而洋河属于后起之秀，作为模式创新的代表，洋河暂时无法与茅台酒站在同一水平线上。在饮酒者的印象中，茅台酒才意味着顶级白酒。如果在婚宴上安排了茅台和洋河，相信大多数宾客都会青睐茅台酒。

> 林园投资秘诀：强大的品牌，占据了用户的心智。

未来盈利确定

垄断企业的未来盈利性无疑更加确定。它们能够在较长的时期内保持优势，盈利高而稳。

例如片仔癀，公司主营产品片仔癀是名贵中药，其在肝病、肝癌等领域有独特疗效，还能消炎、解毒、缓解疼痛。目前市场上只有这一家企业可以生产片仔癀，它在行业内处于垄断地位。所以，公司未来盈利是可以确定的。目前购买片仔癀的人还是少数，随着消费升级，林园预测片仔癀的消费量还会增大，未来盈利高而稳，甚至还会持续增加。因此，林园预测片仔癀的未来股价或许会超越贵州茅台。

> 林园投资秘诀：垄断地位的企业未来盈利更确定。

进入门槛高

垄断企业通过许可权、技术、品牌、资源等多种途径，建立了高门槛，竞争对手难以进入。林园认为疫苗行业就是高门槛的行业。他说："我看好疫苗行业。因为疫苗企业有一定的门槛，比方说在中国昆明，那里有中科院培养的一些人才。疫苗行业是需要人才的，它是人才的聚集地。相信通过这次新冠疫情，大家会重视疫苗。特别是老年人，年龄大了以后害怕得重病，简单的病毒性感冒甚至都能让体弱的老人住进ICU。所以，打疫苗是预防疾病的一种方法。然而进入这个行业，需要跨越相当高的门槛，所以我看好疫苗行业。"按照《疫苗管理法》的规定，在二类疫苗招标中，只有3个疫苗产品在生产的企业才有投标资格，所以这个门槛设定是很高的，整个中国的疫苗企业也不过数十家。疫苗行业的门槛提高是趋势，这会导致行业集中，形成垄断。

在高门槛的设定上，以垄断公司的典型代表世界500强企业为例，它们在技术诀窍、创新能力、管理模式、市场网络、品牌形象、顾客服务等方面，都确立了高门槛，形成了保持垄断地位的核心能力。林园提到的高门槛，其实就是巴菲特护城河的概念。巴菲特说，他认定可口可乐、美国捷运、吉列这些企业能够阻击竞争对手。它们已经通过规模成本、转换成本和专利等方法，建立了宽阔的护城河，所以巴菲特长期持有这些企业的股票，收益超群。谁能找到拥有宽阔护城河的企业，谁就能获得股市长久的高收益。

> ● 林园投资秘诀：因为门槛高，垄断企业难以复制。

◎ 林园青睐的三类垄断企业

垄断企业也有好坏之分，林园会优中选优，选择最好的垄断地位企业。林园最喜欢的垄断企业是什么样子的呢？

拥有千百年的文化传承

林园认为，老字号品牌经历了千百年时间考验，它们的产品流传至今，一定是优质的，能够抵抗风险的。这类产品具有天然垄断的特征。商誉卓著的品牌意味着消费者的投票权，意味着企业对忠实消费者的垄断性占有，意味着激烈竞争中的滚滚财源，品牌占领了消费者的心智，是企业市场竞争力的主要动力。

例如，茅台酒就是拥有了千百年历史文化传承的垄断产品。据《史记》所载，公元前 135 年，往来云贵川的商人就提及了茅台镇的酱酒，宋伯仁的《酒小史》把茅台酱酒视为酒的始祖。茅台酒在酱酒的基础上经历了千年进化，是中国白酒传统酿造工艺的活化石之一。茅台酒有着千百年的文化传承，贵州茅台也因为生产茅台酒，而建立了稳固的垄断地位。

> 林园投资秘诀：投资拥有千百年文化传承的垄断企业。

从充分竞争市场中杀出的强势公司

林园看重从激烈的市场竞争中拼搏杀出的强势公司，认为它们已经通过了充分竞争的考验，建立了垄断地位，有望成为市场中的龙头老大。随着消费的升级，这些已经形成品牌的强势企业，会像出山老虎一样凶猛，它们会渐渐地提高产品毛利率，使利润有超预期的增长。在很多行业，龙头企业的集中度都是越来越高，这是产品更有保障的象征。首先，它可以实现规模经济，而且便于监管。其次，企业有足够的经济实力和创新能力，引领整个行业的发展。

但是，由于这类公司处于激烈的市场竞争中，作为取得龙头地位的强势企业，可以通过提高价格，维持垄断利润率。不过，以这种方式维持或改善利润率，通常只能保持相当短暂的时间。由于竞争会产生变局，林园虽然认同这类从激烈竞争中杀出来的强势企业，但是在投资时还是非常小心谨慎。他认为这类企业虽然处于强势地位，但是行业变局较大。林园会紧密地关注它们保持垄断地位的能力。林园通过毛利率等财务指标,采用实地调研等方式,对它们赚取利润的能力进行实时跟踪。当这类赚钱机器能力下降时,林园就会及时退出。林园在 2016 年退出了招商银行的投资,他认为银行业在未来会面临大的挑战,影响未来的赚钱能力。虽然银行股不排除继续上涨的可能性,但这种上涨是建立在银行业过往利润的历史惯性之上,确定性已经不高。

林园投资秘诀:投资充分竞争中杀出来的强势企业。

与嘴巴消费相关的垄断企业

与嘴巴消费相关的垄断是林园一生的追求。伴随中国股市一起成长的林园,在历经 30 余年牛熊更替的洗礼和沉淀之后,将自己的关注点锁定在与嘴巴消费相关的行业上。

2020 年,食品饮料行业的股价有了强势表现,以贵州茅台为代表的白酒股一路飘红,安琪酵母、伊利股份、涪陵榨菜、双汇发展、海天味业、恒顺醋业、中炬高新、安井食品、绝味食品等也都创下历史新高。食品饮料行业具有非常强的刚需属性,与老百姓的嘴巴消费息息相关,主要以内需为主,业绩的确定性非常高。历年以来,食品饮料行业都是长期牛股频出,这一行业的股票属于稳健、优秀的投资目标。林园关注着这类与嘴巴消费相关的企业,从中挖掘垄断地位的公司。

已经度过了 90 岁生日的巴菲特一生都在追求消费型的垄断企业。他投资与嘴巴消费相关的可口可乐、亨氏和喜诗糖果公司。对于这类居于垄断地位的企业来说,它们主要靠着品牌商誉之类的无形资产赚钱,技术含量不高,不需要投入巨额的研发费用,有充足的现金流,很少或没有负债。所有这些,都能保证这类企业有稳定的利润。另外,这类与嘴巴消费相关的垄断企业通常拥有强大的品牌商誉,使得它们有较高的耐力去承受通货膨胀所带来的影响。

林园投资秘诀:投资与嘴巴消费相关的垄断企业。

◎ 怎样形成垄断

垄断市场的结构分成三种类型：

一是行政垄断型市场，即政府及所属部门运用行政权力，以垄断经营、获取特许经营权等方式构造行业壁垒，使某一行业只有一个或几个经营者独占或分享该行业的资源和提供产品而形成的市场垄断。极端的行政垄断是国家层面的全面垄断。这在中国历史上相当普遍，例如商鞅变法和汉武帝实施的垄断政策。

二是自然垄断型市场，即由于技术和自然因素，某一行业只有一个或几个经营者独占或分享该行业的有限资源而导致的市场垄断。

三是经济垄断型市场，即一个或几个经营者，通过竞争、联合、兼并、购买形成了规模经济优势，控制了该行业产品的生产和销售所形成的市场垄断。

通常来说，企业可以通过几种途径，建立垄断地位。

林园投资秘诀：垄断市场有不同的类型，需要具体分析。

通过行政许可，塑造行政垄断

行政垄断是指政府用行政手段强制赋予某个单一企业经营的行业。在这一领域，政府不允许竞争或者用行政手段强制竞争处于一个能够控制的范围。所授权的企业生产某种特定产品或者服务。

这是一种最简单的垄断方式。政府向垄断型企业授权，只允许它提供某种商品或服务，其他企业不得涉足。这种行政性垄断会产生规模经济的效应，降低了成本，符合消费者的最大利益，最终让消费者受益。

试想一下，如果有 12 家电力公司展开竞争，它们各自为战，每家都在大街小巷里架设自己专有的电线杆或者电力铁塔。那么，你每天走出家门，都要小心翼翼地穿行于密密麻麻的电杆、铁塔和电线。可以想象，如果没有垄断型的电力公司，消费者将为此付出多少代价。同样，提供天然气、自来水的公共事业公司，和电力公司的逻辑是一样的。

以中国为例，提供自来水、天然气、电力、通信、电视广播的这类公用事业公司通常属于行政垄断之列。这类公用事业公司往往被允许垄断市场，否则，竞争可能导致效率低下，造成社会资源的巨大浪费。公用事业公司维护着广泛的基础设施，向消费者提供可靠的服务。其他公司不得复制现有的基础设施以提供自己的服务。当然，我国公共服务行业的利润受到严格控制，也就是上文提到的假性垄断。

以资本主义的样板国家美国为例，在自来水、天然气、电信和电力之类的公用事业上，美国同样以垄断或近乎垄断的方式运作。这类公用事业公司同样获得了经营垄断的许可。其业务运营和定价政策可能会受到地方和州政府的审查和监管。垄断特权通常伴随着越来越严格的监管审查。

这种行政垄断的公司具有对市场的控制权，具备了一种不可选择性。要么消费者选择这种唯一的服务，要么拒绝，没有第二种选择。当一家行政垄断的公司提供产品或者服务时，它就完全占领了市场，从而获得源源不断的现金流，竞争对手很难甚至不可能进入市场。一般情况下，企业需要经过行政审批后方可经营，其垄断优势才能发挥到极致。

行政垄断的历史由来已久。

在历史上，最有名的行政垄断公司是英国东印度公司（British East India Company）。1600 年 12 月 31 日，英王伊丽莎白一世向东印度公司颁发了皇家特许状，授予它从印度向英国进口货物的专有权。同时期的中国还处于明神宗朱翊钧统治时期。英王给予的特许权，使得英国东印度公司在成立之初就建立了垄断地位：禁止其他公司与该公司在东印度地区竞争；出口的英国商品免征出口税；特许权的有效期为 15 年，到期还可以申请延长。

这样，英国东印度公司建立了贸易垄断的特权。英国东印度公司 1874 年才解散，存在了 274 年，碾压现在所有的百年企业。凭借着源源不断的垄断利润，英国东印度公司成长为一家超级企业，在权力鼎盛时期，甚至成为印度实际的统治者，有权征税和指挥武装部队。它向中国输入鸦片，最终引

图 6.1　英国东印度公司是垄断型公司的集大成者

发了鸦片战争。从长远来看，英国东印度公司这种高度垄断的商业模式甚至影响了全球自由贸易的进程。

以同样的方式，政府甚至会自行建立并控制垄断企业。这种政府自行垄断的方式，通常是以国有化的名义进行。有一些国家将国有化推向极端，由政府控制着大多数的生产资料。

古代中国的盐、铁、茶长期属于官营的垄断事业，因为这类垄断事业能够产生暴利，一旦国家出现了财政危机，就能贴补国库的不足。中国历代王朝都实行禁榷制度，也就是政府对某些商品实行专卖，限制民间商业贸易，借以扩大财政收入。那些政府关心的商品，通常与嘴巴消费的生活必需品相关。例如，最常见的垄断商品就是盐，有些朝代还包括酒和茶。春秋时期，当时齐国的宰相管仲，与齐桓公有过一番富国强兵的讨论，其内容收录在《管子》一书中。管仲提出了"赋税于盐"，实行盐业专卖的方案，帮助齐国在短时期内实现了富国强兵。

值得一提的是，秦国商鞅变法也属于垄断案例。变法后的秦国将全部资源集中起来一致对外。商鞅实行了"壹山泽"政策，让国家实行盐铁专卖，只有公家才有资格出售盐和铁，私人不得经营。通过各地的盐铁官，秦国严格地控制着垄断产品盐与铁的生产与流通。《秦律杂抄》中记载秦国负责采矿、冶铁的官府有"右府、左府，右采铁、左采铁"，其官吏有"啬夫、佐、曹长"等，可见层级和规模不小。在《太史公自序》中，司马迁也提到了他的祖辈司马昌就担任过秦朝的主铁官。除了盐和铁，就连生产粮食的土地也是国家的。商鞅通过土地划分，对百姓进行了严格的户口管理。每户多少人、都是干什么的，种了多少地都需要进行登记。这样，秦王就可以清楚地算账，真正了解秦国到底有多少农民，有多少工匠，有多少青壮年，每年秦国可以收多少税，可以制作多少兵器，可以派出多少士兵，可以运送多少粮草，能打什么级别的战争。秦王通过算账之后，对这样重要的信息一目了然。商鞅变法目的性很强，通过鼓励耕种，让百姓使用国家垄断的土地生产更多的粮食，通过盐铁专卖得到税收，为国家的财政基础和军事工业打下了坚实基础。在战争期间，粮食、士兵源源不断地被送到战场，秦王脑中掌握着战力数据，心中有数。所以，商鞅通过垄断土地、盐和铁，进行变法，迅速建立了秦国的优势。虽说秦国没有中原肥沃的土地，但是通过垄断，集中了国家整体力量。商鞅与秦王就把秦国变成了一个崭新的样子。变法之前的秦国是农业欠发达的穷乡僻壤，且文化落后，整个国家没几个像样的文化人，在百家争鸣的战国时代，没有一个秦国人扛起文化的大旗。但是，通过垄断，秦国迅速改变了财富格局，一跃进入了国富兵强的新时代。

汉初文景之治，主张无为而治，对盐铁采取了放任政策，使经营盐铁的商人富比王侯。但是，这些商人眼光只盯着私人利益，做生意却不懂政治，不顾匈奴侵略边境的公家之急，这让汉武帝十分反感。于是，汉武帝在桑弘羊的主持下"笼盐铁"，将盐铁的经营收归官府，实行专卖。对于盐的专卖，官府监督，盐民产盐，官府定价收购，并由官府运输和销售。对于铁的专卖，官府统管铁矿采掘、钢铁冶炼、铁器铸造和销售等一切环节。除了盐铁专卖，汉武帝把煮盐的牢盆之类工具也垄断了。"有人敢私自制作煮盐的工具，就在左脚戴上脚镣，没收非法工具。"除了盐铁，汉武帝对酒也实行专卖，甚至把白鹿皮列为行政垄断的商品。为了对抗匈奴，汉武帝搜肠刮肚，冥思苦想增加财政收入的方法。当时禁苑养了很多白鹿，他就要求诸侯们使用禁苑的白鹿皮作为玉璧的装饰品。因为皇家垄断了白鹿，白鹿皮自然可以卖出高价。一张一尺见方的白鹿皮能卖到40万钱，而一块苍璧则不过数千钱。这样，汉武帝垄断了日常民生必需的盐、铁、酒，再加上白鹿皮之类的奢侈品，获得了可观的国家税收。有了强盛的国力，大破匈奴也就不在话下。

由于汉武帝时期的财政政策有了立竿见影的效果，后世的统治者纷纷效仿。特别是盐，一直是历代封建王朝牢牢掌握的最重要的专卖商品，来自盐铁的收入是历代政府的重要财源，尤其是财政匮乏的宋代。

在国家层面上，垄断展现了惊人的、近乎立竿见影的成效。林园、巴菲特强调的垄断型公司，也是同样的道理。

林园重视处于垄断地位的国有企业。他认为国有企业是国家的命脉。这与私企强烈逐利的特征有所差别。所以，林园看重垄断地位的国有企业，这似乎与中国特殊的国情有关。从5000余年的华夏文明史中，无论是秦汉，还是当代中国，那些能够带来丰厚财政收入的行业与企业，往往都是以国有化的形式垄断。

在现代社会，许多国家对电信、邮递、烟草、燃料、高速公路等行业进行了国有化。以电信业为例，无论是互联网还是电信业，绝大多数国家都只允许一小部分参与者。以中国为例，电信业是由中国电信、中国移动、中国联通等少数企业垄断的。以中国移动为代表的电信企业在香港上市，国际投资者通过香港股市，可以分享中国电信业的成长利益。而中国的高速公路行业，同样属于行政垄断。

21世纪初，林园曾经调研过福建高速。这家上市公司管辖的福泉高速、泉厦高速有着突出的区域垄断优势。福建高速公路开通后，福州至厦门的铁路随即停运，同时福州至厦门的空中航班也明显减少。早先由铁路和航空承运的客流与货流有相当部分由福建高速公路完成，这使公司形成了突出的地域性垄断优势。另外，福建省公路运输的地位显著，山区丘陵地形占到全省面积的80%以上，特殊的地形结构决定了公路运输在福建省的特殊地位。既有行政垄断的地位，消费者又对公路运输有着强大的依赖，这正是林园看好福建高速的理由。

图6.2 福建山多，公路在福建有特殊地位

通过立法等方式，政府可以控制行政性垄断的走向。例如，将垄断状态下的电力公司进行分解，形成数家公司，从而产生一定程度的竞争。

对于行政垄断型企业，投资者需要关注政府政策法令的变化。

以中国联通为例，这是第一个集团层面进行混改的央企，混改以后，2018年就扭亏为盈，而且主营业务收入占比下降，新增业务增长迅速，整体营业收入并未出现滑坡而是保持平稳。2019年，中国联通实现了46亿元的净利润，从数据来看，效果是明显的。政策法令可以改变行政垄断企业的走向。

总之，行政许可可以形成行政垄断行业，甚至达到国家垄断的程度。

林园投资秘诀：中国具有行政垄断的历史传统，要重视那些行政垄断的优质企业。

通过专利权，构建专利垄断

专利权是另一种创造垄断的方式。

杜邦，它的名字并不那么广为人知，但它是全球领先的加工化学品制造商。例如，尼龙和莱卡就是这家美国公司的专利。杜邦拥有世界上最常用的两种合成纤维的专利权。尤其是在纺织领域，杜邦公司在市场上占据了主导地位。林园很关心的辉瑞制药，这家医药巨头掌握着万艾可的专利，通过治疗改善男性性功能障碍，在专利保护期内，为辉瑞和合作伙伴带来了非常大的利益。除了经济价值，万艾可甚至提升了辉瑞的品牌影响力，让人们意识到辉瑞实力卓越，有着强大的学术研发背景。

专利没有失效之前，可以让企业享受垄断利润。专利到期之后，同行企业就可以进行仿制。所以，专利失效的日期被外界密切关注，专利到期之后，同行企业趋之若鹜地制作仿制药。竞争产品出现之后，企业早先依靠专利保护获得的利润常常一落千丈，形成专利悬崖。

以欧美市场为例，对于超过专利期的药品，迫于仿制药的竞争压力，药厂多会主动降价。林园说："对于有专利保护的国外公司，我要注意专利的情况。在专利保护期内，那些药能流行一段时间，但是专利保护期一过，就很便宜了。"所以，拥有专利权，经常能够形成垄断局面；失去专利权，就容易丧失超额利润。

林园投资秘诀：对于专利垄断的公司，要注意专利保护期。

通过资源，建立自然垄断

资源垄断与资源条件的先天集中有关。由于这类资源在地理条件上分布集中，无法竞争或不适宜竞争，这样就形成了天然的垄断条件。特别是有一些资源对于最终产品有着至关重要的影响，当有限的关键资源由一家或数家企业掌握时，资源型自然垄断就出现了。

图 6.3 稀土矿

　　以稀土资源为例，稀土被称为"工业黄金"，具有优良的光电磁等物理特性，能够与其他材料组成性能各异、品种繁多的新型材料，大幅度地提高其他产品的质量和性能。我国稀土产量约占全球 80%，不少国家为了满足生活需要，每年都会花费大量资金进口稀土。

　　中国是全球唯一的提供全部 17 种稀土金属的国家，是全球最主要的稀土出口国之一。北方稀土拥有白云鄂博稀土资源，可以开发稀土精矿，对稀土产品进行深加工，这就自然地形成了垄断地位。钻石业的巨头戴比斯公司同样垄断着全球稀有的钻石资源，成为自然垄断的企业。这类公司的主营业务存在稀缺性，导致只有它们才能在独特的领域内经营产品或提供服务，从而形成了一定程度的垄断和不可替代性。稀土资源的供方企业具备极强的话语权。在稀土股的行情催化中，上涨都是由于稀土的供应端变化所主导。在调研时，我们要留意供应端的变化。

　　林园投资秘诀：资源垄断的企业，得益于天赐之福，躺着赚钱。

通过经营，形成市场垄断

通过经营，建立市场垄断，这是常见的垄断形式。这类垄断型企业的特长在于公司经营。它们能够控制生产成本，比同行公司更有效率，最终一个或几个经营者通过竞争、联合、兼并，形成了规模经济优势，控制了该行业产品的生产和销售，形成了市场垄断。

林园强调的从完全竞争中杀出来的公司，就是此种类型。

他说："我们投资了海天味业。我说，海天上市的首天，无论多贵，我们都要买这家公司的股票。为什么呢？我吃了海天的调味品之后，离不开它。我经常在家里做饭，用别的什么调味品做菜都是苦的。别的产品有什么 ISO 质量体系之类的，我都不感冒。我就选中了海天，认为它是没有竞争对手的。当年它的上市市值很贵的，达到 700 亿元，属于在竞争中硬生生打出来的垄断企业。能在竞争里面确立龙头地位，也是一种垄断的能力。"同样，曾经跻身世界首富王座的巴菲特选择的股票，大多属于在竞争中成名的优质公司，比如美国运通、迪斯尼等。迪斯尼拥有丰富的动画片资源，米老鼠、睡美人、灰姑娘、狮子王、白雪公主，都作为美国文化的一环，走进了全球孩子的童年，无人可以替代。

> 林园投资秘诀：从激烈的完全竞争中杀出的企业，必有独特优势。

通过创新，创造技术垄断

这类技术垄断型公司利用人员和知识，形成了强大的技术垄断，生产垄断型产品。由于它们掌握了关键技术，将竞争对手排挤出局，从而能够生产独家产品。

技术垄断是双刃剑。一方面，技术垄断可以保证企业占据有利地位，带来巨大的经济效益，"赢家通吃"，如手机完全取代了寻呼机，智能手机完全取代了功能机。由于技术垄断能够带来高额利润，企业为了追逐利润，就会加速研发，导致科技进步空前加快。但是，技术垄断带来了巨额利润，引发了更多同行加入战营，产生了更加激烈的竞争，也给企业造成很多隐患。

这种企业的垄断力是强硬又脆弱的。技术发展日新月异，为了追求技术垄断地位，往往需要巨额投入，倘若成本控制不当，企业必然陷入被动局面。

"不垄断，则淘汰。"我国有一些技术垄断型上市公司，主要集中在科技行业。这类科技股公司取得了短暂的技术性垄断之后，出产的新产品具备了自主定价权，使上市公司暂时取得高额利润。在产品产生高额利润的时期，股价往往水涨船高。然而，竞争对手纷纷加入，开始模仿甚至采用新技术，向该公司的技术发起挑战。最终，竞争对手上位成功，上市公司利润就会下跌，其股价往往也会随着公司利润的下滑而下跌。由于科技行业变化快，研发投入大，不好算清未来 3 年的账，所以林园已经远离了科技股的投资。

> 林园投资秘诀：技术垄断的企业前景难以预测。

通过资本，确立资本垄断

一些行业需要巨大的前期固定投资，中小型的创业公司无法进入这一行业。进入这类行业的公司，上来就高举高打，通过资本市场的投资并购等方式，先行做人。有了资本的加持，这类公司就能扩大生产规模，以规模经济创造经济效益，进而使公司压低价格，以至于竞争对手根本无法生存，最终建立了垄断地位。资本运作是这类公司成长的重要方式。

以 2014 年为例，由于昂贵的成本，70% 的团购网已经关闭，团购网站的竞争已经发展为资本的操纵。获得了腾讯 87 亿美元的扶持之后，美团（3690.HK）于 2018 年 9 月 20 日在香港交易所挂牌上市。在资本的推动之下，美团才能够从团购网站惨烈的竞争中胜出，最终将触角延伸至餐饮外卖、到店、酒店、旅游、出行，成为本地生活服务类超级平台。2020 年 8 月 24 日，美团市值已经达到 1.52 万亿港元。对于餐饮团购类的龙头企业，因为和吃喝有关，林园是看好的。

与吃喝相关的嘴巴消费型的龙头企业，一向是国际资本角逐的对象。2002 年 12 月，摩根士丹利、鼎辉投资、英联投资等 3 家公司一次性向蒙牛投资 2600 多万美元，3 家公司共持有蒙牛乳业 32% 的股份。此次注资是内蒙古民间一次性引进外资数额最大的项目，也是国内乳业获得海外投资的单笔最大额。当时鼎辉投资执行总裁说，大家都说中国人口众多、市场空间大，但真正与这么多人口挂钩的长期日用消费品不是特别多，汽车、房地产都只是有钱阶层的消费品，牛奶算是其中的一种长期日用消费品。因为资本的注入，蒙牛乳业迅速成长为与伊利股份分庭抗礼的乳业龙头。

总之，垄断就是指一家或几家厂商利用对某一产品排他性的控制权，制定垄断价格，获得超额利润。它们会设置行业壁垒，阻止资源在行业的进出，从而限制本应出现的自由竞争。正因为垄断地位的建立，这类企业可以轻松地赚钱，从而成为林园选股的重要目标。

> 林园投资秘诀：资本垄断的企业有能力高举高打，重创那些缺钱的竞争对手。

第七章

成瘾：
利润持续的源泉

从古至今，因为喝酒死人的事件常有发生，然而这也不能影响酒鬼对酒的嘴馋。

——林园

林园强调说，有一些垄断企业具备了成瘾型产品。香烟、白酒、咖啡、依赖型医药之类的产品都属于成瘾产品，让人们无法割舍。这类垄断地位的企业在成瘾型产品的助力之下，具有很大的赚钱确定性。

◎ 瘾品：反复消费，欲罢不能

瘾品能够让用户重复消费，最终对其产生依赖，变成忠诚的顾客。一旦体验过瘾品，你终身迷恋瘾品的可能性是非常大的。

瘾品都是有利可图的资源，大多数都成了全球性商品。它包含酒、咖啡、含咖啡因的饮料、烟草，无法脱离的救命药，等等。

> 林园投资秘诀：瘾品产生了持续稳定的消费，是盈利的源泉。

医药瘾品

赖以治病、无法脱离的药物也属于瘾品之列。治疗三大病的医药也能成瘾，这类糖尿病、心脑血管病、高血压和相关并发症的药物是老年人无法离开的。中国正在进入老龄化社会，许多老年人需要随身携带这类药物。他们对这些药物具有依赖性，需要反复消费，既离不开这类药物，又不能多吃，不吃就不舒服，头脑整天昏沉沉，所以就需要反复吃药。这种服药特征决定了相关医药公司能够获得稳定的收入。

> 林园投资秘诀：成瘾型药物让病人无从摆脱。

咖啡

咖啡能成瘾。咖啡的发祥地是偏远的埃塞俄比亚高原。遵循着瘾品自我传播的规律，欧洲咖啡消耗量在 18 世纪出现激增现象，年消耗量大约从 900

多吨增加到近 55000 吨。时至今日，有些国家每天的人均消耗量超过了 4 杯咖啡，咖啡因含量超过了 400 毫克。

因为咖啡而建立垄断地位的，是著名的雀巢咖啡产业。围绕着咖啡的瘾品效应，雀巢收获了持续的利润，并以此为基础，最终建立了数十个品牌和百余种产品，在全球处于寡头垄断地位。

 林园投资秘诀：咖啡能成瘾，并且咖啡制品与嘴巴消费相关。

可乐

可乐也能成瘾。可乐的口感很好，尤其是冰镇的可乐清爽可口，很受人们欢迎。但喝可乐能上瘾的主要原因，是可乐中含有咖啡因，喝后会让人感到兴奋，也能提神。第二次世界大战期间，可口可乐公司为美国军方大量供应这种饮料。战后，全球化的商机出现，可口可乐公司走上了扩张的快车道。当前，可口可乐公司正在继续扩大其在全世界饮料市场的霸主地位。

在巴菲特眼里，可口可乐公司的股票就是值得重仓的最佳股票。这是巴菲特大规模投资、大规模获利的投资典范，为他登上世界首富的宝座做出了极大的贡献。巴菲特在 1988 年、1989 年两次买入可口可乐股票 2335 万股，买入总成本约为 10 亿美元。两年后，通过伯克希尔公司 1991 年年报，巴菲特与股东们分享了投资成功的喜悦："我们两年前大批买入可口可乐股票的时候，伯克希尔公司的净值大约只有 34 亿美元，到了 1991 年，我们持有的那些可口可乐股票的市值已经超过了这个数字。"

有四个著名的饮料品牌来自可口可乐公司。它们分别是：可口可乐、雪碧、芬达、健怡。可口可乐公司每天的全球销售量高达 10 多亿罐饮料产品，占据了全球软饮料行业总销量的半壁江山。伯克希尔公司拥有可口可乐公司 8% 的股份，这就意味着，相当于巴菲特领军的伯克希尔公司每天都会收到 1 亿多罐可口可乐的销售利润。

巴菲特很看重品牌。当可口可乐已经成为饮料文化的象征时，他相信，无论什么力量都无法摧毁可口可乐品牌了。因此，他不止一次地表示，可口可乐公司的股票他会终身持有，死了都不卖。

巴菲特不但决心要永远持有可口可乐股票，而且还多次后悔说，买这只股票的时机太晚了。在伯克希尔公司 1989 年年报中，巴菲特感慨地说，他第一次喝可口可乐时，就喜欢上了它，并且看到周围邻居也都非常爱喝它。喜欢可口可乐的人群这样多，正是投资可口可乐公司的理由。

更重要的是，可口可乐公司目前依然在不断增强全球市场的占有率。在它原有的城堡周围，可口可乐公司继续挖掘新的护城河。以中国市场为例，可口可乐公司直接面对年轻消费者的市场营销做得非常到位，利用文体明星的代言效应，以及赞助大型文体活动，迅速捕获年轻消费者的心。相比之下，许多饮料公司每天都在缺乏护城河的激烈竞争中浴血奋战，差别之大，可想而知。

> 林园投资秘诀：巴菲特与林园都看重与嘴巴消费相关的瘾品。

巧克力

巧克力的成分并不复杂。其中的糖分赋予了巧克力回味悠长的甜蜜感，可可粉使巧克力具备了独特的风味，而一些微量而重要的成分——咖啡因、花生四烯酸氨基乙醇、色氨酸和苯乙胺让人产生喜悦感。

在 17 世纪和 18 世纪的欧洲，巧克力是贵族饮料，并被改进为加糖的热饮。西班牙、意大利、法国的上流社会与教会权贵阶层，对巧克力都有着无比的偏爱。19 世纪，巧克力逐渐走向平民化。到了 1899 年，欧洲进口的巧克力已超过 4.5 万吨。巧克力既是儿童的美食，也是中产阶级用来表达情意的礼物。这种偏好延至今日，依然是人们反复消费的美食。巴菲特投资的喜诗糖果公司，就是以巧克力为主打产品的。

> 林园投资秘诀：巧克力是瘾品，与嘴巴消费相关，是美食文化的代表。

酒

酒能成瘾。林园在多次演讲中都提到酒的特征："在中国，尽管很多人不喜欢酒，但千百年来，喜欢喝酒的人对酒都是热爱的。那种喝酒的愉悦感是其他产品难以替代的。从古到今，因为喝酒死人的事件常有发生，然而这也不能影响酒鬼对酒的嘴馋。古人云，烟酒不分家，无酒不成席，无酒不欢，李白斗酒诗百篇，曹操刘备青梅煮酒论英雄，酒逢知己千杯少，同志们想想吧！"

斗酒诗百篇的李白一生爱酒。喜欢游历的他品尝了多地的名酒。他去金陵时喝酒，"吴姬压酒唤客尝"；他在长安去胡人开的酒店，"落花踏尽游何处，笑入胡姬酒肆中"；他开心时喝酒，因为"人生得意须尽欢，莫使金樽空对月"，"烹羊宰牛且为乐，会须一饮三百杯"；他悲伤时也喝酒，"抽刀断水水更流，举杯消愁愁更愁"；他到死也在喝酒，因为醉酒，失足坠入江中，"唯有饮者留其名"。

因为白酒能够让消费者重复买单，白酒企业的利润有保证，林园便钟情于白酒股。除了贵州茅台和五粮液，山西汾酒也是林园的重仓股。之所以看好这只二线白酒龙头，林园认为："山西汾酒当时市值较小，只有 463 亿元，小企业能让投资者享受股价上涨和股本扩张的双重收益，像这样具备瘾品的知名公司往往有前途。"

> 林园投资秘诀：白酒能成瘾，中国千年的白酒文化保障了白酒消费。

电子游戏

除了有形的成瘾产品，也有成瘾型服务，如电子游戏。中国排名前列的互联网企业腾讯和网易，就是以成瘾性的网络游戏为重要业务。

> 林园投资秘诀：成瘾型产品与服务，造就了丰厚的利润。

◎ 大脑的成瘾机制

成瘾，是由于大脑的奖赏区域获得了愉悦的体验，进而产生了继续索要的需求，希望重复获得这种愉悦的体验。

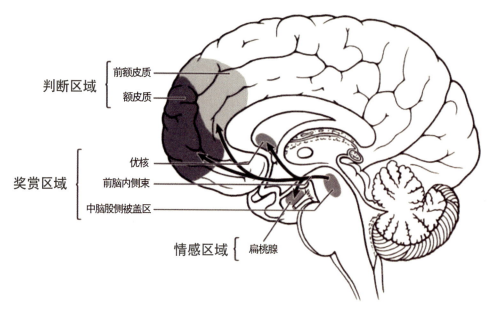

图 7.1 大脑的奖赏区域，影响成瘾行为

大脑的神经递质多巴胺被触发分泌时，会对大脑奖赏区域产生愉快的影响。这些神经元回路会被反复激活，直至这些回路达到了大脑奖赏区域的预期并产生了渴望的想法。

以巧克力为例，巧克力中的咖啡因能使人兴奋，花生四烯酸氨基乙醇是内源性的大麻碱类物质，与大脑中的阿片类受体相结合，促进大脑中产生快乐元素——多巴胺，能让人产生快感。至于巧克力中的色氨酸，这种人体必需的氨基酸是影响调节情绪的神经传导物的前导物质。而苯乙胺属于一种安非他命，常被说成是"爱情灵药"。巧克力是表达浓情蜜意的男女馈赠礼品，就是与食用巧克力的化学反应有关。所以，成瘾行为直接作用于人体，让人欲罢不能。

值得留意的是，人人都会对买来使用的瘾品量产生耐受性。这就会产生效用递减的情形，持续使用相同的剂量，却享受不到早先同等程度的愉快感，必须增加剂量才能维持原有的效用。这就表示耐受性产生了。经常喝酒买醉的人，会发现自己得比以前多喝两杯，才能有那种迷醺的快感，这就是对酒精有了耐受性。不过，林园说的成瘾，表达的是愉悦感导致用户反复消费，远达不到病态的程度。在理解成瘾这个林园特色的词语时，要注意和精神疾病中的成瘾区别开来。两者不是一回事。

林园选择具有成瘾性产品的公司，这类公司通过用户的持续消费，赚到的钱是源源不断的。成瘾性的产品，能够为垄断型公司再次构筑一道护城河。

> 林园投资秘诀：瘾品造成的人体愉悦感，让人欲罢不能。

◎ 瘾品打破麦肯锡魔咒

麦肯锡公司的研究显示，很少有公司可以连续 7 年让盈利稳步增加。在行业生产过剩的年代，企业赚钱难，连续 7 年都要让企业的年度净利润持续增加，难上加难。这种现象被称为麦肯锡魔咒。

然而，中国白酒业的龙头企业贵州茅台却凭借着成瘾性的茅台酒，硬生生地打破了麦肯锡魔咒。

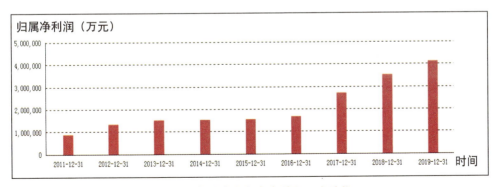

图 7.2　贵州茅台年度净利润加速增长

林园投资白酒股是从 1998 年五粮液上市开始的。他极善于观察，别人看不到的东西他却能看得清清楚楚，从而对事物的发展有前瞻性预判，总能抓住大机会。他虽然不喝酒，却敏感地洞察到白酒和抽烟一样具有成瘾性，不管穷人还是富人，只要沾上了白酒，就很难戒掉。它能给人带来精神上的快感，这种感觉不喝酒的人是无法体会到的。

为什么贵州茅台的净利润连年增加？这就关系到瘾品特色的消费升级。林园解释说："有钱人喝贵的酒，没钱人喝便宜的酒，都是要喝的。关键点在于消费升级，这决定了茅台酒越来越受欢迎。"

等喝便宜酒的人有钱了，他们也要喝贵的酒了。无形之中，便宜的酒是在给贵的酒培养潜在的消费者。随着消费升级，大家最终会选择高端白酒中的王者茅台酒。就这样，茅台酒的消费者能够源源不断地增加，从而推动贵州茅台的净利润逐年增加。白酒的瘾品属性，具备了让消费者反复购买的拉动力；消费升级，提供了让越来越多的人买茅台酒的推动力；贵州茅台又是垄断利润的享有者，这种赚钱机器自带驱动力。在三种力量的牵引之下，越来越多的消费者最终情定茅台酒。瘾品属性，再加上白酒行业的崛起，让源源不断的利润流向贵州茅台这家占有了垄断利润的公司，最终打破了麦肯锡魔咒。这就是林园"成瘾＋行业＋垄断"组合的威力。

林园说："选择公司，首先要选择规模巨大、正在崛起的行业；然后从这个行业里，选择有垄断利润的龙头公司；如果还不行，再从这样的垄断公司里，选择有成瘾产品的公司。"正是这样的优中选优，三重优势叠加在一起，形成林园特色的共振，才有了投资获利的高确定性。

林园投资秘诀：重视"行业＋垄断＋成瘾"的三重共振。

◎ 从医药成瘾中淘金未来

面对 2020 年之后的股票市场，林园更为看重医药行业。他希望从成瘾型的药品中找到投资机会。

　　林园说："在绝大多数行业产能过剩的时代，我们未来投资标的只有一种，就是医药，而且我只打算投糖尿病、心脑血管病、高血压三大病的医药公司。治疗三大病和并发症的药物是成瘾产品，病人对这类药品有依赖性。这样，我们投资这类医药公司，就有了赚钱的确定性，别的我就不投了。医学上的这三种病，都是成瘾的。古代皇帝活到我现在这个年龄差不多就死了，我们没死，不是因为医药进步，而是因为对症治疗，也就是成瘾性。全世界成瘾性的商品，过去 100 年平均 PE 大概是 37 倍。今天 A 股医药股的 PE 甚至还没这么多，所以放心大胆地赶紧投，现在就是建仓的时候。现在不买，20 年之后要跺脚，确定性 100%。"

　　作为行业投资的名家，林园已经通过家电、银行和白酒行业的投资，选中了多只长期上涨的大牛股，确立了自己的眼光。他瞄准的医药行业能否再续传奇，让我们拭目以待。

　　　林园投资秘诀：三大病的病患对药品具有依赖性，投资相关医药股。

第八章

医药：
投资未来的机遇

　　我的余生就投资医药股，可让我的资产再上一个大台阶。

——林园

林园在 2007 年之后，投入了更多的时间走访上市公司，参加股东大会。他发现了一个明显的改变，就是中国人的消费能力有了巨大的提升。在林园关注的衣食住行这几个领域中，一个明显变化就是去医院就医的人更多了，更多人希望享受高端的医疗服务。

糖尿病、心脑血管病、高血压三大病与缺乏运动、饮食过量等不健康的生活方式息息相关。以饮食习惯为例，当人吃进超量的油脂等食品时，人体会自动调节，但人体抗病功能和生理调节功能是有限的，年长日久，血液黏稠积累到一定程度，人体功能无力调节时，便表现出病态。慢性病从生病到发病需要多年的时间，这段时间就叫隐藏期。隐藏期内，人感觉不到有生病的迹象，这样就给预防带来一定难度。

林园多次在媒体上谈及医药股投资策略。在林园的能力圈之内，他投资于糖尿病、心脑血管病、高血压这三大病的医药公司；同时，他也投资于预防和治疗三大病并发症类的公司。因为这三大病无法根治，而三大病患者更多地死于并发症。林园对于自己的医药股判断能力颇具自信，"我是学临床的。只要这类病人还活着，他就要天天吃药。我相信未来医药行业中会诞生下一个超级大牛股。中国人生活水平在提升，都希望健康长寿，在医药上的花费也在逐年增加"。林园钟情于医药股，并且看好同仁堂，具体有哪些理由呢？他解释说："我们回头看 2017 年，在那时医药板块已经五六年没有启动了，一个关乎国计民生的行业不应该这么长时间在底部盘整。云南白药和同仁堂也是我的重仓股。同仁堂生产的安宫牛黄丸、牛黄解毒片在市场上一家独大，除了同仁堂，还有几家企业也生产这类药物，但基本没有销量。除此之外，在中药领域，像阿胶、虫草等其实也值得长期投资，未来的价值会不断增长，但是这些企业并不是垄断性企业，所以成长性会比云南白药和同仁堂差。"

● 　林园投资秘诀：伴随着消费升级，医药消费将大幅增加。

◎ 三大病及其并发症

糖尿病、心脑血管病、高血压被称为三大慢性杀手。在我国，三大病正在持续地蔓延，特别是三大病引发的并发症，给患者的家庭带来了灾难。三大病就像同根生长的孪生兄弟，不良的生活环境和饮食习惯是它们共同滋生的土壤。

对于治疗三大病的用药，林园观察到了病患的就诊习惯。他说："去慢性病医院就诊的人很少，除非是特别不舒服才会去看病。"特别是糖尿病，患病初期不易觉察，病人并不知道自己得了糖尿病。另外，一些家庭因为经济原因，觉得去医院花钱太多，能省就省，在患病初期没当回事，反而耽误了最好的治疗时机。

有研究表明：糖尿病、高血压引起的并发症最致命的是心脑血管病和肾病。医生出身的林园对三大病关注已久。他重视那些治疗三大病并发症的药物，讲到了并发症导致的后果。他说："三大病本身无法治愈，只能维持。治疗这三种病相关并发症的药，就是让病人的循环通畅。如果循环不畅，血液黏稠度高，就会烂胳膊、烂腿，甚至会死人的。所以，这类增强循环的药是必须要服用的。我对三大病跟踪了几十年，并且与医生大量沟通。到目前为止，从医疗费用上讲，糖尿病患者治疗和预防并发症的消费，大概是治疗糖尿病本身用药消费的 2 倍，甚至 2 倍还多。因为他吃了这些防治并发症的药之后，确实舒服，但是又不敢多吃，稍微一多吃，就想睡，同样很难受。所以，在投资医药企业时，我们首选投资这方面的中成药。由于中国正处于老龄化阶段，一旦治疗需求上去了，就会把这些医药企业养大，而且会迅速养大。"

● 　　林园投资秘诀：与三大病相比，治疗并发症产生的利润更多。　　●

糖尿病及其并发症

对于糖尿病的历史记载，可以追溯到公元前 1500 年。古代埃及人发现糖尿病患者的尿是甜的，能够招来苍蝇、蚂蚁，就称之为尿甜病。这就是今天的糖尿病。

一、糖尿病的成因

糖尿病的病因和发病机制比较复杂。特别是患者比重达到九成的 II 型糖尿病，它的成因包括人口老龄化、营养过剩、体力活动不足等因素。

二、糖尿病的趋势

与 40 年前相比，糖尿病患者数量呈现激增态势。这导致世界卫生组织（WHO）将糖尿病视为一种流行病，预测它将很快成为全球第七大死因。

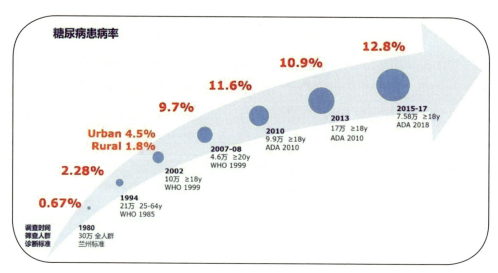

图 8.1　糖尿病患病率的增速正在加快

根据 IDF（International Diabetes Federation，国际糖尿病联盟）的统计数据，2019 年全球成年糖尿病患者达到 4.63 亿人，患病率高达 9.3%，患者数预计将在 2030 年达到 5.78 亿人，在 2045 年超过 7.00 亿人。其中，2019 年中国糖尿病患者 1.2 亿人，位居全球第一。糖尿病无疑是 21 世纪全球尤其是中国面临的最严重、最危急的健康问题之一。

三、糖尿病的并发症

糖尿病就像一个潘多拉魔盒，能引起 100 多种并发症，可能导致眼睛失明、足部残疾、神经病变、肾脏衰竭、心脑血管病变等严重后果。这些并发症会危及生命，患者可能面对截肢、中风等后果。如果孕妇是糖尿病患者，甚至会严重影响胎儿的生长发育。从并发症的发病机理讲，糖尿病影响胰岛素的调节，而胰岛素是细胞中葡萄糖摄取所需的激素，胰岛素的调节功能失调，导致患者体内产生高血糖。随着时间的推移，高血糖水平会使身体恶化，特别是眼睛、肾脏、心脏和血管。

林园很重视糖尿病的并发症，认为预防才是健康的保证。这类并发症让人求生不能，求死不得。并发症可产生视网膜血管病变，发生白内障、青光眼等眼病，甚至导致失明。足部受伤后，伤口难于愈合，可出现伤口感染和溃疡。严重者全身感染，甚至需要截肢。肾功能衰竭是糖尿病致死的重要原因，严重时需要依靠透析和肾移植来维持生命。另外，并发症还有各种细菌、真菌感染，例如反复发作的肾盂肾炎、膀胱炎以及疖、痈等皮肤化脓感染。这就需要药物等手段来减轻患者的痛苦。

林园投资秘诀：并发症的痛苦导致了病患必须依赖药物。

糖尿病的治疗

糖尿病目前还无法治愈，但可以通过科学合理的治疗方法，使大多数糖尿病患者具有与非糖尿病者相近的生活质量和寿命。

目前，糖尿病治疗药物包括口服药和注射制剂两大类。口服降糖药主要有促胰岛素分泌剂、非促胰岛素分泌剂、二肽基肽酶 4 抑制剂 (DPP4 抑制剂) 和钠 – 葡萄糖共转运蛋白 2 抑制剂 (SGLT-2 抑制剂)。注射制剂有胰岛素及胰岛素类似物、胰高血糖素样多肽 –1 受体激动剂 (GLP-1 受体激动剂)。

葡萄糖苷酶抑制剂适用于以碳水化合物为主要食物来源的东亚患者，阿卡波糖在我国取得了巨大的成功，为糖尿病口服制剂第一品种，华东医药实力较强。

双胍类药物历史悠久，作为糖尿病治疗指南规定的一线用药和联合用药中的基础用药，临床应用广泛，目前仿制药占据主导。

现在国内用于治疗糖尿病的胰岛素超过半数需依赖进口，林园认为，胰岛素药物的市场一定是非常大的，就做了一些配置。中国的药企开始研制胰岛素的时间比较晚，市值最大的也只有百来亿元，海外公司动辄就是 1000 多亿美元。现在国际上胰岛素的研制技术也还没有完全成熟，恐怕再有 10 年，国内的胰岛素市场，包括海外的胰岛素市场，慢慢都会被中国的药企蚕食。未来国内生产胰岛素的药企，有着广阔的发展空间，一是因为国内对胰岛素的消费能力本身就很大，二是因为中国药企能够最快、最节省成本地研制出仿制药，海外药企没有这种成本优势。比如抗生素，20 世纪 90 年代中国还主要依靠进口，后来白云山在 20 世纪末生产出我国第一款具有新型结构的半合成头孢菌素——头孢硫脒，到现在中国抗生素生产成本不到外国同类药的一半。

胰岛素领域，外资药企居于主导地位。三大巨头诺和诺德、礼来和赛诺菲占据了国内胰岛素市场的主要份额。国内领域提供第二代重组人胰岛素的A 股公司有通化通宝、复星医药旗下的万邦制药以及在香港上市的联邦制药。在第二代重组人胰岛素的细分领域，通化东宝是国内龙头企业。第三代重组人胰岛素的龙头企业是甘李药业和联邦制药。广州药业的糖尿病药物消渴丸也有着广泛的销售份额。

血糖自我监测系统是主要的糖尿病相关器械，欧美渗透率高达 90%，市场较为成熟。我国血糖自我监测系统渗透率很低，空间巨大，三诺生物在血糖自我监测器械上具有优势。

国内涉及糖尿病概念的上市公司大约 20 家，包括通化通宝、华东医药、长春高新、亚宝药业、三诺生物、常山药业、贵州百灵、以岭药业等。

林园投资秘诀：从治疗糖尿病和并发症的医药股中掘金。

心脑血管疾病及其并发症

心脑血管疾病是心脏血管和脑血管疾病的统称，属于林园经常提及的三大病中的一种。值得警惕的是，心脑血管疾病的死亡率居于第一位。全世界每年死于心脑血管疾病的人数高达 1500 万人，居各种死因的首位。特别是由心脑血管疾病所引起的心梗、脑梗等致死疾病更是让人闻风丧胆。即使应用目前最先进的治疗手段，仍有 50% 以上的脑血管意外幸存者生活不能完全自理，需要长期服药，给家庭造成沉重负担。

心脑血管疾病是常见病，患者人群主要是 50 岁以上的中老年人，发病率、致残率和死亡率较高，严重威胁人类健康。这类疾病发病快，很容易在短暂的时间内夺走患者的性命。

一、心脑血管病的成因

由于高脂血症、血液黏稠、动脉粥样硬化、高血压等，导致心脏、大脑及全身组织发生缺血性或出血性疾病，这就是心脑血管病的由来。形象地说，就是血液黏稠时，瘀血容易滞留在心脑血管内，发生心脑血管病。

心脑血管病多数是由高血压、高血脂、糖尿病的并发症引起的。少数心脑血管病是由心脏和血管本身发病引起的，如心肌炎、血管瘤等。

二、心脑血管病的趋势：患病率持续上升的第一杀手

随着中国老龄化社会的来临，心脑血管疾病呈现递增趋势。

依据国家心脑血管病中心组织编撰的《中国心脑血管病报告》，以 2016 年为例，心脑血管疾病的住院总费用：急性心肌梗死为 190.85 亿元，颅内出血为 254.19 亿元，脑梗死为 601.05 亿元，自 2004 年以来，年均增长速度分别为 29.15%、16.88% 和 22.24%；2016 年急性心肌梗死平均住院费用为 26056.9 元／次，颅内出血为 17787.0 元／次，脑梗死为 9387.0 元／次，自 2004 年以来，年均增长速度分别为 7.12%、5.90% 和 2.30%。

（1）心脑血管病患病率持续上升。

2016 年，心脑血管病的现患人数 2.9 亿，其中脑卒中 1300 万，冠心病 1100 万，肺源性心脏病 500 万，心力衰竭 450 万，风湿性心脏病 250 万，先天性心脏病 200 万，高血压 2.45 亿。

（2）心脑血管病死亡率仍居首位。

2016 年心脑血管病死亡率仍居首位，高于肿瘤及其他疾病，每 5 例死亡中就有 2 例死于心脑血管病，且农村高于城市。

三、心脑血管病的并发症

心脑血管疾病会引发严重的并发症。其常见并发症有心力衰竭、肺梗死、脑梗死、心肌梗死、猝死、肺心病、心脑血管硬化和多器官衰竭等。

因为关乎生死，所以患者一定要注意并发症的预防，平时一定要控制血脂和血糖的浓度。

> 林园投资秘诀：三大病并发症的医疗消费，甚至超过了三大病本身。

心脑血管病的治疗

患者一旦得上心脑血管病，不仅自己难以生活自理，而且给家庭造成很大的经济负担和心理压力。病人自己也常常因为拖累了家人，心情不畅，反而影响了疾病的治疗。对于心脑血管疾病，无论是从经济角度、家庭角度，还是从健康角度来讲，唯有预防才是万全之策。

在治疗心脑血管疾病的市场上，国内没有谁是绝对的霸主，现在还看不出谁有绝对的优势。中新药业以速效救心丸闻名。中新药业是一家百年老店，其旗下的达仁堂、乐仁堂正是北京同仁堂的源头。从品牌来说，中新药业的速效救心丸为国家保密配方，是许多老年人的随身携带药物。另外，天士力以复方丹参滴丸见长，步长制药的步长脑心通能治疗脑梗。以岭药业的通心络胶囊常用于冠心病。信立泰、华海药业、复星医药、恒瑞制药、乐普医疗都在参与心脑血管疾病的细分市场。

> 林园投资秘诀：从治疗心脑血管疾病和并发症的医药股中掘金。

高血压及其并发症

高血压是指以体循环动脉血压（收缩压和舒张压）增高为主要特征（收缩压 ≥ 140 毫米汞柱，舒张压 ≥ 90 毫米汞柱），可伴有心、脑、肾等器官的功能或器质性损害的临床综合症。

一、高血压的趋势

年龄越大，高血压患病率越高。高血压患病率与年龄有着明显的正相关，会随着人群年龄的上升而上升。50 岁以上人群是高血压患者的主力人群。

根据《中国高血压防治现状蓝皮书 2018 版》，全国年平均新增高血压患者 1000 万人。因为随着生活的改善，高脂饮食、吸烟、嗜酒等诱因导致病患逐年增多，特别是长期应酬过度造成的肥胖更易引发高血压。

二、高血压的并发症

长期高血压可引发心脏病、脑卒中、肾功能衰竭、眼底病变甚至失明等严重并发症。在高血压的诸多并发症中，高血压伴冠心病的发病率高达 83%，大多数高血压患者还会伴有不同程度的肾功能损伤。高血压还是引起脑出血的重要原因。同时，在治疗高血压的降压过程中，降压速度过快可能导致脑灌注不足，进而诱发脑梗死。

> 林园投资秘诀：年龄越大，三大病患病率越高，中国社会正在老龄化。

高血压的治疗

降压治疗的关键在于血压降低本身。因此，高血压治疗要使血压值达标，并实现血压长期平稳。在治疗效果好的情况下，高血压患者可以像正常人一样生活、工作，但需要终身服用药物。有一些中医治疗方法能够缓解高血压症状。国内降压药的创新药有阿利沙坦，属于信立泰的独家品种。华海药业、华润三九、易明医药、华润双鹤都是降压药物领域的参与者。

在降压药市场上，钙拮抗剂降压药（CCB）和血管紧张素 II 受体拮抗剂（ARB）两类药品占比超过六成。林园认为，这些降压药品类技术已经非常成熟了，基本是处于生产厂家混战的阶段，他基本不投资这两类药品企业。

林园投资秘诀：从治疗高血压和并发症的医药股中掘金。

◎ 三大病的连环套

在内分泌科医生眼中，得了糖尿病的人早晚会患上心脑血管病，糖尿病合并的心血管疾病也称为糖心病。最令人烦恼的就是三大病"拉帮结派"，"牵一病而动全身"。三大病会串通起来，一病接一病地把病患带入三大病的连环套，所以预防极为重要，良医治未病说的就是这个道理。

糖尿病、心脑血管病、高血压的恶性循环原理是：高油高热食物容易引发高血压病和糖尿病。持久的高血压会引起心律失常、心力衰竭等心脏病，还会引起脑出血、脑梗死、心肌梗死等并发症。持久糖尿病会引起糖尿病性高血压和糖尿病性心脏病。血糖越高血黏度越稠，越容易产生脑出血、脑梗死、心肌梗死、冠心病和猝死。从数据上说，血压升高是冠心病的独立危险因素，高血压患者冠心病的发生率比血压正常者高 5 倍，而且血压越高，持续时间越长，患冠心病的危险性就越大；糖尿病患者冠心病的发病率比非糖尿病患者高 2—4 倍，发病年龄也提前了 5 年。

因此，三大病无法治愈就在于三大病能够火烧连营，对病患造成内外夹攻之势。林园清楚地认识到，在医治三大病方面有着巨大的获利空间，所以他聚焦于三大病的投资。

什么不投治疗大病的医药股？林园说："大病也是好的，但是我只投成瘾性的医药股，吃了就离不了，就跟抽烟一样。大家可能觉得我是拍脑袋说的，不是，我是通过数据量化的结果。我的投资一定是能够量化的，不能量化就是把命运捏在别人手里，我的命运要掌握在自己手中。"

林园投资秘诀：三大病火烧连营，其治疗药物占据了医药行业的七成利润。

◎ 中成药与医药股

在治疗三大病时，一些经典的中成药很有疗效。林园看重这类经历了时间考验的老字号中成药。他说："中医药大都没有彻底的创新，都是老方子的再利用、老技术的再改良。首先，这类中成药风险比较小，都是传统的药方，经过了几千年的实证，副作用较小，可以起到维护健康的作用。其次，它的核心都是中药的再利用。比如说，国内还有一例中成药，本来是用于治疗肝病的，但突然发现它在其他并发症上的效果也非常好。"

同仁堂的安宫牛黄丸可以提高损伤脑细胞的耐缺血缺氧能力，延长其存活时间，为患者抢救赢得时间，从而减轻因脑细胞坏死导致的身体残疾。它可用于治疗中风昏迷、脑炎、脑膜炎、中毒性脑病、脑出血、败血症。当病人突发心脑疾病，出现头痛、头晕、四肢麻痹无力、偏瘫、口舌歪斜、口齿不清等中风症状时，先服用安宫牛黄丸应急，再去医院治疗，能够大大减少患者致残率及死亡率。

治疗心脏病的神药还有速效救心丸。在救命药排行中，葫芦瓶装的速效救心丸名列前茅。在 1983 年以前治疗心血脑管病的药物主要是硝酸甘油，但是副作用太大，而速效救心丸的副作用却非常小。速效救心丸的功效为增加冠脉血流量，缓解心绞痛。

林园在三大病方面的投资首选中成药。在 2018 年的时候，林园认为国内西药类医疗公司的估值已经贵了，所以主要买国内的中医药公司。最重要的是，很多中成药的利润非常高，比如速效救心丸的利润远比硝酸甘油高 10 倍。当前阶段，中国的植物药、中成药公司还处于小规模成长阶段，等它们壮大到一定程度，一定会确立其行业领先地位，甚至走向世界。

医药投资也有细分。关于西方的化学药，林园不建议投资。他说："我们基本没有投仿制药，所以对这一部分研究少一些。但我感觉仿制药企业将会变少，最后整个行业回归到一个常规该有的利润水平。一些没有产生规模效应的企业会消亡，仿制药企业的竞争会减少，资源向头部企业聚拢，成为批量化生产的一个行业。这和电视机行业有点像，因为技术水平差不多，只能是持续降价。凡是持续降价的行业最后都会形成寡头，因为大部分小企业都没了。我们主要投资那些针对治疗糖尿病、心脑血管病、高血压所产生的并发症的药，有一部分中成药，但不投仿制药。三种慢性病产生了医药行业70%的营业额，其中又有60%的钱是花在了缓解症状上。化学药品的消费很少，比如说一个心血脑管的病——心梗，在医疗手册里心梗的首选药物是硝酸甘油，但是硝酸甘油的消费量，全中国一年才不到4000万，太小了。所以一定要投人们日常不断在用的药。"

林园投资秘诀：投资治疗三大病的中药股。

◎ 医药股的推动力：中国老龄化

林园认为："中国正逐步进入老龄化时代，医药行业的确定性最高，收益最大。对比日本的老龄化时代，日本股市的估值一直下跌，只有大医药公司和丰田的股价在上涨。丰田股价上涨，是因为日本的核心竞争力是汽车业，

图 8.2　中国正在进入老龄化社会

有本事将汽车卖向全世界，扩大了市场空间。日本大医药公司的股价上涨，是因为老龄化时代，患病人数增多，对医药产生了旺盛的需求。另外，正因为老龄化社会来临，老年人的消费意愿降低，导致需求不足，再加上当前绝大多数行业产能过剩，都很难做。此外，以中国为例，人工成本增加太快了，对企业利润构成了挑战。所以，投资中国股票，一定要非常谨慎地选择赛道。"

由上图可见，中国正步入老龄化社会。

老龄化社会对经济和社会的影响深刻而巨大。2020 年 6 月 11 日中国发展基金会发布报告《中国发展报告 2020：中国人口老龄化的发展趋势和政策》，文中预测，2020 年中国 65 岁及以上的老年人约有 1.8 亿，约占总人口的 13%。到了 2025 年，65 岁及以上的老年人将超过 2.1 亿，约占总人口数的 15%。到了 2035 年和 2040 年，中国 65 岁及以上的老年人将达到 3.1 亿和接近 3.8 亿，占总人口比例则分别达到 22.3% 和 27.9%。如果以 60 岁及以上作为划定老年人口的标准，到 2050 年中国将有近 5 亿老年人。

老年人的数量越多，得老年疾病的人就越多。以高血压和糖尿病为例，老年人群的发病率远离于青年人。

国家统计局报告显示，中华人民共和国成立 70 年来，我国总人口由 1949 年 5.4 亿人发展到 2018 年的近 14 亿人。随着老年型年龄结构初步形成，中国开始步入老龄化社会。人口老龄化的加速，既是风险挑战，也是投资机遇。

中国 60 后正在变老

林园瞄准的 60 后人群，正是我国生育高峰期出生的。20 世纪 70 年代以前，中国一直保持较高的生育率水平，1949—1969 年，妇女总和生育率平均为 5.8，出生率和自然增长率平均为 33.9‰ 和 20.8‰，尤其是 1963 年，人口出生率甚至超过了 40‰，为新中国 70 年来的峰值。

近年来，全球出生率除印度和少数非洲、拉美国家，多数国家的人口出生率普遍都有持续下降的趋势。一些国家即便意识到了这种危机，也采取了相应的鼓励生育的人口政策，但效果是普遍不佳。老龄化在世界范围内已是普遍现象。

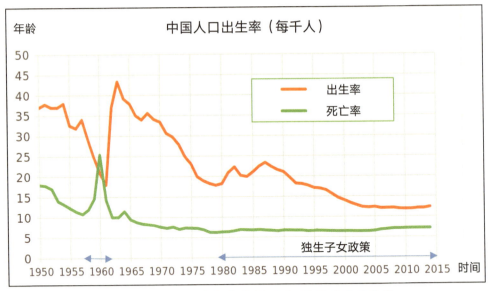

图 8.3　中国人口生育率在 20 世纪 60 年代达到高峰

中国老年人的预期寿命延长

2018 年，中国有 2.43 亿老年人，成为世界上人口老龄化发展速度最快的国家之一。2018 年中国人均寿命为 77 岁。《中国可持续发展总纲》提出，预计到 2050 年，中国人口的平均寿命是 85 岁。寿命从 77 岁延长到 85 岁，人们需要更多的医疗保健服务，花钱看病将成为老年生活的一道难题。

1963 年出生的林园说："我今年 50 多岁，正在变老，将来会成为老年人。我们这代人在中国大约有 4 亿。在未来 20 年，我们撇开股市大盘，只从医疗行业的角度，去赚这 4 亿人的钱。"他的这段话，是说中国 60 后人群正处于由中年末期进入老年的进程中，加上预期寿命的延长，预计未来的老年人群将有 4 亿多人。人老了，就需要医疗保障。在未来四五十年，这 4 亿老年人口都是医药消费的主力。

老人易得三大病

三大病与年龄息息相关。老年人的患病率明显高于 20 来岁的青年。年龄越大，越易得病，这是确定的。以糖尿病为例，医学研究机构已经得出了明确的结论——年龄越大，患病率越高。

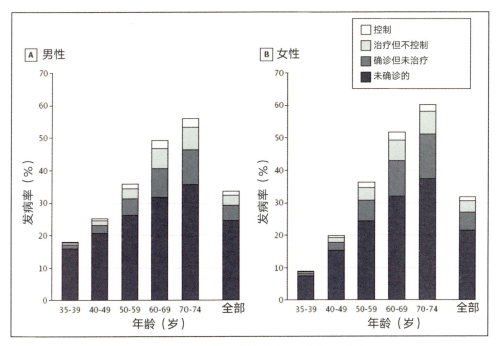

图 8.4　糖尿病发病率随年龄增长而递增

以天津地区 2015 年的调研样本为例，糖尿病的发病率在 70 岁年龄组达到峰值。其中，40 岁年龄组至 70 岁年龄组的人群有着逐渐递增的糖尿病发病率。

除了糖尿病，心脑血管疾病和高血压也呈现相似的态势：年龄越大，患病率越高。

医生出身的林园显然注意到了这种高确定性的规律。他用调研结果来证实自己的判断。

在过去几年里，林园调研了 100 家国内三甲医院，发现，每家医院大内科病人的增幅在过去 3 年几乎都出现了翻倍。"只要得了糖尿病、心脑血管病、高血压这三种病，就只能靠长期吃药控制，这就是成瘾性。"林园说，成瘾性的商品就是最好的投资标的。既然三大病的消费需求得到了清晰的确定，处于持续增长的态势，林园就坚定地投资三大病相关的医药公司。

林园看好和三大病相关的医药股。在评估股价高低时，林园继续使用了全球视野下的 PE 均值标准。他说："全世界成瘾性的商品，过去 100 年平均PE 大概是 37 倍，而 A 股医药股的估值目前还没达到 37 倍，所以正是买入的时候，这种确定性是 100% 的。"林园说。

　　另外，还有一个重要因素是行业未来潜在的盈利水平。国家发改委多次对药品价格进行下调，平均降幅达 70% 以上，甚至个别药品价格下降达 80% 之多。全行业药品价格下降，成本上升，竞争加剧，行业指数出现大调整，近期潜在进入者入侵的可能性很小。但中国经济持续增长，人口众多，加上老龄化社会的来临，导致用药需求不断增加。

　　林园投资的理念是选择规模巨大的朝阳行业，从中选取享有垄断利润的公司，它们能够提供成瘾性的产品。医药行业显然符合林园的投资理念。世界人口正在持续增加，全球老龄化是大势所趋，医药行业属于治病救人的行业，有着庞大的规模，并且正在扩张当中。一些医药巨头已经建立了垄断地位。在林园的能力圈中，他只关注治疗糖尿病、心脑血管病、高血压三大病，同时也对治疗相关并发症的中药企业高度重视。

　　林园提醒说，医院已进入真正赚钱的时期，地区一般的三甲医院过去 5 年能赚 5 个亿。机会在医药股，但是，对于医疗耗材、器械、养老服务，还要具体问题具体分析。林园认为，医疗器械也是不错的，但是医疗器械不像吃药，天天要吃，不吃不行。对医疗器械的需求是存在的，林园对于医疗器械，无法清晰地判断具体的需求量，今年这么多人买，那明年多少人再买，这种不确定性可能带来风险。耗材就更搞不清楚了，具体到每一个企业，到底能消耗多少台制氧机是很难计算的，而且耗材相对门槛低，容易引发竞争，而医药的门槛高，一个药的研发周期需要好几年。从算账角度看，药品就是快消品，林园在算账时，会算它最低能达到的结果，随着人的年龄增长，用药量是会逐步增加的，56 岁的用药量到了 60 岁只会增长，不可能减少。

　　跌到合理位置，再考虑进场。林园提醒说："过去医药指数是下跌的，甚至有一大部分股票跌了 60%—70%，甚至是 70% 以上，为什么？因为过去的位置太高了，或者说人为炒高了，该跌。现在的位置为什么要进去？因为我们觉得这个位置价值合理，可以买入。做最坏的结果，我们只买和三大病相关的医药股。"

　　林园投资秘诀：老龄化社会是推动医药股上涨的原始动力。三大病及并发症产生的医疗利润，占到了医疗行业的七成。投资要抓核心。

第九章

财报：
鉴别公司的明镜

好的投资人首先是一名财务高手。

——林园

林园很看重上市公司的财务报表，他说："通过财务报表，选出行业的龙头企业，然后实地调研，挑选性价比最高的公司来投资，这就够了。好的投资人，首先是一个财务高手。"

林园说："在企业的选择上，我们每年要对企业财务报表仔细观察，评估它的风险控制能力、盈利能力，并看它有没有垄断、独特的产品，就是我们所说的具有成瘾性的产品；还有经营者的道德风险非常重要，这家公司是否守法合规，乱来的公司肯定不能参与。"

财务报表永远是探索企业问题的秘密钥匙。优秀的财务报表往往具有令人着迷的魔力。财务报表完整地记录了钱进和钱出的全过程。它为股东提供了望远镜和显微镜，股东能够看到管理层的工作活动，以及企业的历史和当前的经营情况。有些人甚至使用财务报表预测企业的未来。

投资者需要具备识别公司的能力。不过，财务报表就像是一幅经过了美颜处理的画像，上市公司为了提升自身形象，会对财务报表进行润色、掩盖污点、消除皱纹，希望给我们展示一张明媚动人的照片。这样的效果，就是上市公司的首席财务官希望我们看到的东西。不过，作为投资者，财务分析的目标是寻找有竞争力的企业，自然需要识别那些刻意隐藏甚至舞弊的不诚实信息。所以，我们在分析财务报表时，看到收入持续增长的企业，不能立即认定是龙头企业；看到盈利能力强的企业，不能马上以为是赚钱机器。我们需要通过财报进行鉴别，避免选中做假账的不良公司。同时，我们要在解读财报时，真正掌握分析公司的逻辑，掌握了这种逻辑分析之后，才能透过数字，摸到企业的本质。

林园并不赞同粉饰财报的做法，"这家公司说我今天做账做到多少钱，我一听就烦。一般他说这话，我就打断，说你别说这个。实实在在赚了多少钱，看它的销售额，是否是与它的利润同步增长的"。

一提到财务报表，大多数人会认为那是比天书还难的东西。所以对大多数人来说，研究财务报表真的好难，一看到繁多的财务数字，就不禁头晕目眩。然而，有些人就是为财务报表而生的，能够轻轻松松地看出数字背后的企业真相。巴菲特为格雷厄姆工作期间，总能快速识别财务报表中的关键问题。格雷厄姆以才思敏捷著称，也是解读财务报表的行家里手，可是面对巴菲特的超能力，却只能自叹弗如。在巴菲特这类财务高手眼中，财务报表就是企业的 X 光片，显示了企业是否健康。企业的财务报表看起来大同小异，其实形似神离。每一家企业都有自己的气质，必须具体情况具体分析。

延伸阅读：财务报表是怎么诞生的

有一个采药小子每天上山挖药，下山赶集，出售自己的药材。他一个人干的时候，卖出多少药材，收回多少钱财，什么事情都一清二楚，装在脑子里。这时候，自然也不需要财务报表。

积累到一些本钱之后，采药小子开办了药材公司，雇用了一些挖药人为他工作。

公司越做越大，他又开始发行股票，从股市中筹集资金。购买股票的这些股东们分散在世界各地，远离药材公司。这些投入金钱的股东们，希望药材公司的管理层给自己一个交代。这个交代就是财务报表。这样，股东们无须费心劳神，前往公司检查员工效率，查看设备厂房。他们只需通知那些领取工资最多的管理层，为股东们预备好财务报表就行了。

财务报表说明了哪些问题，管理层用股东们的钱都干了什么，有没有赚钱，赚了多少……这就是财务报表的由来。

> 林园投资秘诀：理解公司财报，是投资的基本功。好的投资人，首先是一个懂财务的高手。

◎ 三大财务报表

投资者可以通过财务报表，衡量公司业绩，判断公司价值。财务报表中的那些数字，正是提供给投资者的，让他们评估企业的业绩，判断公司的价值。许多投资者着迷于均线、MACD 和 RSI 等技术指标，结果遭遇了交易瓶颈。例如，均线在股价的窄幅盘整区会反复缠绕，死叉之后又金叉。这时候，通过金叉进场、死叉出场的交易者会频繁产生小额亏损。小钱亏多了就是大钱。那些希望使用 RSI 背离进场的交易者，看到 RSI 发生了底背离，以为股价上涨，结果全部资金杀进去，正遇上主跌浪。

正因为技术分析有它的瓶颈，百思不得其解之下，一些交易者开始向林园学习，学习建立"投资就是选公司"的正确理念。他们期望选择一些赚钱机器类型的好公司。当这些好公司产生持续稳定的利润时，股价就有了上涨的动力，从长期看，企业效益与股价保持一致。这样，这些从技术分析派转移过来的人们懂得了财务报表之后，在挑选公司时，能够懂得那些股票背后的上市公司有着良好的利润。这样，他们心里就有了底，选中好公司的股票，安稳持仓，不再为那些短线进出烦心，也不被那些频繁的短线止损反复伤害。

学习财务报表需要一个过程。一开始，新手看到密密麻麻的数字，容易发怵。"什么是资产？什么是负债？"新手的脑子里可能一团糨糊。不过，通过本章节的学习，新手也很容易地对财务报表有一个初步和系统的认知。对于进阶的学习者来说，请阅读本系列图书之《财报掘金：林园选股的核心财务指标》一书。

对于公司而言，在经营的过程中始终要编制财务报表。这不仅仅是给自己看的，也是要给别人看的。想要吸引股市投资者的投资或者拉来战略风险投资，企业都必须拿出像样的财务报表。

三大财务报表是指资产负债表、利润表、现金流量表。

资产负债表是反映财务状况的，能够表现出公司的总资产规模。利润表是反映经营成果的，能够看出公司的主营业务收入及主营业务成本，从而能够得出净利润。现金流量表是显示公司现金流量的，能够看到资金的主要流入方向和流出方向。

总之，想要了解一个公司的话，从这家公司的三大财务报表入手，会得到很好的回应，进而去分析这家公司到底做得如何。

本章会对资产负债、利润表和现金流量表进行逐一分析，从不同的角度刻画企业的形象。

林园投资秘诀：三大财务报表立体地反映了企业的赚钱能力。

资产负债表

资产负债表还有一个称呼，叫作财务状况表。它列明了企业在报表日的财务状况，显示了企业的资产、负债和所有者权益。资产负债表是主要的会计报表。资产负债表就像一张清单，罗列了企业所拥有和所拖欠的一切。这样，人们对于企业的财务状况就有了直观的印象。

资产负债表体现了第一会计恒等式：资产 = 负债 + 股东权益。

这个恒等式，左边表示的是资金的去向，也就是钱花到哪里了；右边表示的是资金的来源，也就是钱从哪里来。

有人风趣地解释说："资产负债表很好懂。目前我拥有的一切，就叫资产。资产来源于两个方面，一个是本来就是自己的钱，另一个就是借来的钱，让自己先占有着。这样，本来就是自己的钱，再加上借来的钱，合在一起，就成了我现在拥有的一切，即资产。在资产里面，借来的那些钱就是负债，至于本来就是自己的钱，则为所有者权益。"

举个简单的例子。

采药小子打算购买一套加工中成药的设备。这套设备的总价是 300 万元。采药小子觉得中国老龄化来临，糖尿病患者日渐增多，买下设备好处多多，可以大量生产治疗糖尿病的中成药。

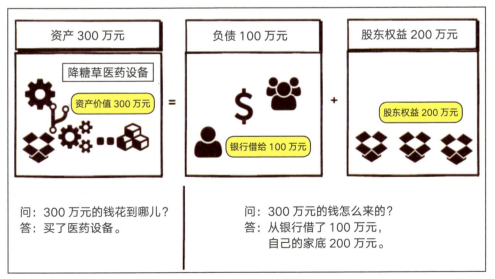

图 9.1　采药小子的资产负债表

他全部家底是 200 万元现金，离买下设备还差 100 万元。

采药小子没有足够的资金，于是便向银行贷款 100 万元。

总价 300 万元的医药加工设备终于被买下了，欢喜之余，采药小子需要盘算一下自己的资产和负债状况。

从采药小子的资产负债表可以看出，股东权益是 200 万元，表明他是一个创业者，事业刚起步。贵州茅台就不同了。

贵州茅台简易资产负债表（2019-12-31）

资产 1830 亿元 ＝ 负债 411 亿元 ＋ 股东权益 1419 亿元

图 9.2 贵州茅台简易资产负债表（2019 年 12 月 31 日）

从贵州茅台的简易资产负债表可以看出，股东权益是 1419 亿元，大约相当于整个宁夏 2020 年上半年的 GDP。

所以，资产负债表能够透露丰富的信息。例如，这家公司在报表日的资产、负债情况如何。这家公司是穷还是富，穷能到什么程度？是穷得家徒四壁叮当响，还是家有两担余粮勉强生活；富能富到什么程度？是丰衣足食小康生活，还是钟鸣鼎食、富可敌国。

林园提醒说："读报表要细心。要知道，不能够创造价值的资产是无效资产，特别针对 A 股上市公司，人工成本是在急剧上升。从公司资产负债表上看，就算是有再多的资产，如果人多，每天要消耗，还要发工资，总有一天要消耗掉的，如果不能创造价值的话，投资时也要注意这个。它是一环套一环的。"林园自己就会做财务报表，也聘请了不同城市的会计师帮助他研究报表。

资产负债表一般通过企业的年报就可找到，只需打开炒股软件，调出企业的财务信息栏目，就能查到。让我们来看一些重要的账户科目：

（1）资产：例如现金、不动产、设备和应收账款。

（2）负债：如已公告和未付股息、应付账款。

（3）股东权益：也称净价值，是资产减去负债的差值。

资产 ＝ 负债 ＋ 股东权益，这是最基本的原则，也是资产负债表的基础。

一切具体的会计处理都是由此衍生而来的。

首先，我们先看一看资产负债表的形式结构。

资产负债表是一张时点报表，也就是说，在某一个时点上，企业的资产负债状况如何。过了这个时点，企业的资产负债情况就会不一样了。所以，拿到资产负债表之后，首先要看这是什么时点的报表，这一点很重要。在使用资产负债表时，关键是看它指向的报表日。作为财务报表中最重要的一张报表，资产负债表是企业在报表日的定格照片，展示了企业在这个时刻的资产、负债及净资产数据。可是，昨天穷，不一定今天就穷；今天富，不一定明天一定也会富。所谓三十年河东，三十年河西，总有一些好的企业最终逆天改命，从默默无闻之辈成长为行业翘楚。财务高手的本事，就在于挖掘这类明日之星。

在资产负债表里，资产和负债的各自明细项目，都是按资产或负债的流动性顺序来排列的。

流动性高的放在前面，流动性差的放在后面。流动性是资产负债表中各明细项目放置位置的一个主要依据。以下图为例，贵州茅台的资产项目中，132.5亿元货币资金具有最高的流动性，可以迅速兑现，而25.19亿元在建设工程的流动性就比较差了。

资产项目	金额
流动资产	
货币资金	132.5 亿元
拆出资金	1174 亿元
应收票据及应收账款	14.63 亿元
其中：应收票据	14.63 亿元
应收账款	—
预付款项	15.49 亿元
其他应收款合计	7654 万元
其中：应收利息	—
其他应收款	7654 万元
存货	252.8 亿元
其他流动资产	2090 万元
流动资产合计	1590 亿元
非流动资产	
发放委托贷款及垫款	4875 万元
可供出售金融资产	—
固定资产	151.4 亿元
在建工程	25.19 亿元
工程物资	—
固定资产清理	—
无形资产	47.28 亿元
长期待摊费用	1.583 亿元
递延所得税资产	11.00 亿元
非流动资产合计	240.2 亿元
资产总计	1830 亿元

图9.3 贵州茅台资产明细项目（2019-12-31）

所谓流动性，就是兑现速度。以银行存款为例，它属于现金范畴，兑现时间为零。因为银行存款的流动性很高，所以在明细项目中就排在前面。同理，如果一项负债，兑现速度越快，流动性就越高。

资产负债表的左边是资产项目。资产被细分成了流动资产、固定资产及无形资产等小类别，并分别有小计，反映了一家公司资产的分布形态。这样，我们就会明白哪些资产以流动资产形式存在，哪些资产以固定资产或无形资产形式存在。

资产的存在形式很重要，反映了资金的运用方向。以流动资产为例，是以存货的形式放在仓库里，还是将钱买进了信托理财产品，或者把钱存放银行里，还是有一些应收账款没有收回来。我们需要将各类资产进行剖析，从而确定这些资产的存在形式。

在研究资产负债表时，可以横向地与同行业的竞争对手进行比较；也可以查看公司过去几年的资产负债表，纵向地将几年的同类资产金额进行比较，看看有什么变化或趋势。

只要公司不刻意隐藏债务或者负债，资产负债表就能让你了解公司真实的财务状况。然而，阅读报表是需要技巧的，因为一些公司会隐藏费用和债务，用来修饰它们的实际盈利。

资产项目	2019-12-31	2018-12-31	2017-12-31
流动资产			
货币资金	-88.18%	27.55%	31.43%
应收票据及应收账款	159.52%	-53.86%	49.42%
其中：应收票据	159.52%	-53.86%	49.42%
应收账款	—	—	—
预付款项	31.05%	49.52%	-24.40%
其他应收款合计	-80.57%	44.40%	25.05%
其中：应收利息	—	42.42%	71.36%
其他应收款	53.08%	59.63%	-59.44%
存货	7.56%	6.57%	6.96%

图 9.4　贵州茅台 2017—2019 年流动资产项目比较

只有少数经验丰富的财务高手，才能发觉资产负债表中的异常情况。一些濒临破产的公司，为了苟延残喘，用满满的求生欲，不惜推出虚假数据，隐藏财务困境。如果投资者购买股票之后才发现公司即将破产，那就太迟了。为了避免遭遇这类财务陷阱，林园和巴菲特一样，从不投资自己不了解的公司。林园甚至对一家公司提前观察 3 年，厘清了它的商业逻辑后，阅读这家公司的财务报表就更有把握了。这就是林园所说的"不熟不做"。如果你对一家公司的商业逻辑理解不清，不知道它的钱究竟是如何赚来的，特别是研究了资产负债表之后，依旧迷惑于它的盈利模式，那么就放弃这家公司吧。要知道林园说过，95% 的公司其实是不值得投资的，投资需要非常小心。

> 林园投资秘诀：资产负债表反映了企业的家底。

利润表

利润表告诉我们，这家公司在一段时间里是赚了还是赔了。如果赚了，赚多少；如果赔了，赔多少。

利润表也称损益表。它说明了企业的经营成果。利润表列出了企业在某一特定时期产生的各种收入、各种成本费用以及企业的盈亏情况。

利润表体现了第二会计恒等式：收入 – 成本费用 = 利润。

利润表主要说明税后利润产生的过程。也就是说，在多长一段时期里，企业产生了多少利润或亏损。时期长短不一样，利润或亏损是不一样的。所以，拿到利润表之后，首先看看这段时期是多长，指向的是哪段时期的利润。通常来说，利润表使用的时期一般是 1 个月、1 个季度或 1 年。资产负债表是记录一个时点的报表，而利润表是记录一段时期的报表。

从结构来看，利润表主要分为五个层次，从上到下分别是：营业总收入、营业总成本、营业利润、利润总额及净利润。

利润表	2023 年 6 月
营业总收入	32.46 亿元
营业收入	32.46 亿元
营业总成本	22.49 亿元
营业成本	17.43 亿元
研发费用	5436 万元
营业税金及附加	2588 万元
销售费用	3.236 亿元
管理费用	1.295 亿元
财务费用	-2748 万元
其他经营收益	
加：公允价值变动收益	2.747 万元
投资收益	4202 万元
其中：对联营企业和合营企业的投资收益	3526 万元
营业利润	10.35 亿元
加：营业外收入	631.7 万元
减：营业外支出	122.0 万元
利润总额	10.40 亿元
减：所得税费用	1.560 亿元
净利润	8.838 亿元
其中：归属于母公司股东的净利润	8.648 亿元
少数股东损益	1901 万元
扣除非经常性损益后的净利润	8.582 亿元
每股收益	
基本每股收益	1.43
稀释每股收益	1.43
其他综合收益	-1583 万元
归属于母公司股东的其他综合收益	-1455 万元
归属于少数股东的其他综合收益	-127.3 万元
综合收益总额	8.679 亿元
归属于母公司所有者的综合收益总额	8.502 亿元
归属于少数股东的综合收益总额	1774 万元

图 9.5 片仔癀 2020 年第二季度利润表

使用利润表时，有两种阅读方向：从上到下、从下向上。

从上向下阅读利润表，就是先看营业总收入，最后看净利润。这样能够看清楚净利润产生的过程。

从下向上阅读利润表，就是先看净利润，最后看营业总收入。这样可以得出净利润产生的原因。

通过两个方向的阅读，可以推导出公司的商业逻辑。

林园说对制造类企业要高度警觉。他不是很喜欢制造企业，把它们归为高风险公司。因为它们多有竞争对手。那么，怎样才能发现企业基本面是否变化呢？制造类企业，要看其毛利率是否下降，应收账款是否增加，产品毛利率若下降明显，就要小心了。毛利率的变化也反映企业的集中度变化。林园曾经对牛奶企业进行调研，观察到当时伊利股份、蒙牛乳业的毛利率已经稳定或微升，而光明乳业的利润却在降低。这说明伊利股份和蒙牛乳业经过市场竞争，已形成了初步的垄断。这样在高度市场竞争出来的强势企业，林园就会留意了。

林园投资秘诀：通过利润表，可以推导公司的商业逻辑。

现金流量表

喜诗糖果公司是盈利的源泉，它给股东们带来了源源不断的现金分红。有了源源不断的现金，巴菲特就能从事更多的新的投资。他分析了喜诗糖果的现金流量表，认为该企业一本万利，是下金蛋的鹅。

现金流量表关系到企业的生死存亡。现金流量表告诉我们，在一段时间里，这个公司收进了多少现金，付出去了多少现金，还余下多少现金。

通过现金流量表，可以查看企业现金的详细信息。例如，在一段时期内，流入流出企业的资金有多少，分别是从哪里流来的，因为哪些原因流出了企业；并且在这段时期内，到底是流入企业的现金多，还是流出企业的现金多。最后，用流入的现金减去流出的现金，得到余下的现金。余下的现金被称为结余，也就是现金净流量。

企业就像一个水池，现金就是流经水池的水。现金流量表相当于在水池的两个出口安装一个进水表和一个出水表。以一个季度为例，用进水表的数减去排水表的数，就能得到水池里的水是增是减。如果水量减少，就要引起注意。现金是企业呼吸的空气。一家企业如果没有现金，分分钟都活不下去。2008 年 9 月 14 日晚，自 1850 年创立的美国第四大投行雷曼兄弟，无法筹集 200 亿美元现金，导致账面资产近 700 亿美元的巨人宣布破产。它虽然经历了 19 世纪的铁路公司破产、20 世纪 30 年代末的大萧条时期乃至长期资产管理市场崩溃的考验，却死在缺乏现金上。利润反映了你赚钱的能力，而现金净流量反映了你未来存活下来的可能性。算出现金净流量，可以判断你未来能否存活，活得是否潇洒。

好了，让我们来看一看现金流量表里面到底有些什么吧！

现金流量表将主要的视线，关注到企业中对现金流量有重要影响的三类活动上，是哪三类活动呢？

一类是经营活动，这就是企业提供产品和服务的业务活动，例如采购原材料、生产产品、销售产品的活动。

第二类活动，就是投资活动了。企业将筹集的钱，还有自己赚来的钱用来投资，希望这笔投出去的钱能够再赚到钱。这就需要考虑投资项目的回报率及风险。

项目	2020 年 6 月
经营活动产生的现金流量	
销售商品、提供劳务收到的现金	464.5 亿元
客户存款和同业存放款项净增加额	-14.06 亿元
收取利息、手续费及佣金的现金	14.61 亿元
收到其他与经营活动有关的现金	8685 万元
经营活动现金流入小计	465.9 亿元
购买商品、接受劳务支付的现金	33.83 亿元
客户贷款及垫款净增加额	29.93 亿元
存放中央银行和同业款项净增加	-27.23 亿元
支付利息、手续费及佣金的现金	3019 万元
支付给职工及为职工支付的现金	51.69 亿元
支付的各项税费	232.3 亿元
支付其他与经营活动有关的现金	16.90 亿元
经营活动现金流出小计	339.7 亿元
经营活动产生的现金流量净额	126.2 亿元

图 9.6 贵州茅台 2020 第二季度经营活动现金流量表

项目	2020 年 6 月
投资活动产生的现金流量	
处置固定资产、无形资产和其他长期资产收回的现金净额	
收到其他与投资活动有关的现金	
投资活动现金流入小计	
购建固定资产、无形资产和其他长期资产支付的现金	9.643 亿元
支付其他与投资活动有关的现金	87.7 万元
投资活动现金流出小计	9.730 亿元
投资活动产生的现金流量净额	-9.730 亿元

图 9.7　贵州茅台 2020 第二季度投资活动现金流量表

第三类是筹资活动，就是找地方筹集一些钱回来，无外乎两个地方：一个是股市，一个是债市。这是企业筹集资金的两个主要来源。企业通过股市发行股票，可以筹集资金；通过债市发行债券，可以筹集资金。发行债券，企业需要为到期的债券支付本金和利息，意味着这是企业的债务。一些企业为了避免承担债务，常常发行可转债。在可转债到期之前，将股价拉高，引导着可转债的投资者将债权转为公司的股票。这样，企业就不必支付债券的本金和利息，而投资者将可转债转成股票之后，因为股价已经涨高，比可转

项目	2020 年 6 月
筹资活动产生的现金流量	
吸收投资所收到的现金	
子公司吸收少数股东投资收到的现金	
筹资活动现金流小计	
分配股利、利润或偿付利息支付的现金	237.3 亿元
子公司支付给少数股东的股利、利润	23.47 亿元
筹资活动现金流出小计	237.3 亿元
筹资活动产生的现金流量净额	-237.3 亿元

图 9.8　贵州茅台 2020 第二季度筹资活动现金流量表

债的本金和利息还要划算，从而皆大欢喜。

有调查显示，中国倒闭的企业中有六成都死于资金链断裂。上市公司相较于普通企业，现金流动性的压力略小，但仍然存在出现问题的可能，尤其在经济下行期，企业对现金流的依赖更加强烈。

现金流量表显示了现金流量的来源。这样，我们能够查看清楚，现金流

量来自企业经营活动，或者投资活动，或者筹资活动。如果企业的经营活动产生了负现金流，但是利润表还有盈利，就可以判断企业应收账款那里出了问题，说明企业该收的钱还没收回来。

资产负债表、利润表和现金流量表三大报表相互依存，相互影响，找到报表间的联系极为重要。林园说，理解报表的联系并不会让人头晕眼花，而会让人更加明白其中的逻辑。资产负债表指明了该公司所有资产和负债的情况。利润表显示了企业自己挣钱的本事，记录一段时间内该公司是盈利还是亏损。现金流量表展示了一段时间内，公司经营、投资和筹资时，现金流入和流出的情况。经营就是企业的日常业务活动，投资就是企业自己下本钱做生意，筹资就是企业自己出去拉资金。

三大报表互相联系，可以追根溯源，推测结果。虽然名目繁多，其实就像《大富翁》之类的经营游戏一样：采药小子买了多少数量的药草，花了多少钱；给员工买工作服装，花了多少钱；别人从采药小子这里借了多少钱；别人还了采药小子多少钱……经过详细的描述之后，最终让会计等式平衡，让每一分钱都找到源头和去处。比如，现金变成了原材料、固定资产、无形资产以及管理费用等，原材料变成了生产线上的在产品和存入库房的产成品，固定资产以折旧和减值的形式进入了利润表，产成品以收入成本的方式进入了利润表。

> 林园投资秘诀：现金流量表反映了钱的走向。三大财务报表互相联系，可以追根溯源，推测结果。

◎ 林园所关心的六大财务指标

林园是一个财务报表分析高手，并不需要在财务报表上投入过多时间，这是由于他在 2000 年前几乎翻阅过所有上市公司的财务报表，熟能生巧，根据几个核心要点就能做出准确的判断。这是多年历练出来的能力，对于新股民不建议简化财务报表，而是应该先掌握基础知识，再深入了解数据之间的关联，练习数年再说。

财务指标能够识别企业的好坏。以垄断企业为例，它的财务指标有哪些特点呢？林园说："垄断地位的企业一定是有钱的，赚了钱就往兜里揣，不需要拿出来对企业进行再投资。这样，它的钱会越来越多，公司的财务指标非常好。"以上海机场为例，上海机场为国内外航空运输企业及旅客提供地面保障服务，经营出租机场内的航空营业场所、商业场所和办公场所。它的净利润呈现出稳中趋升的特征。

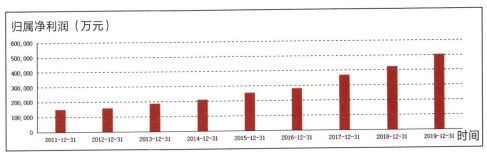

图 9.9 上海机场净利润稳中趋升

林园投资秘诀：值得投资的优质企业有着极佳的财务指标。

利润总额：先看绝对数

从会计角度讲，利润是企业在一定会计期间的经营成果，其金额表现为收入减去费用后的差额。林园将利润总额细分为四部分，即营业利润、投资净收益、补贴收入和营业外收支净额。

利润总额＝营业利润＋投资净收益＋补贴收入＋营业外收入－营业外支出。

营业利润＝主营业务利润＋其他业务利润－营业费用－管理费用－财务费用。

主营业务利润＝主营业务收入－主营业务成本－主营业务税金及附加。

其他业务利润＝其他业务收入－其他业务支出。

利润总额能直接反映企业的赚钱能力，它和企业的每股收益同样重要。

若一家上市公司一年只赚几百万元，在林园看来，这种公司是不值得去投资的，还不如一个个体户赚得多。所以，依照林园 2006 年进行投资的标准，企业年利润的总额至少要有 1 亿元，比如武钢、宝钢每年都能赚上百亿元，招商银行每年也能赚数十亿元，这样的企业和那些"干吆喝不赚钱"的企业不是一个级别的。企业只有赚足了钱，才有不断扩张的动力，才有在行业周期不景气时抵御风险的能力；而足够数量的利润才能保证企业有足够的创新费用，生命力才能长久，这也是长期投资所要考虑的最基本要素。如果企业没有这样长久生存并成长的能力，也就没有必要在它身上进行投资。

林园在挑选重仓股的时候，首先考察的是利润总额绝对数量大的公司，然后结合其他财务指标，以及该企业的经营特色来决定是否投资。他之所以会看重这个指标，有一个很重要的原因。投资者应该知道上市公司披露财务报告的时间与实际会计年度会有一定的时间差，而通过提前知道未披露的财务报告数据，就可以有效地对股价短期走势做出判断，这是很多短线主力利用财报披露的时差，做短炒的依据。而知道了利润总额后，就掌握了企业的赚钱情况，短时间内，这些企业的利润不会有快速变化，但在披露报告的时间差内，可能有些指标会发生变化，从而影响投资者对公司的正确认识。因此，一旦知道了企业的赚钱能力，投资者就没有什么可担心的了，一些机构也是利用这个特性建仓的。

> 林园投资秘诀：先考察那些利润总额高的优质企业。

每股净资产：不要去关心

股票的净值又称为账面价值，也称为每股净资产，是用会计统计的方法计算出来的每股股票所包含的资产净值。其计算方法是用公司的净资产（包括注册资金、各种公积金、累积盈余等，不包括债务）除以总股本。股份公司的账面价值越高，则股东实际拥有的资产就越多。

这一指标反映了股东所拥有的资产现值。每股净资产越高，股东拥有的资产现值越多；每股净资产越少，股东拥有的资产现值越少。通常每股净资产越高越好。而且，很多投资者认为每股净资产是财务统计、计算的结果，数据较精确而且可信度很高。

然而，林园对这个指标持有不同的看法。他认为，能够赚钱的净资产才是有效净资产，否则可以说就是无效净资产。比如说，上海房价大涨之后，有一些人要对上海商业股净资产进行重新估值，理由是上海地价大涨了，重估后它的净资产应该会大幅升值。但在林园看来，这种升值不能带来实际的效益，也可以说是无意义的，最多只是"纸上富贵"。

因此，每股净资产的高低不是林园判断企业好坏的重要财务指标，因为它总是被人为修饰。与其费心思去判断修饰它的动机，不如直接无视它，反而不会扰乱自己的选股思路。

> 林园投资秘诀：能赚钱的净资产才是有效的。

净资产收益率：10%以下免谈

净资产收益率和每股收益都是反映企业获利能力的财务指标，是单位净资产在某时段经营中所取得的净收益，其计算公式为：

净资产收益率＝（净收益／净资产）×100%

如果企业没有发生增资扩股等筹资活动，净资产收益率水平的高低主要反映上市公司盈利能力的大小。如果公司发生了增资扩股，公司的税后利润必须同步上升，才能保持原来的净资产收益率水平。所以，在上市公司不断增资扩股的情况下，净资产收益率维持在较高（大于10%）的水平，才能说明上市公司的业绩成长性较好。为了让证券市场上的资金流入获利能力较强、成长性较好的上市公司，证监会要求配股的上市公司，净资产收益率必须连续3年平均在10%以上，其中，任何一年都不得低于6%。

净资产收益率越高，表明公司的经营能力越强。比如2003年，林园买入贵州茅台时，除去账上的现金资产，其净资产收益率在80%以上，实际上就是投资100元，每年能赚80元。林园对招商银行北京分行的调研则发现其净资产收益率达53%。净资产收益率能直接反映企业的效益。林园选择公司时一般要求净资产收益率大于 20%。净资产收益率小于 10% 的企业他是不会选择的，因为任何公司都会增资扩股，如果连证监会 10% 的规定都无法满足，那还有什么可研究的呢。

> 林园投资秘诀：净资产收益率超过 10% 的公司才是优质的。

产品毛利率：要高、稳定而且趋升

此项指标通常用来比较同一产业中公司产品竞争力的强弱，显示了公司产品的定价能力、制造成本的控制能力及市场占有率，也可以用来比较不同产业间的产业趋势变化。但不同产业，会有不同的毛利率水准。

林园选择的公司，产品毛利率要高，而且具有稳定上升的趋势；若产品毛利率下降，那就要小心了——可能是行业竞争加剧，使得产品价格下降。林园回忆说："记得 2006 年前后，彩电行业，近 10 年来产品毛利率一直在逐年下降；而白酒行业的产品毛利率却一直都比较稳定，例如：山西汾酒连续 5 年毛利率保持上升，从 2001 年 59.7% 上升到 2005 年 72.1%，另外其中端产品的平均价位在 50 元以上，毛利率超过 70%，高端产品的毛利率超过 80%。但由于高端产品在公司产品销售中所占比例仅为 3%—4%，因此业绩并不是最好的。"

林园的标准是选择产品毛利率在 20% 的企业，而且毛利率要稳定，这样他才好给企业未来的收益算账，增加投资的确定性。比如贵州茅台的产品毛利率惊人，一直围绕着 90% 微幅波动，这主要得益于产品涨价和销售渠道的拓展。

> 林园投资秘诀：产品毛利率高、稳、升的企业值得投资。

应收账款：注意回避

应收账款是指企业因销售商品、产品或提供劳务而形成的债权。应收账款是伴随赊销发生的，其确认时间为销售成立的时间。按照我国会计准则的规定，同时满足商品已经发出和收到货款且取得收取货款的凭据两个条件时，应确认收入，若未收到货款，即应确认应收账款。应收账款的确认时间因具体销售方式不同而有所区别，如寄销、分期收款销售，等等。

由于从应收账款中取得现金需要一段时间，因此严格地说，应收账款不能按其到期值（面值）计价，而应按未来现金的现值计价，但企业为了美化财务报告，多数按其到期可收回的价值计价。

应收账款是企业流动资产的一个重要项目。随着市场经济的发展、商业信用的推行，企业应收账款的数额普遍明显增多，应收账款的管理已经成为企业经营活动中日益重要的问题。

林园投资秘诀：回避应收账款多的企业。

预收账款：越多越好

预收账款与应收账款恰好相反，预收账款是指企业预收的购买单位的账款，属于资产负债表流动负债科目。按照权责发生制，由于商品或劳务的所有权尚未转移，所以预收账款还不能体现为当期利润。但是，预收账款意味着企业已经获得订单并取得支付，所以只要企业照单生产，预收账款将在未来的会计期间转化为收入，并在结转成本后体现为利润。

因此，预收账款的多少实际上预示了企业未来的收入利润情况，对于估计上市公司下一个会计期间的盈利水平具有重要的参照意义。

特别是在我国经济整体处于供大于求的状况下，先收款后发货不仅避免了大多数企业面临的产能闲置、营销费用高企问题，而且规避了先发货后收款存在的坏账可能。其背后更反映了企业或所属行业竞争力或景气程度的提升。

预收账款多，说明产品是供不应求，产品是香饽饽，或者其销售政策为先款后货。预收账款越多越好，如贵州茅台长期都有十几亿元的预收账款，2005 年末预收账款占公司主营收入的 39.26%，2006 年第三季度时预收账款达到 23.76 亿元，表明公司产品具有较强的市场谈判力，以及较高的硬朗度。

由此看来，该公司在未来几年要做的事情就是开足马力生产，因为仅预收账款就让其赚得盆满钵满。

通过预收账款，还能预测未来收益。例如，贵州茅台 2015 年预收账款是 82.6 亿元，2016 年营业利润是 246.6 亿元。2016 年预收账款 175 亿元，2017 年营业利润为 389.4 亿元。2017 年茅台预收账款 144.2 亿元，2018 年营业利润是 513.4 亿元。2018 年预收账款 135.7 亿元，2019 年营业利润达 590.4 亿元。当年的预收账款是下一年利润的一部分，从贵州茅台的数据可以看出，来年利润是当年预收账款的 300%—400%。贵州茅台 2019 年预收账款 137.4 亿元，由于经过渠道整顿，利润率有所上升，所以，可以提前预测 2020 年贵州茅台的营业利润约在 600 亿—650 亿元。

林园投资秘诀：预收账款多的企业有实力。

◎ 如何对付假账

林园提醒说，财务造假的公司利用了人性弱点，炮制出一些看似喜人的数据。"财报爆雷是炸别人的，我没有遇到过雷。我觉得雷是炸那些贪得无厌的人，一定是没有常识的人才会被炸到。"

如果上市公司进行了财务造假，在财务报表就容易留下蛛丝马迹。当上市公司的利润或者销售数据过于乐观，或者业绩不受行业周期的影响，那么就要对这类公司予以质疑。

特别是一家上市公司的毛利润远远超出同行，但又没有明显的竞争优势，就有财务造假的嫌疑。通过毛利率或营业利润率等财务指标，与同行进行对比，能够识别财务造假。

公司名称	伊利股份	蒙牛乳业	辉山乳业
营业利润率	9.5%	5.7%	28.9%

图 9.10　造假公司的利润指标大幅超过龙头企业

辉山乳业从 2011 年起，开始液态奶和奶粉转型，其财报显示毛利率和净利率远高于行业平均水平，甚至大幅高过伊利股份和蒙牛乳业两家行业龙头公司。伊利股份和蒙牛乳业都是在激烈的市场竞争中杀出来的龙头企业，通过资本的推动和庞大的规模效应，才成为中国乳业的双雄。辉山乳业的条件远不及这两家龙头企业，利润率怎么能够遥遥领先呢？

不良企业还可以虚增资产。例如，在应收账款项目上造假。应收账款就是东西卖出去了，但是钱还没有收到。这种造假手法隐蔽，能够灵活地伪造资金的进出活动，再通过固定资产等长期资产活动"毁尸灭迹"。不良公司也可以虚假采购固定资产，再通过在建工程等长期资产活动将资金流出，使用折旧、摊销、减值等方式掩盖真相。

天网恢恢，疏而不漏。任何造假都无法做到天衣无缝，总能留下蛛丝马迹，例如，现金流与收入不匹配、有大量现金却维持高负债等。

在獐子岛造假事件中，獐子岛多次发布公告，声称自己的扇贝消失了，当时就在互联网上引发了大量质疑。人们质疑獐子岛可能通过存货项目，使用虚增存货消化虚增资金。评论者认为大股东可能占用了上市公司的资金，却没有归入其他应收款科目。由于海中扇贝的存货难以查验，占用的资金可以通过做假，计入存货科目。当占用的资金无法归还时，公司就通过大幅提取存货减值进行处理。

> 林园投资秘诀：避开人性的贪念是识别财务造假的前提。

"中国第一农业股"的爆雷

资料显示，从 1996 年至 2000 年底，蓝田股份的股本从 9696 万股扩张到 4.46 亿股，股本扩张了 360%；主营业务收入从 4.68 亿元大幅增长到 18.4 亿元，净利润从 0.593 亿元快速增长到令人难以置信的 4.32 亿元。蓝田股份只是一家农业企业，主要从事水产品开发，没有高科技，没有海外客户，没有什么特殊原因，但它家的鱼塘就是比其他家的鱼塘多赚好多钱，你信还是不信呢？

林园说："那一年湖北洪湖有个上市公司叫蓝田股份，当时股票涨得特别疯狂。一天中午，我们一块吃饭的朋友分析了一下，说它的鱼塘全部堆满鱼也没这么大的量呀，一看就是作假。可是分析师、研究员都相信那些数据，那时候我也想不明白为什么，只是觉得非常可笑。"

一、从常识判断

蓝田股份当年的年报显示蓝田野藕汁、野莲汁饮料销售收入达 5 亿元之巨。从常识判断，既然蓝田野藕汁、野莲汁正在热销，就会得到消费者的广泛称赞，而那些产品热销的图片或者影像也会流传开来，用于市场推销。但是，全国多地的投资者表示他们在当地市场根本没有见过蓝田野藕汁，看到的只是中央电视台连篇累牍的广告。既然市场上看不到蓝田野藕汁，何来上亿元的利润？资料显示，蓝田股份拥有大约 20 万亩网围养殖湖面，还有一部分精养鱼池，仅水产品每年都能卖几亿元，而且全都是现金交易。然而，与同行进行横向比较，同样地处湖北的武昌鱼及相距不远的湖南洞庭湖水产相比，蓝田股份的毛利率要高出几倍。

二、与同行进行横向财报比较

2000 年，蓝田股份的流动资产占资产百分比大约是同业平均值的 1/3。存货占流动资产百分比大约高出同业平均值 3 倍。固定资产占资产百分比高于同业平均值 1 倍多。在产品占存货百分比高于同业平均值 1 倍。蓝田股份的在产品占存货百分比和固定资产占资产百分比异常地高于同业平均水平，提示它的在产品和固定资产的数据需要引起警惕。蓝田股份 1999 年主营业务收入 18.4 亿元，而应收账款仅 857 万元，显然不合常理。与同行相比，蓝天股份没有明显的竞争优势，毛利率高出数倍，更显得诡谲又蹊跷了。蓝田股份只说蓝田是高科技生态农业，可是高科技生态体现在哪些方面，建立了哪些竞争优势能够击败同行，其无从解释，只是说它的利润就是"高，实在是高"。

三、蓝田股份神话破灭

2001 年，中央财经大学教授刘姝威发布 600 字报告《应立即停止对蓝田股份发放贷款》，通过与同行公司的财务数据对比，捅开了蓝田股份财务造假的窟窿，随后，蓝田股份退市打入老三板，变身"生态 5"，而推举蓝田上市的农业部也受到牵连。2002 年 1 月 21 日、22 日，蓝田股份的股票突然被停牌，董事长保田和总裁瞿兆玉同时被查。据知情人士介绍，公司的会计资料也被查封用于办案。2004 年 11 月，瞿兆玉因提供虚假财务报告和虚假注册资本罪，被湖北省高级法院判处有期徒刑 2 年。

> 林园投资秘诀：识别财报造假，首先要善于使用常识。投资者不要被数字束缚，要善于运用自己的常识。

◎ 医药行业怎么算账

林园认为，分析财报时，一定要利用常识。在媒体访谈中，投资者请教林园："您认为医药股的账容易算清楚吗？"林园说："医药股的账很容易算。一是因为国内人口老龄化的趋势，50 岁以前人在医药消费上的开销很少，到了 50 岁以后，人的身体慢慢开始出问题。二是中国人口世界第一，消费量第一，药是嘴巴的消费。三是医药股有一个即时反馈，医药生产多了，过段时间很快就会过期。为这类医药企业算账，一般我们会通过它的订单等计算未来 3 年的账。医药行业的景气度高，所以医药企业大概率会胜出。我们会对其中的投资标的长期跟踪。计算投入产出比时，要投资 1 块钱，每年都能挣 1 块钱，不去考虑那些投 100 块挣 10 块的。这些都是研究财报时用得到的常识。"

> 林园投资秘诀：容易给医药公司计算未来 3 年的账。

◎ 林园谈毛利率

在阅读财报时，林园提醒说，对于毛利率等指标的判断要细心。"那些竞争行业的财务指标，有些问题很具迷惑性，如毛利率逐渐下降。你不能大概地瞅一眼，就认定这个公司的毛利率水平是多少，那样的毛利率一般都是平均毛利率。我们要把那些不挣钱的产品过滤掉，只计算垄断产品的毛利率。垄断产品的毛利率通常都在80%以上。对于垄断地位的产品，单个产品的毛利率变化一定是趋升或者稳定的。"这就需要对公司有深入的了解，能够区分公司的垄断产品与非垄断产品，进行深入细致的调研。这也是林园强调"专业的人做专业的事"的原因。他认为投资日趋专业化，散户投资的时代正在结束。

> 林园投资秘诀：高毛利率的企业，股价更容易上涨。

◎ 林园谈 PE

市盈率（Price Earnings Ratio，简称 PE 或 PER）是市场对公司盈利的看法。它是股票价格除以每股收益的比率。市盈率通常用来判断股票是否被高估或低估。一般认为，如果一家公司股票的市盈率过高，那么该股票的价格具有泡沫，价值被高估了。

另外，利用市盈率比较不同股票的投资价值时，这些股票必须属于同一个行业，因为此时公司的每股收益比较接近，相互比较才有效。每个行业的市盈率都有着约定俗成的参考标准。通过这些约定成俗的市盈率标准，可以评估公司股价的高低与风险大小。

通过林园的投资组合，能够发现一个最突出的特点：当初买入时这些公司的市盈率（PE）都非常低，如林园早年在熊市中买入的武钢股份、铜都铜业、新兴铸管、赤天化、中原高速等。林园自豪地点评说："这些公司股改后的 PE 都只有五六倍。我可以大胆地说，上证指数哪怕跌破 500 点，这批股票还能赚 1 倍。原因很简单，股价太便宜了，全世界哪里也找不到这么便宜的股票了。"林园也坦然承认，如果市场暴跌，这些股票也可能跟随大盘下跌，"但是，套牢的时间不会超过 12 个月"。每当谈及股票，林园的口头禅就是"不信你等着看吧"。通过权威媒体，用事实来验证观点，已经成了林园的特色做法。

林园曾经有过高位被套的经历。有人说，就算是质地再好的股票，如果在 6124 点或者 5178 点的市场高点买入，都会承担巨大的压力。就算是林园挑中了质量上乘的公司，如果择时不佳，也会出现问题。林园坦然承认："除了方向的选择，择时是最重要的。我管理的华润二、三期，当时受到很多外界的干扰，在 6000 点时入市，也受到很多煎熬。但是如果一家优质公司正处于行业的牛市，股票市场暂时被套，是套不住人的。每次大的灾难，我们都是要创新高，并且把新高远远踩在底下。2008 年股灾以后，我们通过一两年时间，马上市值就创新高；2015 年投机泡沫破灭，我们的市值在三个月内创了新高，从那时候到现在又涨了非常多。为什么？这次疫情我们不断地在创新高，给我的感觉是举得高了还有更高，就是高高高，没有办法，我自己的事我知道，我要把这个高永远踩在脚下，现在又是新一轮的开始。"

有个例子直观地说明了林园对低 PE 股票的热爱。他在武钢与宝钢的股票之间进行选择时，论到公司实力和业绩前景，林园更看好宝钢，但他却在 2005 年买入了大量的武钢股票。因为他认为"宝钢太贵了"，PE 偏高。事实上，当时宝钢和武钢的中期业绩都是 0.4 元左右，宝钢当时市价 5 块多，只比武钢高 1 块多一点。

当然，林园绝不是只买便宜股票。挑选低价的"烟蒂股"是巴菲特的老师格雷厄姆的真传。格雷厄姆在经历了大萧条之后，承受了资金大幅缩水的痛苦，变得谨小慎微，只瞄准那些安全边际高的低价股票，就像挑选烟蒂一样，虽说捡起地上的烟蒂有失身份，可是抽几口烟蒂，也能满足烟瘾，何况这种弯腰捡烟的做法很安全。巴菲特一开始也钟情于这种"低价 + 安全"的投资方式，后来在费雪和芒格的影响下，才转向了优质公司的投资，并将股价高低作为次要的考虑因素。在林园看来，只要公司足够优秀，再贵的股票他也敢买，譬如贵州茅台。这是人尽皆知的高价股。林园说："2003 年我 23 块钱买贵州茅台的时候，PE 是 17 倍。不过，我不嫌它高。我算过它未来 3 年的账，每年都有 15% 的复合增长，按当时的价格算，到 2006 年 PE 就降到 10 倍了，还不算提价的因素，根本不算高。"从林园的一份流水单上看到，茅台涨到三十七八元的时候，林园还在一路买进。

在 PE 指标的运用上，林园特别强调 PE 标准与国际的接轨。无论是茅台酒还是林园强调的治疗三大病的成瘾型药品，林园都指出，对于这类成瘾型产品，37 倍的 PE 是一个重要参考值，是从各国证券投资的历史中总结出来的。林园已经投资了优质医药公司的股票，认为盈利的确定性很大。林园说："未来医药公司的 PE 会与国际接轨，能够带来巨大的吹泡泡效益。提前买入医药公司，潜伏进去，等待别人吹泡泡。股市赚钱靠持有，靠泡沫赚钱，靠 PE 放大。10 年后、20 年后看，医药股的市值将会超过中国的银行股，估值水平也将与世界接轨。"在可见的未来数年，依赖股本扩张和利润增长的双轮驱动，投资医药公司能够获得最大的复利收益。另外，研究公司的财务指标有很多，有心者可以研读《财报掘金：林园选股的核心财务指标》一书。

> 林园投资秘诀：低市盈率是投资股票的重要参考。优质公司股价虽高，但是盈利能力强，导致市盈率较低，同样值得买进。

第十章

无风险套利:
轻松捡钱的秘密

　　我始终把风险控制作为首要的任务,风险是我的敌人。我最喜欢的就是无风险套利。

——林园

无风险套利是一种安全投资的方法。来看一个例子。假设有一个采药小子，他的降糖草普通股同时在药王谷和生命之泉挂牌买卖，在药王谷，每股价格为 150 元，在生命之泉，每股价格则为 100 元。投资人就可以去生命之泉，用 100 元的价格买来 1 股股票，然后去药王谷以 150 元的价格卖掉，就这样赚取了无风险报酬 50 元。这就是无风险套利的基本概念。

为了控制风险，林园经常使用无风险套利的做法。

"套利"源自法语。1704 年，法国经济学家在《商业与会计科学》中，将套利描述为在最有利的地点签发及清算票据的行为。在学术界，套利被定义为不存在损失可能的交易，能够以低成本获取无风险利润。这就是无风险套利。由于一种资产可能拥有两个价格，套利就是以较低的价格买进，较高的价格卖出，从而获取低风险的收益。在套利者中，既有林园这样的个人投资者，也有银行、经纪公司、基金公司。债券、股票、期货及其各种金融衍生品都可称为套利交易的标的物。

让我们来看看套利的例子。某只股票同时在伦敦和纽约交易所上市，同股同权，但是在纽约标价 10 美元，在伦敦却标价 12 美元，投资者可以在纽约买进这只股票，并到伦敦卖出。同样，货币交易也能进行套利。例如，借入利息较低的货币，再买进高息货币，从而赚取利差。日元的放款利息长年维持在近乎零的水平，而南非或巴西等国因其通胀严重，利息常年维持在高水平。如果借入日元来购买南非兰特或巴西雷亚尔，在不考虑汇差情况下，也能赚取丰厚的利差。

林园在赚取第一桶金的过程中，就尝到了无风险套利的甜头。他总结说："无风险套利，就是 100% 赚钱的机会。套利有一个核心特征：赚钱是没有风险的。很多人比我聪明，能力也比我强，我这个人可能就是一个傻子。但是他们都差了那么一点，就是没有用好无风险套利。证券市场的无风险套利有时候很奇怪的，连国债都跌到了 60 多元了，100 元的发行面值跌到了 60 多元，这是不正常的，这就是我们的套利机会。做股票买卖一定要有记性，不然很多的财富就从我们身边溜走了。"

> 林园投资秘诀：无风险套利才是致富的关键。

◎ 深发展 A 套利：自行车跑出来的第一桶金

深圳有 4 家证券营业部。当时的股票报价和现在的互联网时代不同。4 家营业部在同一时间对同一只股票的报价是不同的。这就存在着套利的机会。林园说："深圳那时就 4 个网点。委托和交易都不是电脑化。拿深发展 A 来说吧，有的网点价格卖得高，有的网点卖得低。我就整天骑个自行车转，用 86 块买了，再挂 88 块卖出去。那会儿有人坐万科的庄，我这倒来倒去的，尽给庄家捣乱，他卖 87 块 8，我就卖 87 块 6，人家都买我的。庄家说你这小子跑得比兔子还快。干脆你把我的股票拿去倒。我就赚他的钱，赚差价，嘿嘿，就像卖菜一样。"后来，林园前往上海继续炒股，按他的话讲是哪里有钱赚就到哪里。当时，林园住在上海百乐门酒店，上海人把股票卖给他，他再倒出去。2 年多时间里，经过深圳、上海两地折腾，林园起初的 8000 元变成了12 万元。

> 林园投资秘诀：无风险套利能够轻松赚取差价。

◎ 国库券套利：杨百万传奇的诞生

1988 年，一位叫杨怀定（号称杨百万）的人一口气订了 26 份报纸，寻找赚钱的机会。杨怀定在报纸上看到，从 4 月开始，中央相继开放了 7 个城市的国库券转让业务。那时国务院有文件，规定国库券不得低于面值买卖，但各地执行情况不一。越是经济落后的地方，国库券就越便宜。而上海作为经济中心，执行得最好，国库券价格最高，从没有低于 100 元的面值。正是这一点保证了国库券异地买卖的价差。杨百万敏感地意识到这是一种稳赚不赔的套利机会，就决定做国库券的异地买卖。杨怀定借钱凑齐了 10 万元本金，直奔国库券价格便宜的安徽合肥。他去合肥银行买进 10 万元国库券，然后再倒给上海的银行，前后 3 天获利 2000 元。他知道发财的机会来了，不分昼夜地乘火车在全国买卖国库券。各地的国库券差价有的甚至超过 10 元，利润十分丰厚。

当时中国人对国库券和股票之类的金融产品并不热衷，无论是国库券还是少量试点的股票，在发行上都是困难重重。有一些买了国库券的老百姓急于兑现，打八折抛给银行。杨怀定就带着现金去找银行买国库券。结果，不少经济落后地区的银行把杨怀定当救星来看，既然他乐意买，银行也乐意将 100 元面值的国库券以九折 90 元的价格卖给他。回到上海后，杨怀定以 110 元的价格，轻轻松松地卖掉了这些从经济落后地区收回来的国库券。

杨怀定并没有花掉凭着无风险套利赚来的钱，而是把赚到的利润大胆地投入，继续在一地低价买进国库券，再去异地高价卖出。这就形成了复利效应，让钱开始复合增长。结果，杨怀定在短短几个月里，就积累了百万家产。当时上海银行国库券日成交额约 70 万元，杨怀定一人就占到 1/7。就这样，抓住了无风险套利机会的杨怀定，很快从一个仓库管理员成长为"杨百万"，并从此开启了证券投资生涯，成为中国股市的一个传奇。

无风险套利没有什么风险，大量投入资金就成为一些投资者的共识。杨怀定借钱买国库券，林园也曾借钱买入可转债。林园借钱买可转债，是因为他能控制可转债的投资风险。但是，林园特别提醒普通投资者，如果没有足够的经验，就不要轻易去借钱投资了。

● 林园投资秘诀：使用杠杆进行无风险套利，是有胆识的做法。

◎ 巴菲特弯腰捡钱：1 美分是 10 亿美元的开始

林园在面向粉丝的直播中总把无风险套利称为弯腰捡钱，喜欢弯腰捡钱的还有巴菲特。作为长期以来最成功的证券投资者之一，巴菲特虽然很有钱，但他的节俭也是出了名的。

有一回，巴菲特在地上看到一枚 1 美分的硬币，便弯下腰拾起这枚硬币，在场的人惊讶不已。很多人都不理解他，认为巴菲特富可敌国，难道还缺这 1 美分吗？巴菲特却说："今天的 1 美分在 10 年、20 年、30 年以后，就是 100 美元、1000 美元、1 万美元，甚至 10 亿美元。这是新财富的开始。"

巴菲特这个弯腰捡钱的动作，却展现了这位投资大师一以贯之的投资理念。

> 林园投资秘诀：弯腰捡钱是投资名家的典型做法。

无风险的好处

巴菲特弯腰捡到的这 1 美分，说明了赚钱的确定性。只要一弯腰，钱就实实在在地到了手里，是没有什么风险的。对于投资，巴菲特强调："第一，永远不要损失；第二，永远不要忘记第一条。"这或许正是巴菲特关于风险管理思维的真知灼见。跟巴菲特一样，林园始终把控制风险作为首要任务，正是这种厌恶风险的态度，使得林园在中国证券市场混沌发展的时期，成功躲避了一次又一次的下跌，这也是投资复合增长的重要前提。林园说："如果你把赚钱的事寄托在不能把握的事上，我认为这是最大的风险。你的命运没有掌握在自己手上。我们在股市上最终追求的乐趣就是复合增长，即无风险。"

> 林园投资秘诀：投资要控制好风险。

复利的威力

从 1 美分到 100 美元，甚至到达 10 亿美元，巴菲特看重复利，只有通过利滚利的操作，才能实现财富的复合式增长。

巴菲特刚开始投资时也没有多少钱，他的投资成绩也不是一年就能翻数倍。他的巨额财富来自稳健的复利增长。从他的投资生涯来看，当赚到钱之后，有了稳健盈利的投资成绩单，他就动用出色的口才去说服更多的投资者给他投钱。就这样，巴菲特和他的投资人一起成立了投资合伙公司，客户把钱投给他，他赚到钱和客户分成。通过这种方式，他最终募集了海量的公众资金，成就了复利投资的经典。所以，"1美分是下一个10亿美元的开始。"巴菲特是有信心这样说的。他除了利用资金杠杆，也会利用媒体的传播，提升自己的名气，吸引更多的资金。

林园投资秘诀：稳定的复合增长，能够为投资者建立信心。

时间的秘密

巴菲特话中的"在10年、20年、30年以后"，说明了他依靠时间来实现复利，最终赚到巨额财富。因为1美分的起步实在是微不足道，所以需要长的时间，实现利润的积累，并且让利润加速成长。

林园投资秘诀：盈利有了把握之后，通过时间，实现复合增长。

◎ 无风险套利的方法

在很多中小投资者眼中，这种无风险的套利似乎是不可能的事，它们仿佛是机构的特权、大户们的最爱。事实上，证券投资的投资工具不只股票一种，如果投资者能掌握其他的投资工具，也能实现无风险套利。这类弯腰就能捡钱的事，包括A股和港股打新、低风险区域买入可转债、可转债的打新、国债逆回购等方法。

林园在投资时，最喜欢的就是无风险套利。林园并不喜欢盯盘炒股来寻找一些超短线的买卖机会。他强调投资盈利的确定性，一旦弯腰捡钱的无风险套利机会出现，就不惜动用大量资金。林园喜欢无风险套利，将这种投资方法称为赚轻松钱。他说："我赚钱的另外一个诀窍，就是几乎每年都有无风险套利。记得 2006 年，无风险套利占到我资产总额的 40%，使我可以轻松赚钱。无风险套利就是把它的底已经看到了。比如说，现在我们看到的一些债券，企业债券，它跌了 70 多元了。我就纳闷，100 块钱面值的企业债券为什么跌到 70 多元。怎么做，买了债抵押，再抵押再买债，我就敢借钱买它们，坚决买入。我就不信赚不到钱，这种无风险套利我做了无数次。"

林园投资秘诀：无风险套利存在多种方式，但是需要与时俱进。

◎ 证券 "蝙蝠"：攻如股、守如债的可转债

可转债同时具有债性和股性，股债兼具的特性使得其回报率和波动率介于股票和债券之间。由于股票的波动远大于债券，因此在股票持续上涨期间，转债的 "进攻特性" 会凸显，虽然转债涨幅不能和股票媲美，但表现却好于普通债券。而在股票持续下行期间，转债的 "防御特性" 会凸显，跌幅小于股票。

投资界一般戏称可转债是证券行业的 "蝙蝠"，既有股性又有债性，对投资者而言是保证本金的股票。可转债，其实是一种具有期权内涵的债券。我们可以这样理解，首先，它是 3—5 年期的公司债，具有固定的面值、利率和期限，到期后上市公司会予以兑付。但是呢，现在约定，这种债券发行 6 个月后，可以按照 "转股价" 转换成股票在沪深两市进行交易。这就意味着，一个品种有两种选择权，一种就是持有债券到期或者在债券市场卖掉；另一种就是 6 个月后去转股，但是转股还得看条件。

这样的话，如果不去转股，债券到期后，最差也能获得票面利率的收益。

林园投资秘诀：可转债能攻善守，投资者需要重视。

优质公司才能发行可转债

对于发行可转债的上市公司，监管部门设立了很多严苛的条件，导致担

保、资质、准入条件、审批程序等都非常严格，在标准上，甚至比公司上市还要严格。虽然现在的主板市场已经有数千家上市公司，但是，有资格发行可转债的公司却只占到少数。正因为这些发行可转债的上市公司有着过硬的资质，其破产违约的可能性几乎为零。

> 林园投资秘诀：只有优质公司才能发行可转债。

可转债破发怎么办

当然可转债也是有破发风险的，历史资料显示，可转债就算破发，单个债券亏损一般在 2% 以内，毕竟可转债具有债券属性，如果一直亏损状态，最坏的结果也是到期拿到利息和本金。所以如果 A 股市场不好，可转债只只破发，不妨等待市场行情好转的时候再出售。

在舵手图书举办的林园读书会中，有一位读者回忆说："我记得，2019 年11 月之前，可转债上市超过了 100 只，总共募资超过 2400 亿元，是上一年同期的近 4 倍。若以上市当日收盘价卖出计算，投资者通过这些可转债，就可以收获 200 多亿元的净利润。"

普通投资者可以通过二级市场来参与可转债打新，就是通过证券账户来操作可转债，并不需要特别高的门槛。

> 林园投资秘诀：可转债跌破发行价，反而是投资的好机会。

◎ 可转债套利策略：熊市买债，牛市转股

可转债是林园用来无风险套利的重要工具之一。

熊市买债，牛市转股，这是林园最常用的可转债无风险套利策略。他正是在熊市末期大胆买入具有确定性的（比如招商银行等权重大票）折价可转债，然后耐心等待牛市的到来后，将债券转换为股票，实现了自有资金价值

和基金客户价值的双赢。

> 林园投资秘诀：熊市买入可转债，牛市转换成股票。

招商银行转债套利

2005 年 2 月，林园注意到，招商银行财务报表上的各项指标显示该行的业绩非常不错，资产质量也很好，国内其他银行无法比拟，并且，招商银行凭借良好的服务，得到了广大用户的认可，获得了稳定的客户基础。招商银行像是"婴儿股本，巨人品牌"。别看招商银行有几十亿股的盘子，在全世界银行中还算是小的，但它的品牌已经是巨人级别的品牌了。

林园认定招商银行未来有很大的发展空间，而且招商银行看好国内个人理财的良好前景，制定了针对个人客户的战略定位，这一定位必然使招商银行在未来的竞争中取得不错的市场份额，甚至可能成为银行股中的龙头。各种分析都显示招商银行很值得投资，在当时剧烈震荡的股市，林园认为买入招商银行可转债应该是个不错的选择。只要招商银行 4 年内不倒闭，他的投资就无风险。林园做股票从来不借钱，但有这种无风险套利的机会，他一定会借钱买，而且要大量买。

林园为什么会把招商银行可转债判断成无风险套利？招行可转债，发行价是 100 元，每年还有利息。最差把它当成债券，万一市场行情不好就吃利息。所以 4 年内林园一定是赚钱的。就算招商银行倒闭，还有 4 大商业银行为它担保。如果招行倒闭，最大的风险就是借钱的利息，而借钱的利息可以用每年分红的利息填补。

林园买入招商银行可转债的均价是 102.50 元，全部转股没有任何损失。因为招行的价值有目共睹，而股价却远远低于它的价值。林园当时计划增持招商银行至自己总资产的 30%，因为这只新的银行龙头股会给他带来新一轮牛市的丰厚收益。赚取"熊变牛"的第一桶金非常重要，这样你才能在日后的牛市中更大胆，赚更多的钱。

后来，招商银行的股改计划使得林园被逼转股，到底怎么办？林园相信，只要掌握这家银行的价值内涵，做到胸有成竹，就可以像操作深发展 A 那样不断获取利润。

招商银行就这样成为林园后来 3 年总体布阵的主力产品。虽然在那 3 年期间招行继续箱体震荡，但持有转债可以规避未来不确定的收益，而通过股改，招行的生命力彻底被激活。股价未来只有上涨再上涨，将转债进行转股，也就完成了最好的套利，不论怎样都会收益，只是多与少的关系，风险也自然得到了规避。

据 2006 年中期业绩报告显示，招商银行利润实际增长达 31%，在未来 3 年内招商银行突破 20 元／股的可能性非常大。虽然当时招商银行的市盈率为 41 倍（不考虑招商银行 2006 年 7 月以后因可转换债券转股导致的股本增加），但仍有一定程度的上升空间。

有人问起招商银行的估值，林园说，从 15 元／股起，最多能涨到 50 元／股，很多人不相信，认为这是不可能的事。林园告诉他们："股市中，一切都有可能。股票涨起来，涨到你不相信，跌起来也跌到你不相信。"为什么林园说招商银行能涨到 50 元／股，几乎没有人相信呢？一个观点就是如果涨到 50 元／股，招商银行的市盈率会高得吓人。林园认为，参考标准不一样。今天，大家可能认为招商银行 25 倍市盈率是合理的。3 年后，50 倍市盈率大家也能接受了。否则，就没有当年深发展 A60 元／股时，很多人还认为深发展 A 买了也套不住，套住了也是一个"金项链"的说法。而且招商银行在未来 3 年中本身盈利的增长，也将支持其股价持续走高。人们不能用今天的标准给 3 年后的企业定价，这个标准是会变化的。全世界的股市在某一个阶段都是有泡沫的，个股也一样，会在某一阶段估值偏高（泡沫）。好的公司会随着公司业绩的增长，过一段时间使其股价重新回到合理或者低估的水平，这时股价又会重新上涨。这些公司的投资者损失的无非是时间成本。若公司本质不好，不能持续盈利，泡沫就会破灭，当然，股价持续下跌也就成为必然。

林园认为招商银行能达到 50 元／股，也有为他自己打气的成分，因为招商银行是他的重仓股，他当然会坚决看好。树立信心对他自己本身来说是非常重要的，如果一个人对自己做的事没有信心，那就是在赌博。他的做法是：股票上升趋势一旦形成（股价不断创出新高），那就要不轻易言顶。他会给自己定下纪律，那就是坚决持有，不理会中途的涨涨跌跌，毕竟股价高低都是相对的，如果觉得涨多了就会下跌，老想着卖出股票，就可能犯历史性的错误，失去后面真正上涨的机会。

当然，也有可能股价会真的下跌，这时就要考验人们的承受力了。林园认为以平常心去对待这种波动就可以了。如果是低位买入招商银行，那么即使跌到买入价又怎么样呢，所谓的高抛低吸在林园看来，实际上是做不到的，甚至是无法操作的，即使 10 次操作 9 次都是对的，只要有 1 次错误，投资者的损失都是巨大的。对于当初持有的招商银行，林园认为，要做"乌龟"，"猫着"不动，"拿着""贪到底"。他坚信招商银行高了还有更高，最终涨到大家都不敢相信，而且会成为大家的"观赏股"。这就是好企业的魅力。

后来，林园卖出了招商银行是因为他注意到越来越少的人去银行办理业务，微信支付、支付宝大大挤占了银行的市场份额，所以就卖出了它。即使在卖出后招商银行还有大涨，林园表示也不遗憾。

林园买了 1.6 亿元的招行可转债，将可转债转股后又把股票的分红买成了认沽权证，后来又把权证卖掉买入正股，这样算下来他的成本只有 4 元多。2007 年 1 月 29 日，招商银行创下 19.96 元的新高，而 2020 年 7 月 7 日，招商银行的后复权股价已经上冲至 185.36 元，远远超过林园当初预言的"招商银行能达到 50 元／股"。事实验证了林园的判断能力。

在过去的炒股人生中，林园操作的每只股票都是赚钱的。事实上，他买入每一个组合，都是严格按照确定性原则去部署，没有发生过意外。他坚信今后也不会有意外，因为在买入前，首先考虑的是最坏的结果而不是赚多少。赚不赚钱并不重要，即使不能赚钱也没关系，活着最重要。

> 林园投资秘诀：可转债的上涨动力来自公司的赚钱能力。对于优质公司的可转债，可以长期持有。

林园千禾转债套利过程

千禾味业是一家专业从事酱油、食醋等调味品和焦糖色等食品添加剂的研发、生产和销售的公司。酱油和食醋是食物烹饪中最常用的调味品，主要用于食物提味、增鲜、上色等。酱油、食醋和焦糖色业务占据公司营业务收入90%以上。

调味品作为日常烹饪的配料，需求稳定，基本不存在周期性、季节性的特点。随着人们生活水平的逐渐提高，对调味品的需求也在不断提高。根据调味品行业协会的统计数据，我国酱油人年均消费还比较低，仅及日本或其他习惯消费酱油的东方国家或地区的50%，由此显示我国酱油未来消费潜力较大，随着人民生活水平的提高，酱油的需求量会进一步增长。

随着国家提升安全、质量、环保方面的要求和加大执法力度，一批质量不达标的企业将逐步被淘汰，为酱油品牌企业释放出一定空间，使其获得更大的市场份额。目前，中国酱油行业CR5（5个企业集中率）的集中度也只有日本的一半。

2018年6月，千禾味业募集资金发行了可转债，转债价格在100元附近。在2019年上半年，林园以平均91—92元的价格买进870万元千禾味业的可转债，在180多元时全部卖出，也挣了差不多1倍，买债也能挣钱。在林园卖出之后，千禾味业可转债价格继续上涨，2019年5月27日高达252元。

● 　　林园投资秘诀：与嘴巴消费相关的可转债值得关注。

◎ 权证套利

权证已经退出了历史舞台。2005年8月，中国内地诞生了第一只权证——宝钢权证。作为曾经A股市场唯一具有杠杆效应的金融衍生品，权证随着股指期货的来临而消失。

权证如何套利

权证又称认股证，在中国大陆和香港也音译为窝轮（Warrant）。权证并不是某公司的股票，它只是一种金融衍生品合约，一种买卖股票的权力。而权证只是一种购买或沽出股票的权利。可以说股票是正股，而权证是附着在正股身上的金融衍生品。

2005 年前后，我国进行了股权分置改革，让上市公司的非流通股上市流通。但由于非流通股股东的持股成本非常低，所以一旦解禁，投资者们普遍担心会给股价造成很大冲击。这个时候，权证应运而生，尤其是认沽权证，目的是为了保护那些以高价购买流通股的散户股东们。通常情况下，投资者在拥有某股票的情况下，会购买相应股票的认沽权证，以对冲该股票价格下跌所带来的损失；而卖空股票时，则会购买相应股票的认购权证，用以规避该股票价格上升给投资者所造成的损失。因此，如果按照一定比例同时持有股票和认沽权证，就可以使股价上升时股票头寸的利润超过权证头寸的损失，而在股价下跌时权证头寸的利润超过股票头寸的损失，从而实现同时对股票上下两个方向进行投资。而且，权证还为投资者提供了极佳的交易规则：0 印花税、T+0 交易。

假如你有 100 股某股票的认购权证，行权日是 7 月 1 日，行权价格是 5 元。这意味着，在 7 月 1 日这天，你获得了资格，能够以用 5 元／股的价格买该股票的 100 股。如果到了这天，该股的市场价是 8 元，别人购买 100 股，就需要花费 800 元，而你可以用 500 元购买 100 股。如果当初你买入时的每股权证是 0.50 元，那么你一共花了 550 元，就拥有了 100 股股票，市值为 800 元，是很合算的。此时，你购买股票的行为就是行权。如果到了 7 月 1 日，该股的市场价是 4 元。你就不会按照 5 元／股的价格去买股票，而是放弃行权。

林园投资秘诀：通过权证这类金融工具，可以控制风险。

寻找被权证保护的股票

林园总是寻找被权证保护的股票。他说："这样的品种目前市场上也经常可以看到，如五粮液股改后，大股东宜宾市国有资产管理局发的认沽权证行权价是 7.96 元／股，若所有的认沽权证行权，大股东必须准备 20 多亿元的现金。我在 6.5—6.8 元／股借钱买入 G 五粮液股票，因为我认为 G 五粮液的底就是 7.96 元／股。大股东若要不使行权成为事实，就必须通过各种手段使股价长时期维持在 7.96 元／股以上，这是我的基本的判断。而我基于对五粮液公司的认识，五粮液要做到这点是不难的。接下来的事实是，五粮液在市场上股价的表现是短期内股价已翻番。像这样发认沽权证的公司还有农产品、G 武钢等。G 沪机场也发认沽权证，每 10 股送 7.5 份认沽权证，行权期为 12 个月，行权价为 13.6 元，当时行权期只剩下 9 个月，责任人是上海机场集团。我听后第一反应是赶紧借钱买入 G 沪机场，越多越好。因为我想上海机场集团是不可能拿 77 亿元现金来行权的，发生行权的可能性很小，而 G 沪机场业绩也不错。我认为 13.6 元／股就是 G 沪机场的保底价，买入是我唯一的选择。我判断 G 沪机场股价在 9 个月内要比行权价高不少，因为 G 沪机场的流通盘不大，被抛到 13.6 元／股以下很容易。我想那时有人比我还着急，我怕啥！因此有人会把股价维持在比较高的位置。有朋友问我，这样明明白白的东西为什么没人买，我说 G 五粮液当时也曾跌到 6 元／股，我也搞不清楚，也许就因为证券市场这种涨涨跌跌的波动，才给了我赚钱的机会，否则，我也赚不到钱了。"

林园投资秘诀：控制好风险，股市并不可怕。

五粮液权证套利

我们都知道林园投资五粮液股票赚了很多钱，但林园通过五粮液权证进行套利，却很少有人知道。

五粮液公司是我国著名的白酒制造商，其五粮液品牌在酒类市场中具有较高的声誉，为我国高端白酒的两大著名品牌之一。公司一直保持优良的业绩，是市场上名副其实的有持续投资价值的上市公司。五粮液走高端路线，52 度的五粮液在 1993 年就卖 140 多元 1 瓶，毛利率比较高，也不容易被其他同类产品抢夺市场份额。此外，五粮液的销售价格比较稳定，未来 3 年的账好算。

因此，五粮液上市后，林园就一直跟踪。特别是 2003 年，林园去五粮液公司考察，发现它的利润占了集团公司总利润的 70%。2006 年 5 月，他又去了公司，发现它的利润下降到了总利润的 50%。林园仔细考察了该公司的经营状况，发现它开展了很多新的业务，但没有一项业务是失误的，将来这些业务都会给公司带来利润。

当时有很多人让他不要买白酒股票，说喝白酒的人会越来越少。的确，随着喝红酒、葡萄酒等逐渐成为一种时尚，无疑会影响白酒的市场份额。据此，有人担心白酒会越来越没有市场甚至有可能被红酒、葡萄酒等取代。但林园认为，中国几千年消费习惯沉淀下来的白酒文化不会在朝夕间被取代。几千年来中国人一直在喝白酒，如今，虽有了更多的选择，但至少不会很快便没人喝白酒了。同时也不能排除随着国家逐步富裕，国人会把中国的白酒文化传播到世界各地，它们不但不会被取代，而且售价还会进一步提高。

国内的顶级香烟卖得比洋烟高几倍，国内的顶级白酒比洋酒卖得贵也完全有可能。请客吃饭时，假如喝葡萄酒，要喝几瓶才够，而喝白酒可能一瓶就够了，钱用得比葡萄酒还要少，同时喝白酒又上档次，事实上高档白酒市场还是比其他酒类市场要大。五粮液很特殊，其实际净资产收益率达到了 58%。其账上的现金多，若扣除现金，实际的净资产收益率能达到 90%。这种公司想都不用想，坚决买入。

2003 年，林园参加五粮液的年度股东大会。大会上，面对众多股东的提问，王国春董事长说，他坚信，笑到最后、笑得最开心的肯定是五粮液的股民。2004 年度五粮液股东大会上，王国春又说，五粮液前几年的（技改）投入，到现在见效了，是股民们摘果子的时候了。2005 年的股权分置改革大会上，王国春说，现在有很多国外的基金来谈控股五粮液的事宜，而且都出高价购买股权，他都谢绝了。像五粮液这样有限投入后，每年都能不断赚钱的公司，就是印钞厂，轻易是不能卖的。

林园不是投机客，不操作权证进行获利，而是利用权证定价的原理，分析大股东的底线，对正股的未来价值进行判断。这样的品种市场上经常可以看到，如五粮液股改方案是，每 10 股获 1.7 股、3.9 份行权价为 6.93 元的百慕大式认购权证和 4.1 份行权价为 7.96 元的百慕大式认沽权证，若所有的

31315 万份认沽权证行权，大股东必须准备 20 多亿元的现金。

林园以每股 6.5—6.8 元的价格，通过抵押借款买入五粮液权证，在他看来，五粮液的底就是 7.96 元／股，大股东若要不使行权成为事实，就必须通过各种手段使股价长期维持在 7.96 元／股之上，这是林园的基本判断。而且基于他对五粮液多年的了解，五粮液公司要做到这点并不难，况且还有工行宜宾分行出具的不可撤销的连带责任履约担保函，为宜宾国资公司在五粮液股权分置改革中派发的认沽权证提供了担保。因此，以 7.96 元以下的任何价位买入五粮液权证都是安全的，而且买得越多越好，所以林园才用了抵押借款的方式融到更多的资金参与。

接下来，五粮液的股价就如同林园事先规定好的一样长期在 12 元上方运行，终于在 2006 年 11 月初爆发，2007 年 1 月下旬最高冲到 33 元／股。

> 林园投资秘诀：总有难得一见的投资良机出现，耐心等待，一击必中。

上海机场权证套利

上海机场主要为国内外航空运输企业及旅客提供地面保障服务，经营出租机场内航空营业场所、商业场所和办公场所，同时经营其他与航空运输有关的物流业务，综合开发，并经营国家政策许可的其他投资项目。

从 2000 年起，公司投资了浦东国际机场、候机楼等优质资产，自此，公司开始利用浦东、虹桥两大机场的资源优势，依托"一市两场"的运营管理模式，明确"一体两翼"的业务格局。自 1998 年起，公司连续入选上海本地上市公司盈利 15 强。

该公司市场垄断地位突出，独占资源优势。同时，它位于我国经济发达的长江三角洲，远景规划定位于亚太枢纽机场。作为一个拥有独门生意且具有高度垄断资源的优质公司，其收入来源主要是国际航线的收费，约占总收入的 60% 以上，这是其他机场所不具有的。

2006 年 5 月，中银国际邀请林园参加他们在大连举办的一个上市公司推介会。期间，林园从来没有关注过上海机场，因为它不在林园的股票池里。当时，上海机场的董秘坐在林园旁边，林园给他讲五粮液的故事，他就告诉林园上海机场也有认沽权证。每 10 股送 7.5 份认沽权证，行权期为 12 个月，行权价为 13.6 元，但当时上海机场的股价还在 12 元附近，行权期只剩下 9 个月，责任人是上海机场集团，上海市政府担保。

林园听后的第一反应是赶紧借钱买入，而且是越多越好。只要上海机场的飞机 12 个月还能飞，借钱利息是 10%，林园表示这个投资就不会失误，一定是赚钱的。这个融资项目一定是无风险套利。

因为上海机场集团是不可能拿 77 亿元现金来行权的，发生行权的可能性很小，并且上海机场的业绩也不错，13.6 元就是上海机场的保底价，9 个月内上海机场的股价肯定要比行权价高很多。然而，因为上海机场的流通盘不大，被抛到 13.6 元／股以下很容易。但林园想那时上海机场的大股东肯定比他还着急！他怕啥！因此，肯定有人会把股价维持在比较高的位置。这种天大的无风险套利机会错过了就不会有第二次，而这也只是简单地复制五粮液的无风险套利原理。

> 林园投资秘诀：当高确定性的投资机遇出现时，可以使用杠杆，因为有足够的盈利把握，撬动的是利润而不是风险。

◎ 海外债券套利：融资买债借鸡生蛋

债券是一种可以让投资者安心睡觉的工具。

林园倾向于通过海外融资的形式，购买收益很确定的海外债券。债券的收益是高度确定的，甚至稳赚不赔的，而林园采用融资的方法，使用借来的钱去买海外债券，赚取高确定性的收益，借鸡生蛋。不过谨慎的林园在选取海外债券时，会对发行债券的企业进行风险评估，甚至做好了企业资金链断裂的心理准备。

因为可转债投资风险小而收益空间大，通过融资去买可转债，亏损的可能只有融资利息，但是可能的收益却比较大，这种投资很理性。理性投资者太少了，赌性重的人太多了。

然而，大多数人只知道贵州茅台、深发展 A 等股票让林园赚得盆满钵满，却不知，他的财富超过一半都是无风险套利带来的。

2020 年，在偿债高峰期与疫情因素影响重叠之下，房地产企业的偿债形势与资金链情况变得严峻。房地产企业纷纷发行地产债，缓解资金之渴，推动了房地产债市的火热行情。林园明确表示，他不会选择购买境内地产债，而是选购很多房企在海外发行的美元债。

林园说："随着 2 月份销售额的下滑，房企在资金方面的压力较大，近期集中发债很正常。房企在境内发行的中短期融票较多，虽然只有 3 个点左右的利息，但总比活期储蓄的利率高，而且短期内一些大中型房企没有倒闭风险，投资确定性较强。因此，即使低息，地产债也是性价比相对较高的资产标的。但是我们从来不买境内地产债，因为这需要动用现有资金。我们一般会通过海外融资的形式购买房企的美元债，其在境外发行的债券利率普遍在 10% 以上，不仅具有高收益，而且不需要动用现金，到期行权之后则继续购买远期债。"林园补充道。这就是借鸡生蛋的融资买债法。

　　林园投资秘诀：债券是收益稳健的投资工具。

恒大海外债券套利

林园在恒大的投资，非常清晰地反映了他的投资逻辑与策略。恒大刚刚上市的时候，林园就少量买入了它的股票，接下来又融资买了一些恒大发行的债券，购买价格都在面值以下。这些债券扣除融资成本，每年给林园带来的收益都超过 10%。

在全国房产热的时候，林园说过恒大房产造的房子随便买。林园真的是随便买房子吗？

林园说："我买恒大的房子，是因为我买了恒大在新加坡发行的美元债券。但是又担心恒大倒闭，所以买了一些恒大的房子，来考察恒大的经营。

本意并不是想买恒大房子，我不是炒房的。到今天，我在恒大债券上赚的钱早就超过了房产的价值。那是属于无风险套利，因为美元贷款的利息只有1.35%，恒大给我的年息是12%。"

林园提到，尽管国内房企在海外发行的票息往往更高，投资人也需要有风险意识，提高警惕。"很多房企发行美元债的利率动辄高达10%以上，但由于这些企业的杠杆太高，投资风险也很大。我们在挑选房企海外债的时候会关注企业的基本面，根据房企经营情况判断其在到期或行权期内不会倒闭的才会买入。但即使如此，我们也做好了标的房企资金链断裂的心理准备。杠杆和利率太高的房企都存在资金链风险，这是投资人需要提前想明白的。"

经过多年亲自购房进行体验式跟踪研究，林园发现恒大的房子性价比很高。比如在一些省会城市，他们卖的精装房价格很低，每次去这些售楼处看都人气很旺。在销售面积上，恒大多年位居全国前列，而且每次国家对房地产进行调控时，恒大总是率先降价促销。林园的判断是，恒大要保证手上有足够的现金，这样在现金流问题上非常小心的公司，出大问题的概率是比较低的。比尔·盖茨常说："微软离破产永远只有18个月！"任正非则说："唯有惶者方能生存！"在华为数十年高速发展、创造无数令人振奋成绩的同时，任正非始终强调华为要时刻保持危机意识。

一个公司如果手头长期有大量现金准备也就不会有太大问题，一个拥有大量现金的公司要让它破产是很难的，就像我们的祖国，现在手上有全球规模最大的外汇储备，要让它发生大的危机也是不可能的。基于以上判断，当时林园一点也不担心恒大会有大的问题，也坚信会计师事务所的大多数审计报告都是真实的，谁都不敢拿自己的信誉去赌博。

对恒大的投资，林园打了一套组合拳，买股票，买房子，在全方位调研的基础上，大量融资购买企业债，以1.35%利率的美元融资成本，套利12%利息的恒大海外债券，是一种典型的无风险套利行为。

林园的套利操作，原理都很简单，风险看起来似乎很大，但认真分析后会发现这些都是无风险套利的好机会。既然没有风险，大胆买，坚决买。当然，能那么精准地发现无风险套利机会，还必须具备林园那样的投资逻辑和知识体系。

◎ 打新：最佳的无风险套利机会

近年来，A 股市场的新股爆炒现象依旧存在，这是很具吸引力的无风险套利。打新股及可转债打新，无疑是当下市场最佳的无风险套利机会。

A 股和港股打新

打新股是指用资金参与新股申购，如果中签的话，就买到了即将上市的股票。打新债是指用资金参与新债申购，如果中签的话，就买到了即将上市的债券。

为什么打新股基本上无风险呢？以中国 A 股为例，新股开盘价一般都比发行价要高。在牛市中，有的新股还能连拉十几、二十几个涨停。所以如果打新成功，赚钱是高确定性的，如果没中的话，也不需要缴款占用资金。打新股这种稳赚不赔的投资方式需要申购。因为申购量比发行量大，所以就需要摇号，如果成功了，就叫中签。

2020 年，打新股的热潮也在香港证券市场掀起。沛嘉医疗上市首日的一手收益近 11241 港币，康方生物上市首日的一手收益近 7116 港币。在香港股市，打新股的特点与 A 股不同，只要你拥有香港证券账户即可参与打新，认购方式有现金认购和融资认购（俗称孖展）两种方式。中签率远高于 A 股，相比 A 股低得可怜的中签率，香港新股中签率高。给予优先保证一户一手的政策，新股分配会尽量保证每个参与者都能中签一手。股价涨幅上也没有涨跌幅的限制。香港新股认购至少要 1 手，1 手新股的金额大多是在 3000—5000 元港币，因此只要有 5000 港元即可参与。

2016 年以来，A 股市场实施 IPO 新规，取消了以往预缴款申购的模式，取而代之的则是中签后再行缴款的方式。由于不提前占用资金，A 股市场也逐渐步入全民打新的新时代。虽然打新股的中签率显著降低，网上打新的中签率仅有 0.05% 左右的水平，但投资者幸运中签后，往往会获得意想不到的高收益。从新股上市后的表现来看，新股上市通常涨幅在 50% 以上，最大的涨幅甚至高达数倍，但是，也要警惕开盘不久就破发的风险。

林园投资秘诀：打新股易赚钱，也要警惕开盘不久就破发的风险。

可转债打新

只要你开通了证券账户，就可以参与新债申购，每只可转债都有对应的申购代码，打开交易软件，进入委托买卖页面，将操作方向选为买入，输入申购代码后，该只可转债信息即可自动弹出。投资者只需要参照信息，申购新债就行了。从以往数据来看，可转债首次上市交易的收益率都是不错的。跟股票相比，可转债更让人放心的是它的债券性质。投资者可以一直拿到债券到期，等上市公司还本付息。同时，可转债还具有股票的属性，当股价上涨至理想价位时，也可以卖出可转债赚钱。

除了新股打新之外，可转债打新也给投资者创造出一个新的无风险套利机会。投资者在参与可转债申购的时候，无须预缴资金，可以通过信用申购乃至顶格申购来满足打新可转债的需求。不过，需要注意的是，待投资者获知中签后，需要保证账户中有足够的资金缴款。可转债打新属于一项无风险套利的投资机会。可转债申购，投资者在操作过程中更为简便。在实际操作中，投资者可以在申购当天采取顶格申购的策略，而后待中签后保障资金账户中拥有足够的缴款资金。可转债是上市公司为了低成本融资发行的债券，能发行可转债的公司都是经过严格的重重考核。发行可转债的上市公司希望你持有可转债，然后让你把可转债转成股票，成为公司的股东。因为上市公司和投资者利益高度一致，这是可转债一大特征。从上市公司角度看，上市公司是缺现金的，不转股的话，债是需要偿还现金的。满足转股条件之后，可转债变成股票，多了一批股东，资金不用还了，欠的钱变成了自有资金。可转债打新可以说是一个弯腰捡钱的机会，无论是在牛市还是在熊市当中都是值得参与的，在牛市中可转债打新收益会更高而且破发可能性更低，在熊市中破发可能性会更高一些。

> 林园投资秘诀：可转债打新是弯腰捡钱，轻易获利。

林园的网下打新

A 股市场历来有"新股不败"的神话存在。网下打新申购的数量越多，获得配售的股份数量就越多，最终利益也就越大。

在科创板首批发行的新股中，中国通号的发行价和市盈率最低，融资金额最高，吸引了众多私募参与打新，林园也进行了顶格申购，是为了获配更多的新股，以实现利益的最大化。2020 年 7 月 27 日，新三板精选层正式开市交易，林园动用旗下 57 只私募基金参与打新申购，共计获配 1791 万股，中签金额达 1.72 亿元。林园参与网下打新是理性的，特别看重企业的质量和价格。这些都属于确定性高的无风险套利。

> 林园投资秘诀：网下打新，也可选择优质企业的股票。

◎ 国债逆回购：超短期套利工具

国债逆回购属于零风险的套利工具，通过证券交易软件就可操作。对于需要资金的人来说，相当于一种短期的抵押贷款，对于手里有现金的普通投资者，相当于一种特殊的短期理财。

逆回购是一种短期金融市场的融资手段，一般期限在 1—182 天。不同的天数对应着不同的资金返还时间，其中 7 天、14 天等短期品种最受欢迎。证券交易所充当了中介、监督、执行的三重角色，一旦成交，对方的国债就被冻结。时间一到，交易所就自动把本钱利息划到你的账户上。作为资金的融出方，投资者在交易所进行逆回购的交易对手是结算中心，如果融资方到期不能按时还款，结算公司会先垫付资金。因此，国债逆回购的安全性强，基本等同于国债。

逆回购的年化收益率一般在 3%—5%，略高于 1 年期存款利率。但不时会出现一些较高的利率水平，尤其在月底、年底资金面紧张时，年化收益率高达 5%—7%，甚至会出现 9%、12% 这样的年化收益率。如果央行这种时间点自己再进行一些正回购的市场操作，就会导致市场上的钱越发紧张，逆回购市场的利率就越高。

假设你有 10 万元，按照 5% 的利率，进行 3 天逆回购的操作。你的收益相当于 100000×5%×3÷365=41 元。通过 1 分钟的操作，就能稳稳赚到 41 元。

在高安全性的金融工具中，除了国债逆回购，还有储蓄国债和货币基金，都能提供高安全性的收益。遗憾的是，国债和货币基金的收益并不高。这也是许多客户最终放弃了它们，选择林园基金产品的缘故。

林园投资秘诀：国债逆回购的投资良机不时就会出现。

储蓄国债：最具安全性的套利

债券是政府、企业、银行等债务人为了筹集资金而发行的有价证券，向债权人承诺于指定日期还本付息。债券的本质是债的证明书，具有法律效力。发生债券的是债务人，购买债券的是债权人。债券的利息通常是事先确定的，所以，债券是固定利息证券的一种。在中国，比较典型的政府债券是国库券。

以最具投资安全性的储蓄国债为例，从最近公布的 3 年期及 5 年期的数据来看，3 年期的票面利率为 3.9%，而 5 年期的票面利率为 4.22%。由此可见，虽然储蓄国债具有较高的投资安全性，但从收益率来看，并不具备太大的投资优势。与此同时，参与储蓄国债的投资者，仍需注意流动性的问题，因为对于储蓄国债来说，投资灵活性并不高，整体流动性优势并不明显。

林园投资秘诀：国债投资有很好的安全性。

货币基金：适合保守型投资者

货币基金投资风险非常低，适合保守型投资者的参与。不过，随着流动性新规的实施，货币基金的投资受限程度也明显提升，这也直接影响到未来货币基金的投资收益率水平。实际上，纵观市面上不少货币基金已经跌破 4%的关口，而未来仍可能存在收益率持续下行的预期，但货币基金依旧是保守型投资者乃至稳健型投资者比较好的投资选择。

总之，无风险套利是轻松捡钱的机会。当有了 100% 赚钱的把握时，林园不惜借入大量资金重仓进行无风险套利。这是他赚取巨额财富的核心秘密。许多人认为林园只靠炒股赚下了数百亿身家。其实他们不懂得林园是在全世界的股票市场进行资产配置，并且不惜动用大量杠杆进行 100% 确定性的无风险套利。

林园投资秘诀：有胆有识的无风险套利，是林园赚钱的法宝。

第十一章

股市：
情绪震荡的迷思

上证指数哪怕跌破 500 点，我的这批股票还能赚 1 倍。因为这样的股价实在太便宜了。

——林园

每次大的灾难，我们都是要创新高，并且把新高远远踩在底下。2008 年股灾以后，我们通过一两年时间，马上市值就创新高；2015 年投机泡沫破灭，我们的市值在 3 个月内创了新高，从那时候到现在又涨了非常多。

——林园

林园认为，中国股市正在发生翻天覆地的变化。过去 30 年里，全球股市都只有少数股票能长期上涨，大概只占上市公司总量的 5% 左右。林园常说真正能赚钱的公司非常少，就是基于他对全球股票市场的研究得出的判断。这种特征，主要是由市场的供求关系决定的。以中国股市为例，新股源源不断地发行，上市公司数量很多，但是优质股太少，散户很难赚钱，因为大部分人不知道正确的投资方向。上市公司很多，但涌入股市的资金就这么点，只能在有利润的公司放大。马太效应强者愈强、弱者愈弱的现象，在全球股票市场都表现得非常明显。所以专业的事情一定要交给专业的人来做。专业机构的信息更充分，能够去标的公司充分调研，辨别它们的盈利能力和优势，最后将赚钱机器类型的公司筛选出来。这类精选的公司只占极少数。

◎ 赚钱机器从来都是稀缺的

林园说："在全球范围看，各个国家的股票市场真正有成交量的股票都是很少的，大部分股票的股性是死的，表现呆滞。以澳洲为例，大家只关注必和必拓。美国股市在 1980—2007 年走出了 20 多年的大牛市，道琼斯指数涨幅约为 17 倍。但梳理个股涨跌幅可以发现，在这 20 多年里，个股分化严重。推动大盘上涨的主要动力来自市场上约 25% 的公司，而从增长市值来看，80% 是靠排名前 10% 的公司带来的。真正能受关注的公司非常少，就二三十家，其他大部分的股票常年没有人理。这意味着，在这 20 多年的长牛中，75% 的个股回报接近零，只有选对个股的投资者才能真正享受到这波大牛市的红利。因为大多数公司最后都是亏损的，行业发展最终都是往龙头集中的，这是全世界的规律。若要去投资冷门公司的股票，失败的概率接近 100%。"

所以，林园强调要买核心资产，低估值的绩优龙头股才能长期大概率跑赢市场。中国改革开放 40 多年，核心资产就这么多，属于稀缺资源，这些核心资产公司不仅是中国的，还是世界的。从外资动向来看，核心资产个股也是其布局的重点。中国股市通过沪港通、深港通、纳入 MSCI 指数等方式加快对外开放，中国股市和全世界的股市是相通的，能涨的股票大家都知道是好的。中国肯定会和国际接轨的。

> 林园投资秘诀：物以稀为贵，赚钱机器类型的公司奇货可居。

◎ 林园投资风格：全球分散化投资

林园利用不同国家市场熊牛更替的时间差，将资金周而复始地投资于中国 A 股市场、港股市场以及美国、欧洲、新加坡等 8 个国家和地区的资本市场。这样，资金就能在全球范围内，始终以满仓状态奔跑。通过分散化，可以更高效地利用资金，以确定性的复合增长，取得了优异的年化收益率。用林园自己的话说："巴菲特所处的历史环境，显然不及现在的国际化市场。从早上到下午 3 点是中国股市；紧接着下午 4 点，转到欧洲股市；晚上 10 点半，转到美国股市。我的财富增长快，是由于中国经济腾飞的国运。"

> 林园投资秘诀：要有国际化视野，从全球范围寻找投资机遇。

防御型与进攻型的金融工具

进攻性的投资工具包括大盘龙头股、小盘绩优股等股票，收益率偏高，风险也大。防御性的工具包括债券、货币基金等。可转债"进攻猛如股、防守稳如债"，攻守兼备。

林园是使用金融工具的专家。除了股票，他还把可转债和海外债券作为重要的投资工具。当然，即使是投资可转债和海外债券，林园持有的也总是最赚钱公司的可转债和海外债券。

林园赚钱的诀窍就是无风险套利。在他看来，无风险套利可以轻松赚钱。判断了最大风险之后，例如一些 100 元面值的可转债跌到 70 多元时，赚钱已经有了高确定性，林园甚至会买了债抵押，再抵押再买债。他敢于借钱撕动杠杆买入。林园就不信赚不到钱，这种无风险套利他做了无数次，已经成了日常操作不可或缺的一部分。

林园投资秘诀：投资要掌握攻守的平衡。

◎ 赚泡沫钱：买入和持有分开

买入股票和持有股票是两个不同的阶段。在林园的投资理念中，买入和持有是分开的。

林园说："我们一直是将买入和持有分开，我们在行业冷的时候买，然后坚定持有等着赚钱。当然，我们一直要警惕风险，首要原则是不亏钱，不亏钱，不亏钱！重要的事情要说三遍！"

对于看好的标的，如果价格太高，林园通常是先轻仓买入部分，同时继续进行调研，进一步明确其确定性，是否真的值得长期持有。当长期标的有好的买入机会，必定重仓买入。长期标的的重仓机会是第一位的，一切都要让路。融资账户应该不断买入长期重仓标的，坚定持有，并利用融资额度不断寻找买入长期标的的机会。

林园在进行买入股票的决策时，是从行业宏观的角度，对行业进行买入。他会单纯地做一个买入行为，对一个行业进行整体买入，而买入的标准就是这个行业还没有寡头垄断出现，一定处于行业爆发之前的初期竞争阶段，才会去买入。这与技术分析派的均线金叉、形态突破等买入股票的方法截然不同。林园说："我会设想未来30年，股市没有波动的，例如一直处于3000点的情况下，我买入了一家公司，最终的投资结果会如何。"那些赚钱机器类型的公司会独立于股市大盘，凭借着公司利润的持续增价，推动股价持续上涨。

抛开大盘因素，林园单独考虑股票是否值得买入；在持有股票时，却要利用股市的泡沫。林园说："要想在股市真正赚钱，就要依靠泡沫的形成。泡沫膨大时，正是我们持有赚钱的阶段，赚的是形成泡沫的钱。"

很多人都拿不住好股票，因为好股票大部分时间都是高估的，如果每天盯着，很容易产生落袋为安的想法。

林园相信抱朴守拙是最好的方法。"比如牛市初期的时候，往往牛熊分界的时候你判断不了。今天涨明天跌，我们很难判断它到底是牛市还是熊市。因为熊市中也有反弹，涨一会儿又下跌了，所以我们就抓住估值，抓住核心的东西，知道它会涨到哪里，就持有不动，等着它涨。因此牛市的初期，我们就抓住龙头的这种股票，就等于是抓住了你当时想象的牛市这根筋。牛市初期我就抓住龙头坚定持有，然后就做一个'傻瓜'，做一只'乌龟'，不管它涨跌，我就做一个最笨的人，放着不管了。"

以医药股为例，既然各家医药公司还没有分出胜负，那么怎么判断买入的时机呢？林园认为，这正是买入的时机。"我们买入的时机总是比别人早。如果行业格局已经是剩下三五家在竞争，这时候我们只能是持有。"

林园说："我们买入和持有的策略是不同的。买入一定是在形成垄断之前，你看不出行业里谁是龙头，先买入一些小股本的股票，赚取它盈利放大和股本放大的双重利润。医药股要分出胜负，至少会在15年以后，所以一开始就要先去埋伏，看看谁能跑出来，通过时间的推移、企业经营情况的跟踪调研，再一点一点加码，集中在某一些企业。"

> 林园投资秘诀：买入与持有分开。行业萧条时买入，行业升温时持有。

叠加效应：行业牛市与股市牛市

在林园的投资哲学中，首先是判断行业的牛市和熊市，选择行业牛市中的优质企业——这比判断股市的牛市和熊市更重要。然后，再去判断股市的牛熊。林园认为，买入股票时股价的高低也很重要。在股市不同的阶段，林园会采取不同的策略，完全顺应着股市，如果不躲避熊市，资金的回撤也是不可避免的。

林园说："对行业的把握力是我们的强项。行业的景气度是我们投资的首选。如果行业没有变差，一家好公司变差的概率比较低。一个行业如果是个夕阳行业，正在走下坡路，我们是能逃掉的。"对于整个股市的牛市和熊市，林园说自己并没有很强的能力去判断，但是通过精选优质的防御型公司和资产配置等手法，多次地躲过股市的熊市。

而善于利用行业牛市与股市牛市的双重叠加效应，使得林园取得远优于同行的业绩。

例如，从 A 股的历史经验来看，医药股一直被认为是避险行业，在熊市或者震荡市中更受资金关注。在熊市或者震荡市中，绝大多数行业的股价表现不佳，医药股反而比较抗跌，显得很有特点。在牛市中，好的医药股龙头同样也会在牛市效应中被放大。在整个大健康行业处于高景气度的背景之下，加上牛市氛围的配合，买医药股相当于牛市中买了一份保险，会有叠加效应。

> 林园投资秘诀：当行业的牛市与股市的牛市叠加，股价易涨。

◎ 重公司、轻大盘：只做确定性的事

林园说："我研究的公司，到目前为止也就不超过 25 家。我的投资思路就是把大家引到我搞清楚的这 25 家来。所以我不喜欢看大盘，实际和大盘没有任何的关系，我看涨的就一定会涨的，和大盘没有任何关系。如果你把赚钱的事寄托在一件不能把握的事上，我认为那就是最大的风险，那就是在赌博。你的命运没有掌握在自己手上。我只有甩开大盘，我的赚钱才是确定的。"

林园选择的有限数量的公司，属于行业牛市中的优质公司。对于股市大盘，林园没有主动设置规避机制。他说："我做了这么多年的股票，也没有设置平仓线。直到今天为止，我们的这种策略也没有吃亏，最后看都是对的。"有一些技术分析的爱好者在买进股票后，会设个止损价位，比如 10 元买入，跌到 8 元就止损出局。林园说："止损相当于做了心里没底的事，为了控制风险才赔钱卖出股票。心里没底的事我就不做，我都是通过给企业算账，通过财务指标把企业算得清清楚楚，才去做。我这人开车出门，出发前都要研究

半小时，把路况方向都摸清楚了才开，小心才能驶得万年船嘛！"

在林园看来，好公司就是赚钱机器，源源不断地赚取利润。这类公司不会积压产品，属于零库存状态。它们在行业里也找不到竞争对手，处于不平等竞争的地位。好公司的垄断利润一定是不平等竞争造成的，并且投入一定，产出无限大。林园强调抓住"中国最能赚钱的公司"。这种投资思路是一种主流的投资思路。林园说："我发现，凡是我去调研的公司，都能看到华润的身影，不过我的范围比华润可能更小一些。这些优质公司是当前股票市场上的稀缺资源，一旦能够成为这类优质公司的股东，就不要轻易地卖掉它们的股票。"

林园说："股价高低当然是投资的基础，但它并不是最关键的。换句话说，不考虑股价也是可以胜利的。我们说的本质是垄断。投资最核心的东西就两个字——垄断。股价在底部的公司未必风险小，股价不断创新高的公司未必风险大。股价在底部的公司，可能经营有问题。如果一个公司的发展最后不能体现在盈利上，风险是很大的。如果在一个大的行业里面，一家公司股价创新高，那说明它的经营能力是向上的，事实上它的股价也会不断创新高。最主要还是看一家公司的持续盈利能力。"

许多投资者想知道，林园一只股票涨了三四倍还能继续持有，面对大盘的涨跌起伏，这样的定力是怎么把握的？林园说："你要有清晰的投资思路，才能有持股信心。我有自己的思路，这个思路就是 3 年要翻倍，1 年不赔钱。这是最坏的结果，是我投资的底线。首先，不赔钱，活着最重要，要想到最坏的结果。如果你没有思路，你的股票市值跟着指数的波动而波动，这已经是最好的结果了。更多的情况是，上涨时，你的账户市值往往涨不过大盘，亏钱时，你却要比大盘亏得多，这是极普遍的。但我们不会受大盘影响，大盘怎么样跟我们没多大关系，大盘好的话，就是能加快我们赚钱的速度，不好的话，咱们的结果还是 3 年翻 1 倍，12 个月不赔钱。"

林园投资秘诀：绝大多数股票与大盘同步涨跌，精心挑选防御股。

◎ 牛市策略：龙头战法

林园把股票市场的牛市划分为三个阶段：牛市初期、牛市中期和牛市末期。他也把这三个时期称为牛市第一期、第二期和第三期。针对市场的变化，林园会采取不同的操作策略。

林园说："牛市第一期是一些主要的行业和股票涨，带头的股票能够涨1—5倍。第二期是更多的股票都会涨，大概有 10%—15% 的股票会涨，一个行业的二线股票也会涨。第三期是基本上所有行业的股票都要涨，有 80% 的股票都会涨。这种情况下，我们就会提高换手率。"

对于股票的选择，林园认为："牛市中不管初期、中期、末期，最主要的赚钱方法是买龙头股。牛市中有一个大的方向，不管初期、中期、末期，它总有一个龙头。什么叫龙头？引领着大盘，自始至终它的趋势都是往上走的，中途可能会震荡调整，但是总的趋势是向上的。如果这个牛市持续若干年，这个股票也是能创新高的。"

面对牛市，投资者需要转换思维方式，并将风险控制好，再顺着牛市的节奏进行操作。林园自信地说："这件事大部分人都是做不了的，只有我老林知道怎么做，要有丰富的履历，对国际上的情况都有判断才行，知道什么时候干这件事是最正确的时间点。"

> 林园投资秘诀：在股市的牛市中，最主要的赚钱方法是买龙头股。

◎ 牛市初期：选好主线满仓操作

林园说，牛市初期的时候，往往牛熊分界你判断不了，今天涨明天跌，我们很难判断它到底是牛市还是熊市。因为熊市中也有反弹，涨会儿又下跌了。在牛市初期，投资者的心态还是很保守，有一个较漫长的信心恢复期。

　　林园会选择龙头股和小盘绩优股。他说："最能上涨的股票有两类。一类是我说的龙头股。龙头股带动了整个牛市。它们在牛市的早期、中期、晚期都会涨。还有一个就是小盘绩优股。我们要选择股本和利润同时扩大的小盘绩优股。这相当于买了一份保险，盘子越小，越容易涨。这也是国际上的经验，当股市好转，人们就会忘掉风险，去买那些盘子小、市值小的股票。少量的资金就能推动股价上涨。但是我是不会去投机的，会选择一些小盘绩优股。最终小盘股一定涨过大盘股。龙头股和小盘绩优股是牛市中最能涨的两类股票。"

　　由于林园一向是满仓操作，他的日常开支，常常来自一些高分红股票的股息收入。所以，林园除了配置龙头股和小盘绩优股，在牛市初期，也会配置一些高分红的股票。

　　牛市的初期要选好主线。在选择主线时，林园会注重两个行业：与嘴巴消费相关的行业和券商行业。在 2020 年面向读者的直播中，林园强调这两个行业是最重要的两条主线。

　　林园说："跟嘴巴有关的消费行业，是一条主线。在熊末牛初的过渡时期，我就坚持这条主线。从熊市末期到牛市初期，再到牛市最终确立，它都是主线。第二条主线就是券商行业。因为牛市会给券商行业带来更多的利润，牛市中的券商行业属于热点，会持续上涨。券商股也是牛市当中的一个标志性板块，券商股在牛市中涨 10 倍都有可能。"林园还说："我们没买券商股。因为我投资有自己的纪律，我给自己定的纪律就是买确定性的医药股，定了就得遵守。"

　　医药行业属于与嘴巴消费相关的行业。林园把医药行业置于特殊地位，因为它可能是未来 30 年的主线。在 2020 年的多次直播中，林园强调，相比中国的地产业和银行业，中国医药行业现在还是个婴儿，最多是个 6 岁的儿童。大多数人认为医药股贵，短期涨幅太大，但医药行业的宏观拐点就是现在，后市会有大幅的涨幅。林园列举了多年选择行业主线的成功案例。他说："就像当初我们四川长虹，那个时代家家都要买电视，你说它是不是应该涨？汽车快速普及的时候，你买汽车都是求着买，现在医药也是一样。药品需求是持续爆发的，我们对医药消费的估算是 3 年翻一番，这就是拐点。从盈利水平来看，中国医药公司跟国际上那些领先医药公司的差距还很大。我们认为医药和券商是国内两个跟世界差距巨大的行业。"

不过，林园更看好未来唯一可以长期投资的行业，那就是医药股。其他行业不是产能过剩，就是技术不成熟，还需要加大投资来搞研发，未来看不到希望。虽然医药行业也有过剩的产品，但是医药行业的需求却很大，会随着时间的推移，改变这种状况；而且医药行业是经过时间检验的，不需要再加大投资，有些医药公司甚至不需要再投入重大的创新。所以，经过与其他行业的分析比较，林园觉得还是医药行业的投资确定性更高一点。

林园投资秘诀：牛市初期，选好行业主线，满仓操作。

买龙头股，做一个持股不动的"傻瓜"

林园认为："在牛市初期，投资大众的心态比较谨慎，还没有恢复对股票市场的信心。龙头股是市场公认的明星，所以，不用宣传，都会得到较多投资者的认同。"

在这种模糊朦胧的熊末牛初过渡期，股市会呈现恢复性上涨，大部分股票都会上涨，这是对熊市过分下跌的修正。值得注意的是，在牛市初期，已经有一些大盘蓝筹股出现上涨，而且这些龙头股的上涨会贯穿整个牛市。牛市初期，不管股价的涨跌，林园会抓住龙头股并一路持有。

这些吸引公众注意的大盘蓝筹股居于行业龙头地位。它们的股价不断地创出阶段新高，这是牛市初期的主要特点。它们会不断地创出新高，使很多人赚到钱。由于这批股票的总市值比较大，初期它们的上涨会表现得比较慢，甚至不涨，但一旦上涨趋势形成，它们就会成为市场的热点，市场反复炒作这些股票也就成为必然。这些个股由于业绩能够持续增长，为股价持续上升打好了基础。有了业绩做支撑，这类龙头公司会不断创出阶段新高。一些人觉得，这类有着庞大市值的公司持续上涨，是不是太高了？结果它们的股价还是继续涨。

林园提醒说，在牛市初期，一定要关注这些拥有头部地位的大盘蓝筹股。虽然二线和三线公司的股价也会有所表现，但是它们上涨的持续性有待观察。所以，在牛市初期，就是要关注大盘蓝筹股。牛市第一期就是一些主要的行业和股票涨，带头的股票能够涨 1—5 倍。

> 林园投资秘诀：牛市初期，选择大盘蓝筹股，持股不动，坐拥利润。

买小盘绩优股，赚双重放大的利润

在牛市中，还有一类股票也是最能涨的，那就是绩优的小盘股。为了寻找未来 3 年能涨 10 倍到 20 倍的股票，林园锁定那些股本非常小、盈利非常好的股票。这类有着婴儿股本的小企业随着时间的推移，送股越来越多，伴随着股本和 PE 的双重放大，以及股价的上涨，投资者就能获得丰厚的利润。林园说，买入那些大品牌、小股本的股票，实际上就是发横财。例如，他选择的丽江旅游、马应龙、千金药业、黄山旅游、云南白药，这批股票的流通量小，股本扩张力强，又容易被市场炒作，股价上涨也是必然的；而且这批股票在牛市中也是最能够产生明星股的，整个牛市下来，它们上涨的幅度可能是大家难以想象的。

> 林园投资秘诀：牛市初期，选择小盘绩优股，赚取双重利润。

股票的配置比例

"牛市初期我主要买龙头股。我的配置中龙头股可能是占了 60%—70%，小盘股占了 15%，剩下的这部分，配置我认为熊市中被低估的股票。比如派息率在 10% 以上的，占组合的 25%—30%。这就是我们说的布阵。中间这块的高分红，是我生活来源的保障，我不能为生活中的钱发愁。即使在熊市，组合中的股票都不涨，光中间这部分每年的派息也够我生活了。所以熊市、牛市我永远满仓也不会吃亏的。我一天都不会空仓，我的钱要一直在给我生钱。"

"这是牛市初期的布阵。一块是龙头股。中间一块是高分红股票，高分红的股票在牛市中一定是 PE 很低、分红却很高，它们是一对孪生兄弟，会连在一起的。第三块就是优质的小盘股。"

> 林园投资秘诀：牛市初期，投资于龙头股、小盘绩优股与高分红股票。

只选白马股，远离边缘行业的股票

投资要做主流品种，应选择市场公认的白马股。有一些行业景气不足，公司业绩不佳，这类行业和公司容易被公众遗忘，处于边缘化的状态，林园就远离此类行业和公司的股票。不能凭借自己的想象，就认定这类行业和公司的股票会成为意外爆发的黑马，不要和市场的人心趋向对抗。对于那些容易被公众遗忘的边缘公司就要规避。

林园认为，从长期看，股价是企业效益的反映。由于很多股票在熊市中不断地下跌，已经具备了阶段性的投资价值，但是也有很多风险没有暴露出来，不确定性较大。因此，需要避免随意选择股票，牛市初期不是抓黑马的时候，不能寻求意外之喜。

> 林园投资秘诀：牛市初期，只选绩优白马股。

满仓捂股，持有优质个股的"乌龟"政策

牛市初期最核心的问题就是胆子大，在牛市初期赚到安全垫，后面的表现是胆子越大赚钱越多，一年 8 倍、10 倍都有可能。林园认为，炒股赚钱是第一位的，牛市确定了就赶紧入场，什么价值都是假的，牛市里面人有多大胆，地有多大产。你胆子不大，在牛市中就是个倒霉蛋。股票真正上涨的时间只有 5%，其他 95% 是不涨或者下跌的，不抓住这个 5%，对你来说风险是巨大的。

林园一旦判断市场已经进入牛市初期时，便采取满仓、捂股的策略以迎接牛市到来。他主张这个时候就要满仓。只有满仓，在牛市中才能赚到足够的钱。要知道，在牛市中一开始就赚钱，对每个投资者都是非常重要的。

牛市初期要赚钱，最重要的是捂股。满仓买入好股后，要拿得住才行，这就要捂股。这个时期买入股票被套住的概率不大。牛市里边一般套住不会超过 6 个月，通常 3—6 个月会解套，这是个铁律，全世界的牛市都是这样。

此时，林园会买入并持有最能赚钱的优质公司，这期间他会采取"乌龟"政策，只买进不卖出。他的账户基本上长期不做交易，这样会把利润赚饱、赚足。但这样的策略会让投资者感觉无事可干，这时候，林园会选择一些自己平时想做但没时间做的事情，来打发过剩的时间。

林园每买入一只股票，都是在他认为有投资价值的价格介入，即买入时的价格要合理或者被低估。但林园毕竟是人，很多情况下，那些价格被低估的股票在林园买入后并不会立即上涨，他坦承自己也不知道这些股票什么时候才能上涨。林园的方法很简单：当他发现被低估的股票并果断买入后，然后像动物冬眠一样，一直等到股价上涨。

一、选中个股，主动做"乌龟"

林园买入股票时，会以他认为有投资价值的股价买入，即买入时的价格要合理或者被低估。多数情况下，林园买入被低估的股票短期内不涨，也不知道这些股票什么时候上涨。"笨人笨办法"，他发现被低估的公司后就果断买入，像"乌龟"一样守着，等着股价上涨。林园坦承，这段等待的时间非常难熬，要有非常坚韧的毅力，抵制市场各种诱惑。当然，林园买入的个股，一般股价也不会大跌，在相对于他的买入价 10% 以内波动。

例如，林园借钱于 2005 年 4 月买入招商银行的可转债，当时买入的平均价为 102.50 元／股，到 2006 年初股改前，它的价格仍为 102 元左右，在近 1 年的时间内，价格就在 101—120 元之间波动，他也只能在里面等待。2006 年 5 月，林园又借钱买入上海机场，平均价为 13 元／股，买入后几个月内，股价一直在 12—15 元之间波动，他只能做"乌龟"。的确，林园也不希望长期做"乌龟"，但这不是他能左右的，但从做法上看，林园是主动做"乌龟"的。

二、投资组合，集体做"乌龟"

林园说，"乌龟"政策的另一层意思是指某个特定阶段，他对市场的判断是牛市初期，要采取相对防守的投资策略，因为这个时期，不是所有买入的股票都会同时上涨或下跌的。这个时期，林园会建一个有多只股票的组合，这个投资组合的总市值也不能波动太大（相对于买入价应在 10% 以内），当股市出现下跌时，组合的总市值也不会出现明显的亏损，像是一个"乌龟"，这样才能继续持有这样的组合。

林园说："目前这个位置上，我们是普遍撒网的战术，大概投了 10 家公司。重点是这个公司该占多少的仓位，我们要结合它的股价来定。这些公司必须是已经盈利的，只要大盘企稳，它们就不会持续下跌，我预测在未来 36 个月之内，甚至有可能 12 个月之内，我们投资的个股股价就会创新高。"

罗伯特·梅纳德认为，建立投资组合既是为了在市场平稳时挖掘更多的收益，也是为了很快度过市场危险期而生存得更长。林园反复强调："就算只有 1000 块钱，也要建立组合。""乌龟"政策还适用于由多只股票组成的投资组合。

2006 年初，林园账户的组合包括贵州茅台、五粮液、云南白药、招商银行、上海机场、铜都铜业、黄山旅游等。他将投资分散在了不同行业、不同走势的多只股票上，这样就能保证：即便在股市下跌时，他的总市值也能保持在相对稳定的高位上。

2006 年 3 月 21 日，他又用 100 万元现金买入一个组合，包括：上海机场 8200 股、民生银行 13860 股、招商银行 41300 股、黄山旅游 4000 股、云天化 3800 股、瑞贝卡 4700 股、马应龙 2520 股、东阿阿胶 9500 股、铜都铜业 40600 股、新兴铸管 30308 股、丽江旅游 4200 股。这个组合买入后，其总市值也都是相对稳定的，即使大盘出现下跌，它也能像个"乌龟"。林园买入这个组合时，就已经充分考虑了各种因素。例如：这个股票组合里有能保证高派息、低市盈率的个股（铜都铜业、新兴铸管）；有能持续上涨的高增长个股（上海机场、民生银行、招商银行、黄山旅游、瑞贝卡、丽江旅游）；有品牌个股（东阿阿胶、马应龙）。这样的组合能保证，当大盘下跌时，他也有上涨的个股，涨跌相抵，达到总市值的相对平衡。而过去的事实是，当大盘下跌时，他的组合总市值也不一定跌，这样他才能满仓持有。"乌龟"政策实际上是在股市下跌时，积聚力量，等待时机。最终，这些"乌龟"都会变成"兔子"。

在建立投资组合时，格雷厄姆提出两个简单可行的方法。第一，平衡组合中股票和固定收益证券的比例。第二，持有不同股票的数量要达到一定的数量和比例，在一两只股票表现异常时，不至于连累整个投资组合的收益。

当前，林园对医药股进行了一揽子股票配置。他买入的主要是中药企业，因为"看不到龙头，那就买整个行业"。随着时间的推移，行业格局也会变化，林园会根据企业的形势调仓，最终挑选出龙头公司。按照林园的预测，未来 30 年在中国企业市值百强里应出现 30 多家制药企业，在全球企业市值百强里应出现超过 10 家的中国制药企业。而目前，中国企业市值百强里只有 1 家制药企业，全球企业市值百强里制药企业有 11 家，但中国制药企业上榜数量为 0。林园在 A 股市场布局的同时，也在其他资本市场配置中国制药企业，成本更为低廉，适合长期持有。林园将医药股当成了当年买入贵州茅台的翻版。通过投资组合，去控制整个盘子的系统性风险。

林园投资秘诀：牛市初期，选好个股，建好组合，坚守"乌龟"政策。

避免穷人逻辑的陷阱

熊牛切换之际，一旦下跌，很多投资者就会赶紧卖掉股票，这是典型的穷人逻辑。从过去的经验看，有很投资者在牛市初期时，由于受到过去熊市的影响，一直赔钱，人变得特别小心、胆小，他们这时习惯用少量仓位去买卖股票。而牛市的特征是涨多跌少，他们往往到了顶点时才满仓操作，这样又形成了前面赚的钱还没有后面赔得多，总账算下来可能还要赔钱。但是，牛市初期就采取满仓操作，形成良性循环，胆越大赚得越多，这样才能够踩准牛市的节奏。

因为牛市就是比胆大，只有赚了钱的人，才会胆大，熊市里亏了很多钱的苦命人，他一定胆小的，这是市场决定了他必须胆小，股市赚钱是靠牛市、靠泡沫的，投机市场都是靠泡沫的，在熊市里能赚钱的人都是极少数，不是大部人，真正赚钱是在牛市里赚钱，股市有个规律是 95% 的时间不涨或下跌的，只有 5% 的时间是上涨的。昨天的亏钱不代表你明天会亏钱，抓住牛市的机会，捞一把，把它捞回来，完全可以做到，牛市里面才是赚钱的时候，牛市初期又是非常重要的赚钱时期，这会增加你对这个市场的信心，胆子越来越大。

> 林园投资秘诀：牛市初期赚足利润很重要，能够增强持仓的勇气。

◎ 牛市中期策略：聚焦最具爆发力小盘股

林园说："牛市会向纵深发展。牛市初期到中期，更多的股票都会涨，中期的特征大概有 10%—15% 的股票会涨，就是一个行业的二线股票也会涨。人们已经忘记了熊市的风险，慢慢地淡忘了，原来不敢买的股票也会买，大家一买它肯定要涨，这就是恢复性的上涨。牛市中期也有一部分的股票会涨，到牛市末期很多股票都会涨。"所以，牛市中期应采取和初期不同的投资方法。

> 林园投资秘诀：牛市中期，大众开始忽略风险，放胆投资。

牛市中期的市场特征

随着股市向牛市中期挺进，市场会有数十家龙头公司持续上涨，不断创出新高。这是牛市中期的典型特征。

牛市中期才是一波大牛市中最赚钱的时候。在牛市中期，林园的任务是把握好目标的主升段。他说："比如，上一轮牛市我能够赚 12 倍，在牛市中期我至少能够赚 7 倍。我肯定会找出最具爆发力的牛股，获取最大的利润。"

　　为了找到最有爆发力的牛股，林园加强了对优质公司的调研，作为牛市中期可能选择的猎物。当然，这批公司已经进入他的视野多年，他的首要任务是把这些公司的隐蔽问题搞清楚，为牛市中期的大决战做好充分的准备。

　　林园会密切观察牛市的演进，判断是否出现了牛市中期的特征，随时准备对锁定的目标股进行炒作。"如果进入牛市中期，市场会出现一批较为优质公司股票的上涨，而且市场会给它们轮流上涨的机会，这时在不同的轮涨龙头之间进行切换，就变得非常重要。尽管有些股票在我们抛出后还会继续上涨，但我们切换的股票会有更大的涨幅。根据情况，如果现在持有的股票累积升幅已经不小了，我也会考虑换股的。"在股市牛市的中后期，林园会盯住一部分涨幅没有起来的公司股票。它们都是林园当初看好的种子，几年过去了，涨幅非常小。林园会适当地加仓这部分股票。"我在证券市场总是选择最便宜的东西，性价比最好的。我现在持有的公司不见得是我认为它不能涨的，但也把它卖掉，因为我要选择性价比更好的。"

　　林园说："虽然现在锁定的目标在 10 家左右，但真正能够飙涨的也就三四家，我会尽量要求自己把握好它们的主升段，抓住这些股票的快速增长期。我收益增长最快的时候就是在 1996 年的牛市中期，1 年半的时间翻了 12 倍，当然要不断地换股了，抓住每个公司的快速增长期。"实际上，牛市里会有板块轮动的，牛市里是套不住人的，固然还是要把控制风险放在第一位。林园说："我们是对热门行业进行了分析，然后等候。"

　　观察的那些股票是否已有不小的升幅了呢？林园说："虽然这些股票现在已经有了一定的涨幅，不过还没有形成持续的涨幅，牛市中期才是它们上涨的主升段。就像巴菲特当年买可口可乐的时候，也是在这只股票涨了十五六倍的时候才买入的，但是后来还是带给他很高的回报。怎么判断牛市中期呢？以 2006 年为例，当时我们看到有的股票在上涨，有的股票在下跌，这是符合牛市中期特征的。当牛市来到了中期，我们应该找准大方向。在这个阶段，我们的主流产品，估值都增高了，但到底高不高呢？我研究了二十几家认为有价值的公司，与国际主流公司的估值相比，这二十几家优质公司的估值，最多相当于国际主流公司股价估值的 60%，有的只相当于它们的 1/3。

大家都说贵州茅台高了，现在是 100 元，但我们看看欧洲酒类，增长率每年超过 8%，PE 是 60 倍以上，与它们相比，怎么能说现在增长率在 30% 以上的贵州茅台，PE50 倍就是高了呢？"

> 林园投资秘诀：牛市中期是最能赚钱的时候，百股争鸣，百花齐放。

牛市中期的调整策略

林园说："到牛市中期的时候，我只需要做一件事，就是把中间这块的持股比例缩小，甚至缩小到零，就是中间低 PE、高分红的股票，在组合中的比例也要缩小，然后加大小盘股的投入。这个阶段就是小盘股最能涨，牛市一定是小盘股涨得最多。小盘股一定会给你带来意想不到的收益率，你只需要做好这步就可以了。如果不追求更高的利润，我这个布阵，足以分享这波牛市指数的增长。2006 年指数涨了 130%，我是增长 5 倍。你买好了以后，它至少能跟上指数，不会落后于指数。实际上在股市中，多数人是跟不上指数的。指数涨了多少，多数人的财富增长并没有跟上指数，跟上指数是很不容易的。特别是我们现在的指数，它实际上是失真的，大盘股一上，它是按照发行价的，失真很多，多数人跟不上也很正常。但是我们这个办法，比如说 12 个月里是可以跑赢指数的。"

> 林园投资秘诀：牛市中期，重心转向小盘绩优股，坚持这个笨办法。

◎ 牛市末期策略：兑现利润及时离场

到了牛市末期，市场中的大多数股票都会上涨。根据林园过去的实战经验，牛市的中后期才是最赚钱的时期。林园作为一个"钱迷"，当然一切以赚钱为最高目标。牛市末期，上涨的公司多，涉及的公司调研也相对较多。

在股票持仓的过程中，林园基本上很少换手，除非在牛市第三期，在极个别情况下，会做出这样的行动。牛市第三期往往就是市场最疯狂的时候，完全就是炒股，那时候林园也会换股，换手率相对较高。

对于泡沫的判断，林园将 PE 视为评估泡沫的参考工具。比如说，一家成长型公司，合理的 PE 是 30 倍，那么林园就视 30 倍 PE 以后的股价上涨视为泡沫，但泡沫是不是大到破裂的程度，这是谁都不知道的。其实泡沫吹到最后，最终是要破裂的，但其间的利润丰厚，从某个角度看，赚钱就是要赚泡沫。

牛市末期，甚至牛市中期，林园就会开始兑现利润，实施资产配置。资产配置，需要同比例下调所持股票比例以抵御市场风险。

这种资产配置，像打仗中一个不可缺少的元素。资产配置带来的效益就是老百姓讲的东方不亮西方亮。能够把现在的利润锁死，这就够了。林园说这个办法这么多年来他从没有错过。

林园给自己定下的铁律，每 3 年做一次大的资产配置，同比减仓 30%，配置到其他估值合理的市场。那些从沪深 A 股市场兑换出来的资金，将被投向价格更便宜的香港市场和一些即将 IPO 的内地企业。林园回忆说："三轮熊市我都出来了。我只是通过资产配置，强迫把我的 30% 资产配置到 A 股市场之外，比如港股。我算了一笔账，就是这 30% 的资产在未来 3 年至少能涨 5 倍。这样，3 年以后，这 30% 产生的效益包括本金，相当于我现在总资产的 150%。哪怕我现在 A 股的 70% 全部亏完，这 150% 还足以保证我的资金是增长的。"

事实上林园之所以逃过数轮熊市，并不是有着精准的预测能力，而是他从 1997 年就开始做资产配置，当股价高涨时，卖掉股票，再把卖掉股票的钱，转到其他市场买便宜的证券。他说："我会对未来 3 年进行布阵，强迫自己退出风险已高的股市，及时变现。然后，我会使用卖股变现的钱培育下一个 3 年的种子。现在你们看到我在不停地赚钱，这其实是表面现象，这些赚钱的股票都是我以前播下的种子。"

当牛市狂飙之后，所有的人都轻而易举地获得巨额收益，这时就需要兑现利润，及时离场了。

林园曾经说过："很多人说我熊市中为何能离开 A 股股市，实际上我也不知道。每次 A 股熊市，我都在 A 股市场之外活动，那时候我已经退出了境内的股市。我总是满仓，在 A 股熊市的时候我是在别的便宜市场去买了。为什么熊市我会离开 A 股股市呢？我大概经历了 3 次 A 股的熊市。3 次熊市我都提前出来了。过后一想，这也称得上是一种艺术吧。实际上，我当时也是糊里糊涂的，只是觉得要进行资产配置，该拿 10% 甚至 20%、30% 的资金到别的市场去买更便宜的东西，比如境外的市场，比如香港上市的公司或国内的境外公司。因为我长期跟踪，知道它相比国内 A 股便宜了，在这个便宜位置，我就会把它买回来。我会有意、无意地从 A 股撤出一部分资金做这个事。这就是我的资产配置。在境外市场中，我会找到能够赚钱的。我买了它一定是能够赚钱的，因为这个位置买了没风险。我会把我的资金配置到这部分资产。但是一般人做不到，他知道便宜也不会去买。我是强迫自己干的，这种大的资产配置非常重要。我给我们的客户讲，你加入我们的队伍，我会告诉你股票怎么操作，告诉你人性的弱点，我慢慢地培养，使你不惧怕股市。你不会觉得在股市中是有风险的。你不怕股市才会持有，才会赚钱。还有一个，关键的时候，我会给你做资产配置，告诉你这个公司可能存在什么风险，我们应该采取什么措施。当然，我卖了这个股票，不代表它不能涨了，很多股票在我卖了以后还涨了很多。但是，我们只赚合理的、知道的钱。这种资产配置，像打仗中不可缺少的元素。前 3 年熊市，我的市场策略比较好，我满仓买入，等着它。牛市来了我就赚了很多钱，然后我就往资产配置方面考虑。"

在股市泡沫破裂前，有一些显而易见的征兆。林园说："老实说，我们对牛市结束是有感觉的。这时市场在估值上是非常高的。高和低的标准是什么呢？一个是和国际市场同类公司相比；再一个就是，这时候在这个市场我都找不到能够投资的公司了，觉得都高了，没有机会了。如果大家留意的话，还有一些迹象，在这方面台湾跟大陆是很接近的。比如我记得 1990 年的时候，台湾证券公司门口的滑梯都是上幼儿园的小孩自己在滑，家长都去炒股票了。后来的事情大家都知道了，台湾股市指数从最高点 12682 点一路崩盘，一直跌到 2485 点才止住，8 个月的时间跌掉 1 万点。"

与林园持相同观点的还有林奇。只要所投资的股票业绩优良，他可以持仓 5 年、10 年不变。他说："在我的投资组合中，最好的股票往往是买进三五年之后大涨，而不是三五个星期之后。"对于卖出股票，林奇认为有两种情况：一是公司业务从根本上恶化了，二是股价上升过高，超过了公司盈利的增长。这时卖掉它换股操作，可以获得更高的收益率。

> 林园投资秘诀：牛市末期获利离场，通过资产配置，转向其他市场，可以控制风险，提高收益。

◎ 熊市策略

熊市来临，股票普遍开始下跌。有的股票会持续下跌，长达数年甚至更长的时间。从股市最高点算起，当股市指数下跌幅度超过 20% 时，我们就可以确定熊市已经来临。

在熊市中，投资者中弥漫着悲观的情绪。股价持续下跌，资产市值一天天缩水，一些投资者会不计成本地抛售出手中的股票，保住部分资金；一些投资者继续硬扛，持有股票，但只能痛苦地忍受股票市值持续缩水的折磨。

购买股票的需求不足，而卖出股票的供应力量强大，这是熊市低迷的本质。在熊市中，投资者不再愿意投入资金买股票。一些上市公司公布了利好消息，也无法刺激股价回暖。在熊市末期，甚至私募基金行业的大部分专业人士也很少谈及股票。只有一些先知先觉的人开始悄然布局。所以，在熊市末期，这类先知先觉者的动态就尤其值得关注。在舵手林园投资交流群，一大批忠实的跟随者都以跟踪和验证林园的言论为乐，也总能先人一步地踏准市场的节奏，赢得更多的股市利润，实实在在地从林园的投资智慧中分到一杯美羹。

只有熊市深跌之后，才会出现极佳的买进机会。以格雷厄姆为例，他非常在意"便宜货",认为股票价格应低于每股有形资产净值的 2/3 时才能买入。只有熊市的深跌才能水落石出,让这种"便宜股票"显露出来。经历过熊市的冲刷之后,这类"便宜货"就像玉石一样袒露在河岸。只有熊市深跌之后,才能出现重大的投资机遇。这就是林园高度重视的数年一遇的良机。巴菲特也认为,只有历经数年,才能寻找到"大象"扣动扳机的稀缺机遇。

优秀的投资者只在熊市深跌之后建仓,这时候的股票物有所值。当牛市狂飙突进之后,在人气鼎沸当中,股票已经物超所值。所以,市场低迷才是买入的时机。这种在市场萧条时买进的策略,与古代精明的商人一脉相承。与西施归隐并泛舟西湖的范蠡就认为,做生意要"人弃我取,人取我予","时贱而买,虽贵已贱;时贵而卖,虽贱已贵"。

林园说:"熊市和牛市的投资方法不一样。另外,熊市和牛市买入的股票也不一样。明确这一点,我们就能在熊市里也赚钱。熊市中要买什么样的股票呢?就买一些确定性最高级别的股票。在熊市中,比如 2003 年我就买了大量贵州茅台(买了 1.7 亿元贵州茅台,平均价 23 元)。我们能算到未来 3 年利润账的公司,确定性极高,就买入它的股票。"

"好公司最主要的标准,就是它是否每年能创新高。一只股票如果派息率 8% 以上,未来业绩增长 15% 以上,在熊市买也不会吃亏。我说过,在熊市你就做确定性最高的股票。因为熊市中,所有的股票都是被低估的。你买那些被严重低估,能算清未来 3 年账的公司,买入 12 个月就会赚钱。我的研究发现,只要是被严重低估的股票,12 个月内必然会得到市场的纠正。什么叫作严重低估?比如说,它的派息率在熊市是 8% 以上,这是我自己总结出来的,它的未来业绩增长在 15% 以上,我觉得你买这只公司不会吃亏。因为银行存款利息只有 2%,如果它每年给你派息,派 8% 的话,至少比银行的利息收入高。所以,即使它这一年会下跌——因为熊市多数是下跌的,但是在分红派息的时候会创新高的。我们买好公司,最主要的标准就是这只股票不管是熊市还是牛市,每年都能创新高。不怕买错,就算买错了一年里它又会涨回来了。这就是我们所说的套住不会超过 12 个月,哪怕它下一年又把你套住了,但是下一年过了 12 个月又能解套。或者到派息的时候它会让你解套、赚钱，始终有解套的机会，你就可以持有这个公司。我们最怕持续下跌，尽量避免买一些不能创新高的公司。"

实际上，熊市初期难于辨识。投资者可以持有一部分防御能力强的股票，而不必抛出所有的股票，彻底离开股市。对于那些长时间不需使用资金的投资者来说，这种方法更容易操作。防御能力强的股票，就像耐冻植物一样，可以平安度过寒冷萧瑟的熊市。就算它们不可避免地受到大盘下跌的影响，通常在后市会有更为强劲的上涨。这类防御性股票经常存在于林园强调的垄断行业，以及与嘴巴消费相关的行业。熊市中有 3 只著名的防御股：五粮液、贵州茅台和云南白药。因为这 3 只股票，它的毛利率不会变化，不会降价。这是熊市里选择防御股的办法。

什么时候做什么事，要根据不同的情况来做，它是变化的。熊市和牛市投资的方法是不一样的，买入的股票也是不一样的。熊市中要买什么样的股票呢，就是要买好公司，最主要的标准就是能够穿越牛熊。

林园把熊市划分为三个阶段：熊市初期、熊市中期和熊市末期。针对市场的变化，林园会采取不同的操作策略。

> 林园投资秘诀：好的投资机遇，通常出现于熊市的深跌之后。因为，正是熊市解决了股价过高的投资难题。

◎ 熊市初期策略：选择套现离场

在熊市第一阶段，也就是熊市初期，林园建议普通投资者远离熊市，更不要借钱炒股。判断牛熊交替难，但是某些指标可以做到有迹可循。林园说，牛市变熊市的话，大部分股票都下跌，开始是很差的股票跌，最后优质股也会跌。

随着持续下跌，市场似乎对目前的抛售无动于衷，认为只是正常的回调。许多"专家"在媒体上纷纷保证，由于股价已经下跌，抄底买入股票已指日可待。这可能鼓舞人心，消除日益增长的悲观情绪。因为通过降低股价，反弹的力量可能随着之后的牛市行情一起恢复。不过，有远见的投资者已经做好了下跌的心理准备，感觉股市已经达到不正常的高度，他们选择套现离场，交易量仍然很高，大众交易者仍然很活跃，但是指数就是不涨，出现了放量滞涨的情况。

此时，大众交易者开始显示出不安的心态，因为手中的股票已经达不到自己原来的预期，甚至先前的盈利还在不断地消失。于是，有些交易者开始抛售手中的股票，随着越来越多人的抛售，大众交易者越来越害怕，从而导致恐慌性抛售的发生。熊市的第一期是巨大的杀伤率，比如说 2008—2009年，这一年跌了很多，这一段时间杀伤了很多人。一般的交易者喜欢在股票账户里出现两三个点的盈利时毫不犹豫地卖出，却在同样比例的亏损时持仓固守，以期价格回升。事实上，他们的期待常常落空，最后本来仅有 3 个点的亏损扩大至 10 个点以上，他们才迫不得已在价格底部清仓。此时原本盈利的账户已被犹豫不决而导致的亏损吞噬得所剩无几。

当回头检视自己的投资账户，你是否也会发现，某一笔交易中的小额盈利，总是被另一笔投资的大额亏损所吞噬呢？如果你的状况与上述情形正好相反，单笔盈利总是大于单笔亏损的话，则说明你已经学会如何投资。

林园的强项是资产配置。熊市初期来临时，林园或者已经退出了股市，转到别的便宜市场去了，或者就靠防御性的股票组合来抵挡熊市。

另外，在熊市初期，林园也重视债券的防御能力。他说："赚稳定的钱非常重要，稳定意味着收益是明明白白的。可能大家觉得我是抓了牛股赚了很多钱，其实我赚钱最多的是债券。挑选那些优质公司的可转债或者海外债券，特别是能准确看到未来 3 年经营情况的公司，这样的优质公司在全世界 10 个手指头都是能数过来。选择这样的公司去投资，买它们的可转债或者海外债券，这样就有了好的投资轻松度。"

> 林园投资秘诀：通过资产配置或者防御股组合，应对熊市初期。

◎ 熊市中期策略：转战低风险市场

熊市的第二阶段是熊市中期。

在熊市中期，大量的资金逃离股市。投资大众开始不断抛售股票，股价加速下跌，往往出现熊市的最大跌幅，人人恐慌，就像坠入深渊一样。在熊市第一阶段，投资者获得了各种建议，提醒他们在下跌的时候买进股票。这类被套牢的股票在熊市中期往往急速下跌，惊恐的投资者为了避免更多损失，开始抛售股票。抛售的人越来越多，买家越来越少，股价经常放量加速下跌，甚至出现近乎垂直的下跌。股价可能出现一些疲弱的反弹，之后又会继续下跌。

投资者的这种恐慌情绪会持续很久，而精明的投资者会利用投资大众的情绪。恐慌总是给我们上课：当投资大众的情况处于巨大的恐惧和不安中，公司价值总是被忽视。林园在熊市中期会持有防御股票，或者已将资金转移至其他低风险的市场。

> 林园投资秘诀：熊市中期，转战低风险的其他证券市场。

◎ 熊市末期策略：为反转积累头寸

熊市的第三阶段是熊市末期。

在熊市末期，股市还在下跌，最后的坚守者终于丧失信心，绝望地将手中的股票抛出。向下运动的走势不再那么迅猛，但是越来越多陷于困境的投资者，为了其他方面的现金需求不得不将手中的股票抛出，因而股市保持了继续下跌的趋势。当大量股票在恐慌中抛入股市，购买股票的需求相当疲软，所以股票会一直下跌，直到买进股票的需求出现。

通常可以看到市场飞速下滑，无量空跌导致的股价崩盘达到了几乎难以置信的程度。在整个下跌的过程中，由于投资者群体不计代价地卖出股票，只要有人愿意出钱，股票就会主动抛出，造成绩优股的价格也和垃圾股一样萎缩。那些低价没有投资价值的股票跌得非常惨重，而那些优质的股票也不能幸免。熊市的最后时期是最为压抑的。

这样的情况持续到一定地步，当卖出的力量将股票倾泻而出，在股票市场不计代价地抛出之后，卖方终于消耗了绝大多数的子弹，开始显示疲态。股票在熊市后期下跌，或者经过了漫长的持续下跌之后，又跌到了新底部区域，这时的股票往往不会再像熊市早期那样，只要出现新低就会持续下跌不止。一些先知先觉的买方开始悄然进场布局，市场开始出现见底信号。

林园说，持续的下跌是最具杀伤力的阶段，也就是熊市末期，2015 年以后，实际上 A 股市场就是在经历这个阶段。2014—2015 年，那时候大家都说是牛市来了，结果只是熊市的一个反弹，其后的持续大幅下跌，把很多人的元气都消耗殆尽了。很多人的市值损失，90% 以上都是这一段时间形成的。

大众投资者在熊市末期的情绪是低迷不振的，这种悲观甚至绝望的心态很容易造成投资的误判，比如得出中国股市 10 年难以赚钱的结论。一些在股市打拼多年的职业投资者甚至彻底退出股市，在网上发布自己的告别感言。

据林园的观察和研究，熊市末期有以下特点：

第一，股市的话题在人们日常话题比重不到 10%。业内人士都不谈论股市，说的都是和股市不相干的事。

第二，管理层不断做出利好措施或者不断喊话，提高人们对股市的信心，但市场却一跌再跌，毫无反应。这就正好印证了熊市第三期对任何利好都不会有反应的说法。

第三，绝大部分投资者都被严重套牢，几乎没人愿意炒股，一买就套，市场极度恐慌。

第四，从财务指标看，很多股票已跌破净资产。买银行股就等于开银行，买这些股票（包括一些垄断行业）就等于自己在开这些公司。

第五，一些公司的可转债都在面值以下。

第六，普通投资者和舆论都在给投资者算账，说投资中国股市 10 年都不盈利。

第七，很多股票加速下跌，杀伤力很大。

第八，人们都在骂股市和基金。

以上是林园总结的熊市末期的特点。熊市末期买股要赚钱是小概率事件，亏钱是大概率事件。由于此时投资者亏钱也是很正常的事情，因此我们要有平常心。林园的方法是熊市末期开始探测市场，从其他市场调集资金，耐心建立与持有仓位，然后等待牛市到来，让资产再上大台阶。

邓普顿指出："正确的买入时间是悲观情绪最严重的时刻，那时，大部分的问题都可能被解决。"股价高低是投资一个重要的问题，熊市末期大量股票出现了低价，反而是值得进场的时刻。

林园认为，在熊市末期，要和大众逆向而行。当熊市末期出现大跌，股价处于低风险的区间时，如果投资者束手旁观，不进入股市，那么后面就会追悔莫及。当牛市股价涨起来，林园的股票又成为高高涨在天上的欣赏股。那时候，投资者买也不是，不买也不是。因为在股价高涨时追买，风险已经明显升高；不买吧，看着股价稳步向上推进，又心生羡慕。林园的一位客户，因为家里老婆管钱，没有买入太多的基金产品。后来看到林园的基金净值出现了飙涨，十分懊恼，说自己太笨。林园的一些忠实跟随者在熊市末期的大跌中耐心持有基金，并不因为一时的市场下跌而心生怯意，后来享受到资产升值的快感。

在熊市末期，市场全面利空，投资者争相抛售以尽量保全资金。当股票价格完全体现了所有坏消息的时候，有远见的投资者又开始为将要出现的反转积累头寸。在极端熊市里，买进个股或者建立投资组合，基本上无须考虑估值问题，因为所有的股票几乎都被严重低估了。正是因为低估，林园看中的股票都是物美价廉的。

林园在熊市末期会买进目标股票，或者通过可转债建立仓位。在典型的熊市末期，股价便宜，但是买了就要亏，这个阶段会有一点压力，林园会在标的上进行一些调整。例如选择可转债，做一些技术上的处理。另外，下跌已久，A股亏的时间也不会太长。当熊市末期的下跌已经脱离基本面，有时候是因为基金斩仓或者平仓所造成的。由外部杠杆导致的风险虽然无法把握，但是市场会自动修复这样的过量下跌。

综上所述，我们可以发现，林园在面对股票市场时，他会谨慎地处理风险，勇敢地拥抱赚钱的确定性。他的买入与持有是分开的。在行业冷瑟时买入证券，在行业升温时持有证券，坐拥利润。他擅长使用双重牛市，通过行业的牛市与股市的牛市叠加，从而等待股票产生惊人的涨幅。由于绝大多数的股票与大盘同步涨跌，为了防范熊市来临时的下跌风险，林园会精心挑选防御能力强的优质公司。因为这类优质公司的股价比较抗跌，甚至有望在熊市创出新高。

林园认为，面对股市的牛市和熊市，需要采用不同的策略。

牛市中最主要的赚钱方法是买龙头股。在牛市初期，就要选好行业主线，满仓操作，将仓位集中于大盘蓝筹股，持股不动，坐拥利润。同时，选择少部分的小盘绩优股，赚取股本扩张与股价上涨的双重利润，并且持有一部分高分红的股票充当现金。在牛市初期，只选绩优白马股，并且建好组合，坚守"乌龟"政策。牛市初期，追求赚足利润，因为前期利润能够增强持仓的勇气。牛市中期是最能赚钱的时候，百股争鸣，百花齐放。牛市中期，需要将投资的重心转向小盘绩优股。抱朴守拙，并且进行一些换股操作。对于考察已久的优质股票，如果其股价涨幅尚小，后市有较大的上市空间，就将一部分资金切换到这类有潜力的优质股票上。在牛市末期，及时获利离场，通过资产配置，将资金转向其他市场。面对即将到来的熊市，林园只留下一部分长线股，这类长线股防御能力强、有能力穿越牛熊，业绩极佳。面对熊市，林园建议普通投资者远离股市。而林园自己会通过其他市场的资产配置，或者依靠防御股的组合，抵抗熊市初期的风险。当股市下跌不止时，林园已经转战于其他市场。熊市末期，林园知道投资机会俯拾可得，他会勇敢地建立试探仓位，并且从其他市场调集资金，重新入市。为了抵抗熊末牛初的逼仓式下跌，林园会选择可转债而不是股票。在确认牛市的过程中，通过投资组合，稳健地调集资金到那些有潜质的证券品种上。在30余年的投资生涯中，林园经历了数轮牛熊的考验，成为证券市场有名的常青树。他的具体操作，特别是进场与离场的规则，将体现在《林园A股战记》一书中。

> 林园投资秘诀：熊市末期，投资机会俯拾可得，重要是战胜心中的恐惧。

第十二章

管理自己：
复合增长的终极

心态是赚大钱的关键。

——林园

股票市场是一个大众情绪驱动的波动市场。当大众情绪高涨，纷纷涌入市场追买股票时，股价就会高涨，往往会超出了企业本身的价值，这时，股市泡沫就产生了。林园多次提及，投资者要善于利用市场的泡沫来赚钱。当市场泡沫泛起时，许多个股的股价呈现惊人的上涨；当泡沫破灭时，便宜的股票比比皆是。当市场泡沫破灭，优质公司的股票出现低价时，投资者能够趁机买进低价股票，并在泡沫泛起、股价高涨时让利润增长。

"牛市往往都是快的，牛市是一种情绪的宣泄，想慢也慢不了，这是投机市场的规律。"林园直言，"我不比别人高明，我看的东西也并不比你多，我就是把自己管理好。你们说什么，我都不听，我把我这双手管住，把自己变成机器。"在林园看来，很多人投资失败，就是违反了投资纪律。那些管不住自己的人，面对市场的诱惑，会违反投资规则，最终产生亏损，有钱也会变成没钱。对于投资活动而言，伴随着证券市场的价格波动，投资者有时会赔钱，有时会赚钱，你的资金会有起伏，甚至会比较曲折。因此，投资就需要忍受痛苦，除了智力，还要依靠心力，去承受压力来赚钱。

◎ 什么是泡沫

1852 年，在《惊人幻觉与大众癫狂》一书中，查里斯·麦基就忠实地记录了发生在英国、法国和荷兰的一系列金融泡沫。这是有文字记载的最早的金融泡沫。以著名的法国密西西比泡沫为例，法国股票市场从 1719 年 5 月开始连续上涨了 13 个月，涨幅超过了 20 倍。1720 年 6 月，法国股市开始崩溃，连续下跌 13 个月，跌幅达 95%。

图 12.1　股市泡沫

　　泡沫从泛起到破灭，贪婪的投机者从一夜暴富到转瞬赤贫，而理智的投资者却能利用泡沫赚得大量财富。日光之下并无新事，这类泡沫依然在当代发生，循环往复，别无二致。

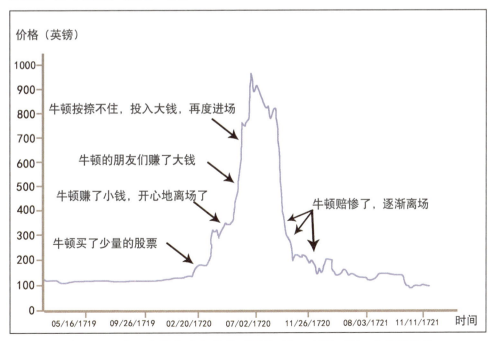

图 12.2　牛顿在南海泡沫事件（1718.12—1721.12）中亏损严重

英国南海泡沫事件有着鲜明的垄断特色。1711 年，英国政府因为战争产生的债务，苦恼不已。这时哈利·耶尔集结了一帮富有的商人成立了南海公司，将政府的债务包揽过来。作为偿还政府债务的回报，南海公司从英国政府那里获得了南海贸易的垄断权，英国政府永久性赋予该公司酒、醋、印度货、缥丝、烟草、鲸鳍的免税权。其中酒、烟草既是民众日常消费的必需品，又是公认的瘾品，再加上其他物美价廉商品的推波助澜，民众对南海公司的未来前景深具信心，甚至连国王都买了这家公司的股票。这样，南海公司的股票得到了万人疯抢，股价自然暴涨，1 月，每股股价是 128 英镑，到了 6 月，每股股价甚至超过了 1000 英镑。

著名物理学家牛顿爵士在第一次进场买入南海股票时，曾经小赚 7000 镑，但第二次买进时已是股价高峰，结果大赔 2 万英镑离场，相当于赔了 10 年工资，可见泡沫伤害之大。牛顿因而叹喟："我能算准天体的运行，却无法算准人性的疯狂。"

林园通过泡沫获利，没有泡沫，就持股等待。他坦言："过去 10 多年是股市的熊市，而我是买入并持有的策略。我只能持有股票，等待股市泡沫起来。股票的泡沫没有起来，我就没有办法获得大幅利润。我也不是什么价值投资者，只是根据市场来决定投资策略，要对未来做最坏的打算。"

● 林园投资秘诀：泡沫提供了投资获利的机遇，也带来了风险。

◎ 泡沫的成因：情绪摆动的两极

这种证券市场非理性的价格涨跌，来源于绝大多数人根深蒂固的情绪推动。正是大众的希望、贪婪和恐惧，引导着大众买进和卖出股票，最终催生或者刺破了泡沫。

从情绪层面来看，在股价的起伏当中，大众的投资心理经历了如下循环：

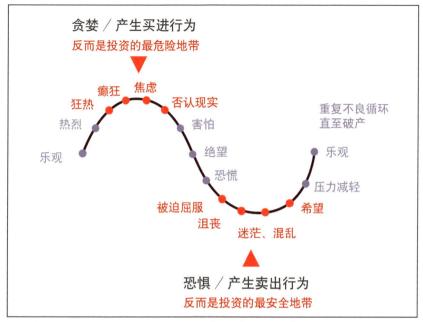

图 12.3　贪婪与恐惧的市场情绪推动着股票涨跌

在贪婪和恐惧的情绪推动之下，大众典型的买卖动作如下：

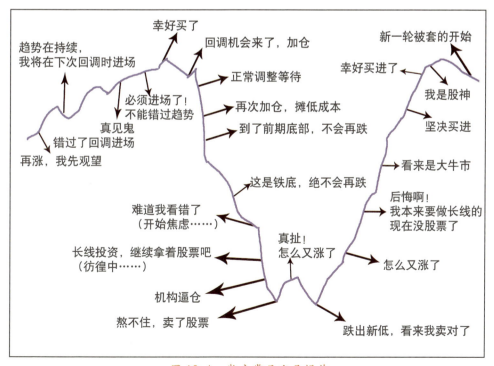

图 12.4　散户常见交易操作

以上行为反映了人性的弱点。我们需要理解和克服人性的弱点，管理好自己，才能利用泡沫。对于使用泡沫的时机问题，林园提醒说："如果是股市的牛市初期，问题还不大，套不了多久，最多三五个月也能解套；如果到了牛市中后期，甚至熊市初期，一套可能就是好多年。"

> 林园投资策略：泡沫没有出现时，就耐心持股，不要频繁买卖和止损。

◎ 公司内在价值：股价的定海神针

通过南海泡沫等金融事件，我们看到投机者因为贪婪而买入，因为恐惧而卖出，貌似股价的涨跌不可捉摸。所以林园认为，投资心理是决定交易成败的关键。市场涨跌会激发投资者的贪婪与恐惧心理，经常逼迫投资者做出不理智的行为。不过，从长期看，股价是围绕着公司的内在价值上下波动的。公司内在价值是股价的定海神针。在泡沫泛起时，股价可能暂时向上偏离公司的内在价值，然而，随着时间的展开，股价就会向公司的内在价值回归。

林园始终强调，选择优质公司，选择赚钱机器，选择国家名片，就是认定了优质公司内在价值的不断增长，从而为股价的长期上涨提供了内在的驱动力。在技术分析爱好者看来，股价与公司价值之间的这种唇齿相依的关系，似乎鲜有人知。然而，在巴菲特、林奇等关注公司价值的人看来，这是证券投资的核心逻辑。从长期看，股价的走势最终是由公司的内在价值决定的。真正的投资者把公司的内在价值视为股票投资的关键。只要清晰地判断公司的内在价值，并且确保公司的内在价值在持股期间不会发生贬值，投资获利就有高的确定性。

每家公司都有其内在价值。公司的价值不会每天发生明显的变化，然而股票的买家和卖家却会热衷于买进卖出，导致股价发生上下波动，甚至大幅波动。

一家公司的价值可以随着时间的推移持续增长。该公司的利润稳定增长，处于规模巨大的朝阳行业，赚取垄断利润，具有成瘾产品，受到用户热捧，符合林园的赚钱机器标准。

但是，从股票市场的反映来看，投资大众对这家公司的热情呈现出时高时低的特点。大量的买家和卖家会被一些和公司本身毫无关系的因素牵引，据此做出决策。

例如，当股价处于盘整区域时，一些信奉趋势跟踪的投机者会通过均线的金叉买入，死叉卖出，频繁止损出场，结果不难想象。这样的投机者甚至不会打开交易软件的界面，查看公司的基本面。当这家公司的股价暂时波动较低，赚到的钱低于期望值时，一些投资者选择了放弃。他们希望找到貌似更好的公司。所以，我们看到人们在股票市场买卖股票，其原因五花八门，但通常和该公司的价值毫无关系。有时，一些人卖出股票仅仅是因为年底需要用钱，丝毫没有评估公司的实际价值，有时，买家买进股票是因为听到了邻居在买这只股票。由于股价的短线涨跌取决于股票的供求关系，而五花八门的买卖理由推动了股价的变化，所以，在短期内，股票的价格无法精确反映出公司的真正价值，而是体现了市场情绪对股价造成的短期影响。短线股价的波动，就像是选秀现场投票器造成的曲线一样。

例如，公司运营正常，价值没有明显变化。突然市场上出现了谣言，指出该公司投资的理财产品违约。这样未经证实的谣言直接导致公司股票出现了跌停板。

特别是股市的牛市到来时，股票买家乐此不疲地追逐着这只股票，有着无比的热情，导致市场泡沫出现，股价不断上涨，重仓暴富成为现实。投资大众被快速赚取的利益诱惑，最终形成了购买狂潮，导致股价在牛市的中期和末期阶段呈现惊人的上涨。随着股价的持续上涨，到了离场的合理价位，聪明的投资者会顺着泡沫的泛起，及时离场。

当泡沫破灭时，大众争先恐后地卖出这只股票，推动股价出现下跌。由于这家优质公司有着坚韧的基本面，当股价下跌时，就会有看中这家公司的投资者持续买入，往往导致股价难以大跌。而大多数的公司就没那样幸运了，最终，那些没有基本面支持的公司股价跌到了难以置信的低价区。精明的投资者会在泡沫破灭之后，进场买进优质公司的股票。因为他们相信，股价围绕着公司的内在价值波动。有了内在价值的牵引力，从长期看，低于内在价值的低股价最终会向内在价值回归。

> 林园投资策略：优质公司的内在价值是股价上涨的决定力量。

◎ 理解市场情绪：从大众恐慌中获利

在理解市场情绪的危险方面，格雷厄姆、巴菲特、林园显然是识别大众情绪的专家。

作为真正的投资者，他们持续跟踪公司，将公司的持续盈利能力视为股票投资的关键。抛开股票市场的情绪起伏，精心研究公司的内在价值，跟踪公司的价值变化，从而掌握了投资制胜的关键。

而大多数的市场参与者却没有研究目标公司，没有清晰的投资思路，被贪婪或者恐惧情绪影响。当市场情绪导致股价发生剧烈的向下波动时，聚集于优质公司的投资者不会惊慌失措。因为他们知道，只要公司仍然在健康地运营，依然在源源不断地赚钱，股价肯定是会回升的。林园精心选择赚钱机器类型的公司，算准它们在未来 3 年的账，在行业牛市进场……都是为了让自己的投资处于安全区。

林园在持有优质公司的股票时，会关注大众情绪，并警惕人性弱点。他说："我们要对股价的高低有清晰的认识。举个例子，当天气炎热的时候，空调的价格往往也在高点。所以，不能在天热的时候买空调，而是在淡季促销时候购买。选股，同样要有前瞻性。如果一只股票已经拥有了很热的人气，股价往往处于危险的高位，那我们就不参与了，要选择具有上涨空间的低位进场。判断一家公司能不能赚钱的财报指标，大学的财务课本上都已经告诉你了，只是多数人会受市场波动的影响，把这些忘了，抓不住重点。"大多数投资者往往痴迷于 K 线波动，猜测股价涨跌，并不关心财务数据，抓不住投资的重点。

林园投资策略：控制情绪，管理自己，在大众恐慌时坚持理性投资。

◎ 跌出来的机会：优质股也要低价才能买入

林奇也好，巴菲特也好，林园也好，他们都有一个共同特征，就是对高估的市场说不。林奇说："每当股市大跌，我对未来产生忧虑之时，就会回忆过去的 40 次股市大跌。这样，我就能安抚自己那颗有些恐惧的心。我告诉自己，股市大跌是好事，让我们又一次获得了好机会，以很低的价格买入那些很优秀的公司股票。"巴菲特也解释说："无论是股票还是短袜，我都乐于在商品减价的时候购买。"林园显然看重优质公司的低价，所以反复提及，熊市暴跌使医药股产生了投资价值。巴菲特同样拥抱下跌，他说："当你的股票下跌 50% 之后，你需要做到平静地面对这种资金缩水的场面，否则就不要买入这只股票。"事实上，如果你对股价背后的公司有了深入的研究，懂得了它的内在价值，就应该对价格下跌感到高兴。因为这又给了你低价进场的机会。巴菲特认为："当大众恐惧之时，反而要有贪婪之心。"因为当市场出现恐慌情绪时，随着大众抛售股票，恐惧情绪能够带来便宜的股价。所以，巴菲特会在市场出现恐慌的时候，选择合适的安全边际，常常不惜动用大量的资金买进心仪的股票。耐人寻味的是，许多普通投资者忽略了公司的基本面，不会选择那些抗跌性好的优质公司股票。结果，他们选择的个股发生了下跌，于是，继续补仓，希望把成本摊低，用很小的价格间隔，大量地补进股价，股价却越跌越深，让他们越亏越多，最后在主力逼仓的恐慌情绪中全部割肉出局。林园强调 95% 的个股是没有投资价值的，投资者一定要精选 5% 的优质公司，这类公司的防御性强，就像能够耐受严寒的冬青树一样。

林园投资秘诀：当优质公司的股价出现合理低价，勇敢买入。

◎ 股市蜃楼

许多职业股民在股市浸淫多年，感觉股市就像海市蜃楼一样：明明财富已经到手或者伸手可得，可最终却得不到，财务自由的理想难以实现。

特别是牛市来临，财富陡增，然而随着一轮急跌，荣华富贵就像一场梦境，短促而虚幻。再美好的盼望，也不过顷刻而已，转眼成空。在 2015 年急速泛起、急速破灭的中国泡沫市中，许多投资者曾经赚下了丰厚的身家，最终却遭遇千股跌停，甚至亏掉了本钱。在中国牛短熊长的股票市场，许多人的财富如同过眼烟云，从手边流过，悄然消逝，这就引出了股市蜃楼的说法。

《本草纲目》中，李时珍写道："蜃，形似蛇而大，有角如龙状。红鬣，腰以下鳞尽逆。能呼气成楼台城郭之状，将雨即见，名蜃楼，亦曰海市。其脂和蜡作烛，香凡百步，烟中亦有楼阁之形。"这种传说中的海怪能够制造幻境，城郭楼台草木隐映，人马驰骤于烟雾之中，宛若人世所有。就算是丹青妙笔，也无法生动地描述那些丰富的形状。股市也会营造这样的幻境：对散户而言，只需要买入几只翻倍股，拿住几个涨停板，就能轻松实现财务自由，还上班做什么？对于主力机构来说，只需要引动群众的情绪，用大量的资金做出技术图形，就能功成身退。总之，股市也会营造出一种幻觉——从股市中赚钱太容易了。

这种股市的虚幻感，甚至让一些交易名家也遭遇重创。许多职业股民崇拜杰西·利弗莫尔。这是一位美国的股票投资家，他倡导的盈利加仓等规则至今为投资界视为金科玉律。利弗莫尔曾经是世界上最富有的人之一。在 1929 年的华尔街股灾中，利弗莫尔大量放空，以一人之力赚取了大约 1 亿美元，当年美国的全年财政收入也才约 42 亿美元，当时的 1 亿美金相当于现在的 1700 多亿美元。利弗莫尔赢得了"华尔街大空头"的称号。然而，时隔 5 年之后的 1934 年，他用光了所有运气，第三次申请了个人破产。他当时列明的资产价值 8.4 万美元，而负债为 250 万美元。后来，他又凭借着自己的本事，还清了债务。然而，利弗莫尔的投机没能实现稳赚不赔的确定性，他甚至不惜借钱炒股，在心境无法控制的情形下，失去了盈利的确定性，财富时聚时散。上亿美元的身家，最终大多化为过眼烟云，他的命运随着投机的结果而起伏不定。在财富鼎盛期，他拥有奢华的百米游艇和奢华名宅，多次举办名流如云的社交宴会；在破产期间，甚至有小额债权人对他纠缠不休，让他身心受到极大的困扰。他跌宕起伏的投机生涯中，四度崛起，又四度衰落，成了美国版本的"眼见他起高楼、眼见他楼塌了"。这些大起大落的交易严重地伤害了他的心理健康，再加上性情不稳的第三任妻子对他造成的情绪影响，为他自杀身亡埋下了伏笔。1940 年 11 月 28 日，利弗莫尔在纽约曼哈顿的雪莉尼德兰酒店用柯尔特自动手枪自杀。他的资产依旧有 500 多万美元，在财务充裕时，他也明智地成立了千万美元级别的家族信托基金，虽然没有死于贫困，却死于抑郁情绪的冲击。耐人寻味的是，利弗莫尔最喜欢的书就是《大癫狂》。他如此重视投资情绪的管理，却没有逃脱股市幻楼的摆布，最终因为抑郁而失去了生命，成为交易史上的一代绝唱。

相比之下，林园倾向于保守稳健的投资，不借钱炒股，最多借钱投资于稳赚不赔的可转债和一些海外债券，这种慢投资的理念，能够赢下一个喜乐的人生。

林园投资秘诀：喜乐的心，乃是良药。

◎ 股市幻境：用抛硬币打造精英基金经理

正因为许多投资界名家的交易业绩并不稳定，一些人对于投资成功提出了质疑。他们认为这些投资界名家不过是幸运的傻瓜罢了，真相是他们本身并没有选股能力，只是瞎猫碰到死耗子，幸运地持有几只飙涨的股票而已。

2010 年 2 月，3 位教授劳伦·巴拉斯、奥利维耶·斯盖烈特和拉塞尔·沃莫斯通过《金融期刊》，公布了他们的研究成果。他们统计了 2076 位基金经理在 1975—2006 年 32 年间的绩效，结论是，99.4% 的基金经理并不具备选股的能力。只有 0.6% 的基金经理在这 32 年里击败了股市指数。3 位教授最终得出结论，绝大多数的基金经理无法击败股市指数，既然如此，还不如投资于股市指数，买一些指数型理财产品就行了。纳西姆·尼古拉斯·塔勒布在 2001 年出版的《随机致富的傻瓜》一书中表示，所谓的投资成功，可能就只是好运气罢了。他设计了一个简单的抛硬币实验：抛硬币时，有一半的概率正面向上，一半的概率反面向上。当正面向上时，意味着了有 1 位基金经理能赚钱；反面向上时，有 1 位基金经理亏损。现在有 1 万名基金经理，通过抛硬币的方法，5000 名基金经理能赚钱，5000 名基金经理亏损。我们先把亏损的基金经理从竞赛中剔除。在第一年里，有 5000 名亏损的基金经理退出了竞赛。第二年里，我们再抛一次硬币。在第一年末剩下的 5000 人将在第二年末减少一半，只留下 2500 人。第三年末，留下 1250 人，第四年末，留下 625 人，第五年末，留下 313 人。这 313 人没有什么选股能力，最终靠着抛硬币"连续 5 年为正面"的运气，产生了一种连续 5 年赚钱的精英经理的幻象。有了连续 5 年赚钱的"业绩"，媒体再推波助澜进行包装，才华横溢的精英基金经理就这样诞生了。塔勒布总结说："只需要抛硬币得到的好运气，我们就能塑造 313 位基金经理，他们的业绩令人叹服，连续 5 年稳赚不赔。其实，貌似优秀的结果背后，仅仅是因为纯粹的好运气。"

保罗·萨缪尔森是第一个获得诺贝尔经济学奖的美国人。他搬出了法国著名数学家路易斯·巴切利亚的市场随机漫步理论。在 1900 年，巴切利亚提出市场就像一个醉汉的脚步一样，无法预测下一步的走向。市场的规则就是随机漫步，市场价格的变动也呈现随机漫步的特点，是无法预测和控制的。正因为大量投资者涌入市场，各按各的思路来，买卖动作五花八门，所以根本没法预测股价的下一步走向。查理·艾利斯曾经在多位专业资金管理人员身边担任顾问，他在《拿下失败者的游戏》一文中指出，那些所谓的资金管理人员预测到市场走势的准确性只有一成。

我们把萨缪尔森等人的观点予以总结，就是他们都认为选择股票没有规律，所谓的选股能力只是假象。像林园和巴菲特那样，精心研究资产负债表、四处调研公司消息、广泛查证研究资料、细致分析市场数据，紧密关注竞争对手……这类做法是没有什么用处的。

> 林园投资秘诀：投资理论鱼龙混杂，要注意鉴别，用事实战胜雄辩。

◎ 事实胜于雄辩的反击

对于重视调研和财报解读的林园和巴菲特来说，他们并不惧怕这些随机漫步理论的推崇者们。

林园是比较随性的。对于反驳他的学说和言论，林园开玩笑说："总是有争论的。解决的方法有一种。如果我比他们有钱，你就听我的。如果他们比我有钱，你就听他们的。"

巴菲特却显得十分较真。因为随机漫步的阵营里包括了麻省理工学院的萨缪尔森、芝加哥大学的法玛、罗切斯特大学的迈克·詹森、斯坦福大学的威廉·夏普等人，这些名人不仅有诺贝尔奖得主，还有能够影响舆论走向的重要人物。何况这些学者们正在不遗余力地希望向人们证实，巴菲特之类的成功只是非常偶然，不值得崇拜。普林斯顿大学的经济学家波顿·麦基尔甚至在《华尔街日报》上公开发表了对巴菲特的不屑："无论是谁暂时跑赢了市场，充其量都是一只幸运的猴子。"猴子将飞镖投在靶上，纯粹是幸运罢了。在麦基尔眼中，巴菲特就是这样幸运的猴子，只是误打误撞地选中了几只大涨的股票罢了。

在一次演讲中，巴菲特直接亮出了9份资金经理人的投资业绩。这9份投资业绩分别属于比尔·鲁安、芒格、沃特斯·科劳斯、里克·吉瑞恩、汤姆·科纳普和斯坦·波尔米塔、FMC公司退休基金、巴菲特本人以及华盛顿邮报公司基金。巴菲特自信地说："我们全都是格雷厄姆－多德理论的追随者。我们在过去20年里都有本事稳定获利。用抛硬币的说法，我们掌握着让硬币随时正面朝上的能力，这一点我们很确信。在我们这里，不会出现硬币正面和反面各占50%的随机现象。"通过有理有据的陈词和格雷厄姆－多德阵营的投资业绩，巴菲特让人们相信，证券投资的成功有特定的规律，而不是凭借所谓的运气。巴菲特的听众们在现场热烈地鼓掌，完全为巴菲特折服。要知道随机漫步理论的基础是数据分析，而巴菲特通过长年的基金业绩，用活生生的业绩直接反驳了有效市场假说和随机漫步理论。后来，巴菲特在哥伦比亚商学院《赫尔墨斯》杂志上发表了经典文章——《格雷厄姆－多德都市的超级投资者们》，再次强调了投资有规律可循，用好这些投资规律，能够战胜市场。

和巴菲特一样，同样以基金实战的数据说话，林园基金自 2007 年 2 月 28 日创建，截至 2020 年 11 月，发行基金 175 只，累计收益 1004.69%，比 96.57% 涨幅的同期沪深 300 指数高出 10 倍有余，大幅击败了指数。

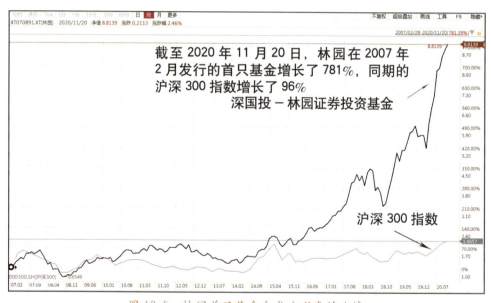

图 12.5　林园首只基金自成立以来的业绩

林园投资秘诀：优秀的投资成绩才是最好的证明。

◎ 守得云开见月明

20 世纪五六十年代，适逢美国证券市场改革前夕，机构逐步取代个人成为美国股市的主力。50 年代这种趋势已经出现，而整个 60 年代则更为明显，在这 10 年间，美股的个人投资者数量翻了一番，但交易量所占比例却从 51.4% 跌到 33.4%，机构投资者的份额从 26.2% 上升到了 42.4%。

基金经理拥有好的投资客户，实在是天赐之福。巴菲特有一群坚定不移的投资人，他们理解巴菲特的投资方式，并且从来不质疑他的判断。因此，在市场萧条中，巴菲特也不用担心他的投资组合遭遇股票市值的大量缩水。林园在他的基金成立之初，先把自己的钱投进去，这种信心感染了跟进林园的客户，他们在资金暂时缩水之后，也能理解林园的理念。不过，有一些基金经理就没有这么幸运了。鲁安的红杉基金经历了净值缩水的可怕一年，他的主要经济资助人鲍勃·马洛特对此大为不悦。

> 林园投资秘诀：理解基金经理的投资哲学，才能更好地合作。

综上所述，林园非常强调投资纪律。他擅长利用泡沫，在泡沫没有泛起之前，耐心持股，不会频繁买卖，以免产生不必要的交易费用，增加了交易成本；在泡沫高涨时，他的买入并持有策略就能获得大幅利润。因为林园相信，通过他的"行业＋垄断＋成瘾"理念，一定能够识别赚钱机器类型的优质公司。而这些公司的内在价值才是股价上涨的决定力量。他笃信这些优质公司的股价能够长期上涨，事实也证明了这一点。他控制好情绪，理智地管理自己，利用市场情绪赚钱，坚持理性投资。正因为如此，他的基金能够保持优秀的投资业绩。他的客户理解了林园的投资哲学后，面对市场的下跌就不会恐慌，从而实现了更好地合作，让财富复合增长。